Karin Tag

Mysterium Kristallschädel

Ein Rätsel der Menschheit
wird entschlüsselt

WILHELM HEYNE VERLAG
MÜNCHEN

FSC
Mix
Produktgruppe aus vorbildlich
bewirtschafteten Wäldern und
anderen kontrollierten Herkünften

Zert.-Nr. SGS-COC-1940
www.fsc.org
© 1996 Forest Stewardship Council

Verlagsgruppe Random House FSC-DEU-0100
Das für dieses Buch verwendete
FSC-zertifizierte Papier *München Super*
liefert Arctic Paper Mochenwangen GmbH.

Taschenbucherstausgabe 11/2009

Printed in Germany 2009
Umschlaggestaltung: Guter Punkt, München
Umschlagmotiv: © Arlene Jean Gee / Shutterstock
Fotos: © Karin Tag
Herstellung: Helga Schörnig
Gesetzt aus der Melior bei Leingärtner, Nabburg
Druck und Bindung: GGP Media GmbH, Pößneck
ISBN 978-3-453-70133-5

www.heyne.de

INHALT

TEIL 2

VERSUCHE MIT DEM KRISTALLSCHÄDEL CORAZON DE LUZ

TEIL 3

KRISTALLSCHÄDEL UND IHRE BEDEUTUNG FÜR DIE ZUKUNFT

Dieses Buch widme ich dem Planeten Erde,
der unendlichen, universalen Schöpferkraft,
welche das Gefüge der Welt zusammenhält,
und den Hütern der Erde,
die uns Menschen beschützen.

EINLEITUNG

Auf der ganzen Welt kennt man Geschichten, Sagen und Mythen, die so lange für reine Fantasieprodukte gehalten werden, bis irgendjemand herausfindet, dass sie eben doch eine reale Grundlage haben. Ein sehr bekanntes Beispiel dafür ist die Entdeckung des antiken Troja durch Heinrich Schliemann. Und auch wenn es manchmal scheint, als sei die Zeit der großen Entdeckungen längst vorbei, warten noch viele Rätsel darauf, gelöst zu werden. Deshalb stellen sich Archäologen und Forscher nach wie vor Fragen und machen sich auf die Suche nach Antworten, die Licht in das Dunkel um ungelöste Phänomene bringen sollen. Mit unermüdlichem Fleiß und einer gehörigen Portion Enthusiasmus tragen sie einen Hinweis nach dem anderen zusammen und geraten dabei auch in die eine oder andere Sackgasse, bis sich die Puzzleteile irgendwann zusammenfügen und ein ganzes Bild ergeben.

Jeder Mensch, der sich in irgendeiner Weise mit dem Sinn des Lebens beschäftigt, wird sich irgendwann auch mit der Frage nach dem Ursprung allen Wissens auseinandersetzen. Jede Kultur der Weltgeschichte hatte ihre eigenen Techniken und auch ihr eigenes Wissen, um zu erkennen, was »die Welt im

Innersten zusammenhält«. Vieles davon scheint verloren gegangen, denn wie sonst könnte es sein, dass es immer noch Bauwerke, Skulpturen, Bilder, Texte und archäologische Fundstücke gibt, deren Entstehung wir nicht wirklich erklären können und/oder deren Bedeutung sich uns bis heute noch nicht erschließt.

Indem wir uns für das Wissen der Weisen aus vergangenen Epochen interessieren, schlagen wir ein neues Kapitel im Buch der Erkenntnis auf und erfahren vielleicht etwas über die Zusammenhänge zwischen dem Universum und unserem Planeten Erde. Niemand wird bestreiten wollen, dass manche untergegangenen Kulturen ein unglaubliches Wissen über den Kosmos und seine Beziehung zu den Kräften der Natur auf der Erde besessen haben. Dieses Wissen haben sie zum Beispiel genutzt, um Tempelanlagen und andere Monumente zu errichten, die sie mit den technischen Mitteln, die ihnen unseres Wissens nach damals zur Verfügung standen, niemals hätten bauen oder bearbeiten können. Betrachtet man zum Beispiel die Figuren auf den Osterinseln im Pazifik oder die gigantischen Tempelanlagen in der Nähe von Cuzco in Peru, dann wird man sich fragen müssen, wie die Menschen der damaligen Zeit solche enormen Steinblöcke überhaupt bewegen konnten. Eine einzige Steinfigur (Moai) von den Osterinseln wiegt zwei bis sieben Tonnen und wurde über etliche Kilometer vom Steinbruch bis zu ihrem endgültigen Standort transportiert und dort aufgerichtet. Allein wie der Transport der Steinblöcke bewältigt wurde, kann man bis heute nicht erklären. Die Mauern der Tempelanlagen in Peru wurden wie mit einem Laserwerkzeug millimetergenau in Passform gebracht, und auch hier wiegt ein Steinblock mehrere Tonnen. Offenbar verfügten diese alten Kulturen über ein Wissen, das die Errichtung solcher Kunstwerke möglich machte, ein Wissen, über das wir heute nicht mehr verfügen. Vielleicht haben die Menschen vergangener Zeiten einfach mehr von Erdkräften und Naturphänomenen verstanden als wir …

Das Mysterium der Kristallschädel gehört ebenfalls noch zu den großen Rätseln der Menschheit, obwohl sich schon einige Forscher damit beschäftigt haben und noch beschäftigen. Doch wie ich schon sagte: Es braucht viel Fleiß und eine gehörige Portion Enthusiasmus, um solchen Artefakten ihr Geheimnis zu entlocken. Wissenschaftliche Methoden sind hier ebenso hilfreich wie ein gewisses sensitives Gespür, denn manchmal genügt es eben nicht, die reinen Fakten nebeneinanderzustellen. Man muss nämlich auch versuchen, die Puzzleteile zu einem ganzen Bild zusammenzufügen.

Erschwert werden Forschungen dieser Art vor allem dadurch, dass die Bereitschaft der heutigen Gesellschaft, genügend Geld in die Entwicklung neuer Techniken für solche Untersuchungen zu investieren, eher gering ist. Dabei liegt auf der Hand, dass die Entschlüsselung solcher Rätsel auch für die heutige Zivilisation von herausragender Bedeutung sein kann. Mit den Untersuchungsmethoden unseres Instituts haben wir einen ersten Schritt auf einem Weg getan, auf dem es sicherlich noch viel zu entdecken gibt.

WIE ALLES BEGANN

Im Rahmen meiner Ausbildung am Senckenberg Museum Frankfurt und am Jura Museum Eichstätt hatte ich genügend Gelegenheit, meiner Leidenschaft für Fossilien und andere archäologische Objekte zu frönen. Mit großer Freude war ich in Steinbrüchen auf Schatzsuche gegangen, doch dann führte mich das Leben auf einen ganz anderen Weg und brachte mich mit völlig anderen Schätzen in Kontakt. Ich hatte mich zwar auch schon lange vorher mit spirituellen Dingen beschäftigt, aber eben nur nebenbei, wie viele das tun. Doch dann wurde ich durch verschiedene Schicksalsschläge wirklich auf den spirituellen Weg gebracht und fing an, mein Leben umzukrempeln und ganz bewusst meiner inneren Stimme zu folgen. Ich organisierte Seminare, schrieb mein erstes Buch und entdeckte viele Möglichkeiten, zu einem spirituellen Bewusstsein zu gelangen. Unter anderem organisierte ich Gruppenreisen in alle möglichen Länder, die auch in spiritueller Hinsicht etwas zu bieten hatten. Eine dieser Reisen führte mich und meine Gruppe nach Peru. Mit einem indianischen Reiseleiter namens Coco besuchten wir das heilige Tal der Inkas bei Pisaq nahe Cuzco im Herzen von Peru. Diese Gegend ist berühmt für ihre sagenhaften Tempelanlagen: riesige Blöcke, wie mit dem Laser in Form geschliffen und perfekt ineinandergefügt. Mit Coco als ortsansässigem Führer hatten wir auch die Möglichkeit, noch traditionell lebende Indianer kennenzulernen. Unter anderem trafen wir Don Jesus, einen berühmten peruanischen Medizinmann, der noch ganz traditionell mit Kräutern und anderen Pflanzendrogen heilte. Ich war unter anderem in der Absicht hierher gereist, eben diesen Medizinmann zu treffen und für mich selbst ein Heilungsritual durchführen zu lassen. Das kleine Dorf, in dem er lebte, war sehr einfach. Lehmhütten dienten als Behausungen und die Dorfbewohner erwirtschafteten alle zum Leben notwendigen Nahrungsmittel mit den primitivsten Ackerbaumethoden. Als ich Don Jesus zum ersten und einzigen Mal traf, schaute er mir in die Augen und sagte: »Curandera«. Das ist spanisch und bedeutet Heilerin. Ich wusste nicht, was er meinte. Coco, der mir die Chetchuan-Sprache ins Spanische übersetzte, hatte Tränen in den Augen, als er mir mitteilte, im Dorf gebe es einige Probleme. Don Jesus bedeutete uns zu folgen. Man sah dem mit einem bunten Poncho und einem spanischen Hut bekleideten Mann an, dass es ihm nicht gut ging. Sein von den harten Bedingungen zerfurchtes Gesicht wirkte sehr traurig. Er führte uns in eine kleine Hütte, in der eine Frau über einer offenen Feuerstelle etwas Fleisch in Wasser kochte. Der Qualm, der vom Feuer ausging, war so dicht und schneidend, dass ich kaum etwas sehen konnte. Coco erklärte mir, es sei eine hohe Auszeichnung, von dem Schamanen zum Essen eingeladen zu werden. Ich dürfe auf keinen Fall etwas ablehnen, was es auch sei. Als Erstes gab es einen Teller mit erst gerösteten und dann gekochten Bohnen. Anschließend wurde mir zu Ehren Meerschweinchenfleisch serviert. Es kostete mich viel Überwindung es zu essen, aber ich wollte den heiligen Mann nicht beleidigen. Während des Essens erzählte uns Don Jesus, dass es nicht gut um das Dorf stehe. Die Jugendlichen, so sagte er, seien immer mehr von den traditionellen Pfaden der Inkas abgekommen und nicht mehr ins Dorf zurückgekehrt. Der alte Mann war müde, hatte aber bisher keinen passenden Nachfolger gefunden. Immer wieder blickte er mich an und manchmal huschte sogar ein Lächeln über seine Lippen. Von Zeit zu Zeit wiederholte er das Wort *Curandera*. Dann bat er mich um Hilfe für eine Frau, die auch im Dorf lebte. Sie hatte seit Monaten ihre Stimme verloren und alle seine Heilbehandlungen waren ohne Erfolg geblieben. Nun sollte Doña Berta in die Stadt gebracht und operiert werden. Dafür hatte die Comunidades aber kein Geld. Also sah ich mir die Frau an und schlug ihr vor, Wasser mit Kochsalz zu inhalieren. So hoch in den Bergen kann es passieren, dass die Nebenhöhlen ständig stark vereitern und das nach unten laufende Sekret eine chronische Infektion der Stimmbänder verursacht. Ich hoffte, mit meinem Vorschlag zumindest eine Linderung der Beschwerden zu erreichen. Sie versprach jedenfalls, es zu versuchen. Bevor wir uns von Don Jesus verabschiedeten, um nach Pisaq zurückzukehren, lud er mich ein, an einem besonderen Ritual teilzunehmen, in dem alle Schamanen der umliegenden Dörfer mit mir zusammentreffen sollten. Ich fühlte mich sehr geehrt und nahm die Einladung an.

Drei Tage musste ich mich auf dieses Ritual vorbereiten, indem ich fastete und einen besonderen Tee zu mir nahm. Am Abend des Rituals trafen wir uns alle in einer großen runden Hütte. Ich war sehr aufgeregt, zumal Coco mir versichert hatte, es sei etwas ganz Besonderes, dass ich als Frau zu diesem Treffen eingeladen worden sei. Vier Inka-Schamanen saßen bereits im Kreis in der Hütte und bedeuteten mir, direkt an ihrer Seite Platz zu nehmen. Wir rauchten eine Friedenspfeife und dann ging jeweils einer der Schamanen in die Mitte des Kreises und begrüßte mich mit einem Gesang oder einem Tanz. Mit Gesang, Rasseln und Trommeln wurde übrigens das ganze Ritual begleitet, das mich in eine völlig andere Welt versetzte. Im Rauch, der von den brennenden Kräuterbündeln aufstieg, sah ich plötzlich Dinge, die ich vorher noch nie gesehen hatte. Die Bilder wurden immer klarer. Plötzlich sah ich einen Puma vor mir, der mir direkt in die Augen blickte. Der Puma ist ein den Inkas heiliges Tier, und dass er mich besuchte, war ein sehr starkes Symbol. Die Schamanen hatten offensichtlich die gleiche Vision, denn sie begrüßten den Puma mit wilden Gesängen. Einer von ihnen stand auf und hielt einen Kristall vor mich hin, der bläulich zu leuchten schien. Doch als er in meine Nähe kam, änderte sich seine Farbe in Grün. Ich wusste nicht, ob ich das alles nur träumte. Als der Kristall seine Farbe änderte, brachen die Indianer in wildes Freudengeheul aus. Ich verstand nicht warum. Das Ritual dauerte die ganze

Nacht. Am Ende überreichten die Schamanen mir die Feder eines Condors als Zeichen dafür, dass ich nun offiziell in den Rang einer Curandera erhoben worden war. Dann verabschiedeten sie mich mit den Worten, nun müsse ich meinen Weg allein finden. Ich sei die Hüterin eines heiligen Steins, der mich noch finden würde.

Obwohl mich diese Begegnung und das Ritual sehr berührt hatten, verstand ich zunächst nicht, was dies alles zu bedeuten hatte. Als ich einen Tag vor unserer Rückreise das kleine Hotel in Pisaq betrat, in dem wir unsere letzte Nacht auf peruanischem Boden verbringen wollten, sah ich Doña Berta an einem Tisch sitzen. Nach Aussage der Hotelbesitzer hatte sie dort schon einen ganzen Tag und eine Nacht lang gesessen. Als sie mich sah, lächelte sie, kam auf mich zu und hielt mir einen Sack voll gerösteter Bohnen entgegen. Dann sagte sie mit noch rauer Stimme: »Mama Linda«. Das bedeutet so viel wie schöne Mutter. Sie war den ganzen Weg aus ihrem Dorf in den Bergen hinunter in die Stadt gelaufen, um sich bei mir dafür zu bedanken, dass sie wieder sprechen konnte. Der Sack Bohnen war alles, was sie besaß. Ich weinte vor Rührung und Freude.

In Deutschland hatte mich der Alltag bald wieder, und mit der Zeit vergaß ich, was sich während und nach dem Ritual in Peru ereignet hatte. Erst drei Jahre später sollten sich die Prophezeiungen der Indianer erfüllen. Mittlerweile war ich wirklich Mama Linda geworden, die Mutter meiner Tochter Linda – genau wie es Doña Berta gesagt hatte. Da erhielt ich plötzlich mitten in der Nacht einen Anruf von Coco, der mir mitteilte, Don Jesus lasse nach mir fragen und brauche meine Hilfe. Leider hatte ich zu diesem Zeitpunkt bereits eine andere Reise geplant – nach Polen ins Riesengebirge, denn ich hatte gehört, dass es dort besondere Mineralien und Kraftplätze geben solle. Als ich dann dort war, fiel mir in einem polnischen Buchladen ein Buch direkt vor die Füße. Es war ein Buch über Kristallschädel in polnischer Sprache. Geschrieben hatte es ein polnischer Fernsehmoderator, der eine Sendung zum Thema Kristallschädel gemacht hatte. Ich beschloss, Kontakt mit ihm aufzunehmen, was auch gelang. Herr Trojanewski erzählte mir alles Mögliche über Kristallschädel, und als ich wissen wollte, wie man an einen solchen Schädel kommen könne, erzählte er mir von einem Südamerikaner, der einen Kristallschädel besitze und ihn abgeben wolle, da er keinen Erben habe. Sein Stamm habe ihm gesagt, der Schädel müsse nach Europa gehen, um Frieden für die Völker Europas zu erwirken.

Ich nahm per E-Mail Kontakt zu diesem Mann – er hieß Eduardo – auf und erfuhr, dass sich schon einige Personen für den Kristallschädel interessiert hatten. Eduardo hatte den Kristallschädel von seinem Großvater geerbt, der ihn aus irgendeinem Dorf am Amazonas mitgebracht hatte. Dort sei er zu der Zeit, als die spanischen Eroberer das Gebiet für sich entdeckten, vor eben diesen Spaniern versteckt worden. Nachdem er mir all das erzählt hatte, stellte er mir die Aufgabe, ihm genau mitzuteilen, zu welchem Zweck ich den

Kristallschädel verwenden wolle und welchen Namen ich ihm geben würde. Er würde sich anhand dieser Angaben unter den vielen Bewerbern einen aussuchen, der den Schädel bekommen sollte. Ich machte mir so gut wie keine Hoffnung, dieser Auserwählte zu sein, verfasste aber dennoch einen entsprechenden Brief. Mir fiel nur kein passender Name ein. Ich überlegte mehrere Tage, aber kein Name wollte mir in den Sinn kommen. Ich hatte den Kristallschädel weder gesehen, noch konnte ich mir vorstellen, wie er aussah. Doch dann hatte ich immer intensivere Träume. In einem dieser Träume erlebte ich die Indianerzeremonie in Peru wieder und sah, wie der eine Schamane anstelle des Kristalls nun einen Kristallschädel in der Hand hatte, der blau leuchtete. Don Jesus zeigte auf den Kristallschädel und sagte: »Corazon de Luz«. Ich spürte ganz deutlich, dass ich mit den Indianern verbunden war. Und nicht nur mit ihnen, sondern auch mit dem Kristallschädel, der in den wunderschönsten Blautönen leuchtete. Die Träume wurden immer intensiver, und ich beschloss, sie aufzuschreiben und Eduardo, dem Besitzer des Kristallschädels, davon zu berichten. Nachdem ich dies getan und die E-Mail abgeschickt hatte, hörten die Träume von den Schamanen und dem Kristallschädel plötzlich auf. Meine Hoffnung, den Kristallschädel zu bekommen, sank. Wahrscheinlich hatte jemand anderes den Zuschlag erhalten. Vielleicht würde sich für mich eine andere Gelegenheit ergeben, einen Kristallschädel zu erwerben. Doch es kam anders. Eduardo meldete sich und teilte mir mit, er habe den Kristallschädel schon zum

Verschiffen an meine Adresse verpackt, doch leider habe er nicht genug Geld, um die Fracht- und Zollkosten zu übernehmen. Corazon de Luz – ja, dies sei der wahre Name des Kristallschädels, und er sei von den Indianern angewiesen worden, den Schädel nur dem zu geben, der seinen Namen kennt. Ich konnte mein Glück kaum fassen. Natürlich würde ich die Kosten für Fracht und Zoll übernehmen …

Nun bin ich glücklicher Besitzer eines Kristallschädels, von dem ich weiß, dass die Indianer ihn mir zugeführt haben. Er ist faszinierend schön und ich habe seine Kraft vom ersten Moment an gespürt.

Eduardo ist mittlerweile verstorben, und ich habe keine Chance mehr, Kontakt zu den Indianern aufzunehmen, die mir dieses Geschenk gemacht haben. Aber irgendwann werden wir uns finden …

TEIL 1

DAS RÄTSEL DER KRISTALLSCHÄDEL

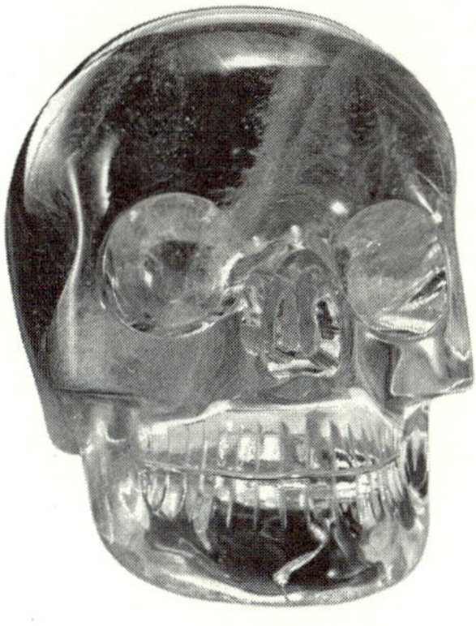

WAS SIND KRISTALLSCHÄDEL?

Kristallschädel sind Nachbildungen oder Modelle menschlicher Schädel. Es gibt sie in unterschiedlichen Größen, und alle sind aus Quarzkristall hergestellt. Viele, vor allem die älteren und bekannteren, bestehen aus klarem Bergkristall. *Wie* sie hergestellt wurden, ist allerdings bis heute nicht wirklich geklärt. Quarzkristall kann wegen seiner Härte (Grad 7 auf der Mohs'schen Härteskala von 1 bis 10) nämlich nur mit Materialien bearbeitet werden, die noch härter sind, beispielsweise Diamant (Härtegrad 10) oder Rubin (Härtegrad 9).

Im 19. Jahrhundert tauchten einige Kristallschädel in namhaften europäischen Museen auf, aber der berühmteste von ihnen, der Mitchell-Hedges-Kristallschädel, befindet sich nach wie vor in Privatbesitz. Die bisher entdeckten Kristallschädel stellen für Forscher eine extreme Herausforderung dar, weil sie aufgrund ihrer kristallinen Beschaffenheit mit den derzeit bekannten Methoden nicht zu datieren sind. Auch ist es bisher nicht gelungen, sie eindeutig einer bestimmten Kultur zuzuordnen. Anfänglich brachte man sie ausschließlich mit den südamerikanischen Kulturen – Inka, Maya und Azteken – in Verbindung und datierte ihre Herstellung entsprechend, wobei die Maya-Kultur deutlich älter ist als die der Inka und Azteken. Die ältesten Zeugnisse dieser Kultur stammen aus dem 3. Jahrtausend vor Christus. Der Niedergang der klassischen Maya-Kultur beginnt bereits im 9. Jahrhundert nach Christus (siehe auch Seite 214 f.). Die Reiche der Inka und Azteken hatten ihre Blütezeit zwischen dem 13. beziehungsweise 14. und dem 16. Jahrhundert. Demnach könnten die antiken Kristallschädel bis zu fünftausend Jahre alt sein.

Nun behaupten aber einige Wissenschaftler, mithilfe von Silikonabdrücken sowie in Untersuchungen mit dem Rasterelektronenmikroskop festgestellt zu haben, dass einige der bekanntesten Kristallschädel erst im 19. Jahrhundert hergestellt wurden und es sich somit um Fälschungen handeln müsse. Sie untermauern diese Behauptung damit, dass auf der Oberfläche dieser Schädel moderne Schliffspuren zu finden seien, die angeblich belegen, dass die Kristallschädel maschinell hergestellt wurden. Dies ist meiner Meinung nach aber noch kein ausreichender Beweis dafür, dass die Objekte wirklich erst im 19. Jahrhundert hergestellt wurden. Es ist nämlich immer noch möglich, dass die Kristallschädel, nachdem man sie gefunden hatte, maschinell aufpoliert wurden, um sie attraktiver aussehen zu lassen. Jeder Antiquitätenhändler würde so etwas tun, wenn er ein Fundstück, das in einem schlechten Zustand ist, gewinnbringend verkaufen möchte.

Die berühmtesten Kristallschädel sollen alle in Südamerika gefunden worden sein, wobei die Fundorte in den wenigsten Fällen genau angegeben werden. Nur von einem weiß man ganz genau, wo und wann er entdeckt wurde, und er ist auch der berühmteste von allen. Die Rede ist von jenem Kristallschädel, der sich seit 1924 – mit kurzen Unterbrechungen – im Besitz von Anna Mitchell-Hedges befand.

DER KRISTALLSCHÄDEL VON ANNA MITCHELL-HEDGES

Anna Mitchell-Hedges wurde am 1. Januar 1907 als Anne Marie Le Guillon in Port Collborne, Kanada geboren (und starb mit hundert Jahren am 11. April 2007 in Chicago). Sie war das sechste von zehn Kindern einer Einwandererfamilie aus der Bretagne. Ihr Vater starb während des Ersten Weltkrieges in Frankreich, die Mutter 1917 im Kindbett. Zu dieser Zeit hielt sich ein Engländer namens Frederick Albert Mitchell-Hedges mit amerikanischen Freunden in Port Collborne auf. Er war nicht nur zum Fischen gekommen, sondern auch, um einer alten Freundin einen Besuch abzustatten: Madame Le Guillon.

F. A. Mitchell-Hedges (1882–1959), der sich manchmal auch einfach Mike Hedges nannte, war ein höchst unkonventioneller Mensch. Sein Geld verdiente er vor allem als Börsenmakler und Antiquitätenhändler. Er war aber auch Archäologe, Weltenbummler, Sportfischer, Dichter, Schriftsteller und Moderator einer eigenen Radiosendung, die eine Zeit lang jeden Sonntag von einem New Yorker Radiosender ausgestrahlt wurde.

Anne Maries Mutter, Madame Le Guillon, hatte er 1906 in Frankreich kennengelernt, im Jahr seiner Eheschließung mit Lillian Agnes Clarke. Dass er ein verheirateter Mann war, schien Mike nicht weiter einzuschränken, denn in ihren fünfzig Ehejahren verbrachten er und Lillian kaum Zeit miteinander. F. A. Mitchell-Hedges war, wie er selbst sagte, »einer der Hauptkandidaten für den Titel Schlechtester Ehemann der Welt«. Ausgerechnet dieser Mann ließ sich nun von seinen amerikanischen Freunden überreden, die kleine Anne Marie Le Guillon zu adoptieren. Er tat es anfänglich wider besseres Wissen, kümmerte sich dann aber höchstpersönlich um die Erziehung des Mädchens, indem er Anna vor allem im Fischen, Schießen und Pokerspielen unterrichtete und sie auf viele seiner Expeditionen mitnahm. Auf diesen Reisen in wilde und wenig erforschte Gegenden der Welt soll sie zu ihrer eigenen Sicherheit immer eine Lederpeitsche und eine Pistole bei sich getragen haben.

Eine dieser Expeditionen führte die beiden nach Mittelamerika, wo F. A. Mitchell-Hedges eine Ausgrabung im damaligen Britisch-Honduras, dem heutigen Belize leitete. Am 1. Januar 1924 machte Anna in der alten Tempelanlage von Lubaantun, mitten im Regenwald, jene sensationelle Entdeckung, die von nun an mit ihrem Namen verbunden sein sollte. Sie sah etwas hell Glänzendes zwischen den Steinen der Pyramide hindurchblitzen, und als genügend Steine beiseitegeräumt worden waren, erkannte sie, was es war: das exakte Modell eines menschlichen Schädels aus klarem Kristall. Manchen Berichten zufolge soll der Schädel unter dem Altar der Pyramide gefunden worden sein. Anna durfte ihren Fund jedenfalls behalten, denn der Ausgrabungsleiter, F. A. Mitchell-Hedges, schenkte ihn ihr zum 17. Geburtstag.

Die Maya, die damals als Ausgrabungshelfer dabei waren, sollen beim Anblick des Schädels hoch erfreut gewesen sein und sofort ein Fest zu seinen Ehren veranstaltet haben. Einer ihrer Legenden zufolge war dieser Schädel nämlich die Nachbildung des Kopfes eines verehrten Ahnen, welcher, so hieß es, dessen Weisheit auf ewig bewahrte. Wie wir später noch sehen werden, gibt es Legenden wie diese nicht nur bei den Maya, sondern auch in vielen anderen Kulturen rund um den Erdball. Interessant ist in diesem Zusammenhang vielleicht noch, dass F. A. Mitchell-Hedges die Ausgrabung in Britisch-Honduras in die Wege geleitet hatte, weil er auf der Suche nach dem sagenhaften Atlantis war, dessen Überreste er dort vermutete.

Für Irritation sorgte später ein Eintrag in den Registern von Sotheby's, wonach F. A. Mitchell-Hedges den Kristallschädel im Jahr 1943 für einen Betrag von vierhundert Pfund von einem gewissen Sydney Burney ersteigert haben soll. Diese widersprüchlichen Angaben ließen die Geschichte vom Fund in Lubaantun plötzlich unglaubwürdig erscheinen. Von Bill Homann (er hat den Kristallschädel von Anna Mitchell-Hedges geerbt) weiß ich, dass Burney ein Schulfreund von F. A. Mitchell-Hedges war, der den Kristallschädel in Verwahrung hatte, während Mitchell-Hedges selbst auf Reisen war. Burneys Sohn soll den Kristallschädel an Sotheby's verkauft haben, und zwar ohne Zustimmung von F. A. Mitchell-Hedges, der ihn nach seiner Rückkehr sofort zurückkaufte – für die besagten vierhundert Pfund.

DER MITCHELL-HEDGES-KRISTALLSCHÄDEL WIRD UNTERSUCHT

Der berühmteste aller Kristallschädel ist die lebensgroße beziehungsweise maßstabsgetreue Nachbildung eines menschlichen Schädels. Sein Schöpfer muss, wie Experten bestätigten, gute Kenntnisse in Anatomie gehabt haben. Der Kristallschädel wiegt 5,3 Kilogramm, ist aus reinem Bergkristall gefertigt und besteht aus zwei Teilen, denn sein Unterkiefer ist abnehmbar beziehungsweise beweglich. Sehr gleichmäßig und fast glasklar verfügt er über ganz besondere Lichtbrechungsfähigkeiten. Der Lichtstrahl aus einer unter dem Kopf positionierten Quelle wird im Innern des Schädels von einem am Gaumen angebrachten Prisma so umgelenkt, dass er durch die Augen wieder austritt. Ein Lichtstrahl, der seitlich in den Schädel einfällt, fällt zwischen den Augen, also durch das sogenannte Dritte Auge nach außen.

Im Laufe der Jahre wurde dieser Kristallschädel mehrmals gründlich untersucht, unter anderem von dem amerikanischen Restaurator und Konservator

Frank Dorland, der ihn sechs Jahre lang zu Studienzwecken in seinem Besitz hatte. Ende der 1970er-Jahre wurden die Untersuchungen in den Laboratorien von Hewlett-Packard, Santa Clara, fortgesetzt. Jim Pruett, der Leiter des Kristall-Labors, fand keinerlei Spuren maschineller Bearbeitung. Auch Dorland, der die gesamte Oberfläche des Schädels mikroskopisch untersucht hatte, war zum gleichen Ergebnis gekommen. Beide Forscher waren der Ansicht, dass Maya-Handwerker etwa dreihundert Jahre zur Herstellung eines solchen Artefakts gebraucht hätten, wenn sie ihn allein manuell und nur mit einfachen Hilfsmitteln wie Sand zum Schleifen und vielleicht Kupferwerkzeugen (die hinterlassen keine Spuren auf dem Objekt) bearbeitet hätten. Frank Dorland hatte darüber hinaus bereits 1964 festgestellt, der Schädel könne, wenn überhaupt, nur unter Einwirkung sehr hoher Temperaturen (ca. 1500 Grad Celsius) poliert worden sein.

Eines der wichtigsten Ergebnisse der Untersuchung bei Hewlett-Packard war jedoch, dass der Kristallschädel starke piezoelektrische Eigenschaften besitzt. Das heißt, er wandelt auf ihn ausgeübten Druck in Strom um, der dann genau entlang der vertikalen Achse vom Scheitel bis zur Schädelbasis fließt. Außerdem stellte man fest, dass der Kristallschädel unter Strom seine Größe verändert, ohne dass sich die Masse ändert. Außerdem sendet er permanent elektromagnetische Wellen einer bestimmten Frequenz aus. Diese ungewöhnlichen Phänomene sind eigentlich schon Beweis genug dafür, dass dieser Kristallschädel etwas ganz Besonderes sein muss. Frank Dorland soll gesagt haben: »Der Kristall stimuliert einen unbekannten Teil des Gehirns und öffnet ein übernatürliches Tor zum Absoluten.«

NOCH ZWEI BERÜHMTE KRISTALLSCHÄDEL

Zwei weitere bekannte Kristallschädel wurden ebenfalls mehrmals untersucht. Der eine befindet sich seit 1887 im Museum of Mankind, einer Abteilung des Britischen Museums in London. Angeblich soll ihn ein spanischer Offizier kurz vor der Besetzung Mexikos durch die Franzosen aus Südamerika mitgebracht und dann an einen englischen Sammler verkauft haben. Nach dessen Tod gelangte der Kristallschädel in den Besitz von Eugene Boban. Der Kunsthändler, der ein Büro in Paris und eines in Mexiko City hatte, verkaufte ihn an einen gewissen G. Sisson in New York. Das Britische Museum erwarb den Kopf am 3. Januar 1898 von Tiffany und Company, New York.

Nach Informationen des Britischen Museums *könnte* dieser Schädel aus der Kultur der Azteken stammen und wäre demnach irgendwann zwischen 1300 und 1500 nach Christus entstanden. Offenbar wären die aztekischen Edelsteinschneider, zumindest nach Meinung der Museumsethnologen, in der Lage gewesen, ein solches Stück herzustellen.

Im Jahr 1936 wurde der Kristallschädel des Britischen Museums im Rahmen einer Untersuchung mit dem Mitchell-Hedges-Schädel verglichen. Dabei stellte der Anthropologe Dr. G. M. Morant fest, dass beide Schädel einander sehr ähnlich sind. Der Schädel aus dem Britischen Museum ist ebenfalls aus massivem Bergkristall gearbeitet, aber er ist keine ganz so anatomisch exakte Nachbildung eines menschlichen Schädels und hat auch keinen abnehmbaren Unterkiefer. Er wiegt 4,968 Kilogramm und sein Fundort ist nicht genau bekannt. Es heißt lediglich, er sei in Mexiko gefunden worden.

Ein weiterer Kristallschädel befindet sich heute im Pariser Museum Quai Branly. Er wiegt nur 2,75 Kilogramm und ist deutlich kleiner als die beiden oben beschriebenen. Dafür hat er eine andere Besonderheit: ein Loch, das sich vertikal durch den gesamten Schädel zieht. Offenbar konnte man diesen Kristallkopf auf einen Stab oder etwas Ähnliches aufstecken. Ob das von Anfang an so gedacht war oder ob das Loch erst später eingearbeitet wurde, bleibt offen. Auf der Rückseite hat dieser Kristallschädel einen Fehler, der wie ein Brandfleck aussieht. Dies würde die Theorie bestärken, dass die Kristallschädel nachträglich poliert wurden, eventuell um sie zu einem besseren Preis verkaufen zu können. Der Brandfleck ist ein Indiz dafür, dass der Kristallschädel möglicherweise in einem beschädigten Zustand war, als er gefunden wurde.

Das Musée de l'homme in Paris erhielt diesen Kristallschädel im Jahr 1878 als Stiftung von Alphonse Pinart. Pinart wiederum hatte ihn von Eugene Boban erstanden, eben jenem Kunsthändler, der ein Büro in Mexiko City unterhielt und auch schon das britische

Exemplar verkauft hatte. Ausgehend von dieser Tatsache legt Jane MacLaren Walsh vom Smithonian Institute in ihrer Studie *Crystal Skulls and other Problems* dar, dass Eugene Boban als Händler südamerikanischer Fundstücke möglicherweise Fälschungen (hergestellt in Idar-Oberstein, Deutschland) auf den damaligen Markt gebracht hat. Walsh erwähnt unter anderem, dass Boban direkten Kontakt zu Leopoldo Batres hatte, dem damaligen Ausgrabungsleiter von Teotihuacan.

Hier stellen sich vor allem folgende Fragen: Warum sollte ein angesehener Kunsthändler, der genügend wertvolle Kunstgegenstände zu verkaufen hatte, Kristallschädel in Deutschland herstellen lassen, sie anschließend nach Südamerika transportieren, dort mithilfe des ebenso angesehenen Ausgrabungsleiters Leopoldo Batres vergraben und wieder ausgraben lassen, um sie am Ende als »echte« Fundstücke zu verkaufen? Hätte sich ein solcher Aufwand finanziell gelohnt? Und warum hätten zwei angesehene Männer ihren guten Ruf mit solchen Machenschaften aufs Spiel setzen sollen?

Immerhin waren offenbar entsprechende Gerüchte im Umlauf – vielleicht von missgünstigen Kollegen Bobans in die Welt gesetzt. Aber warum? Hatte F. A. Mitchell-Hedges möglicherweise bewusst oder unbewusst dafür gesorgt, dass sich die besonderen Fähigkeiten seines Kristallschädels – den er selbst »The Skull of Doom« (»Schädel des Schicksals«) nannte – in allerhöchsten Kreisen herumsprachen? Und welche Fähigkeiten waren das?

KRISTALLSCHÄDEL UND DIE MÄCHTIGEN

Frederick Albert Mitchell-Hedges war, wie wir bereits gesehen haben, eine überaus schillernde und vielseitige Persönlichkeit – und er hatte sehr gute persönliche Kontakte zu vielen reichen und einflussreichen Persönlichkeiten seiner Zeit. In der Zeit zwischen den beiden Weltkriegen lebte er abwechselnd in England, Südamerika und den USA, und wenn er nicht gerade mal wieder auf einer Expedition in irgendeinem Dschungel war, lud er illustre Persönlichkeiten zu seinen legendären Dinnerpartys ein. Bei Ausbruch des Zweiten Weltkriegs lebte Mitchell-Hedges nach einem längeren Aufenthalt in New York wieder in England. In Coverack, Cornwall, handelte er mit antiken Silberwaren und erwarb angeblich ein paar sehr wertvolle Stücke, unter anderem jenen Spiegel aus dem Besitz Marie Antoinettes, der auf vielen Fotos von Anna Mitchell-Hedges zu sehen ist und den sie bis zu ihrem Tod nicht verkaufte, obwohl sie zeitweise erhebliche finanzielle Probleme hatte. Ganz anders ging es F. A. Mitchell-Hedges zu dieser Zeit. Er hätte sozusagen die Füße hochlegen können im schönen englischen Süden, aber natürlich war er meilenweit davon entfernt, es sich gemütlich zu machen, denn er plante bereits seine nächste Expedition. Zu dieser Zeit soll er einen Brief von Scotland Yard erhalten haben, in dem man ihn bat, seine einschlägigen Kontakte in den USA zu nutzen, und zwar mit dem Ziel, die Amerikaner zur Teilnahme am Zweiten Weltkrieg zu bewegen. Ob die

Landung der alliierten Truppen in der Normandie unter Dwight D. Eisenhower (6. Juni 1944) etwas mit F. A. Mitchell-Hedges zu tun hatte, weiß man natürlich nicht, aber Tatsache ist, dass die beiden wohl ganz gut befreundet waren. Informationen von Anna Mitchell-Hedges zufolge hat Eisenhower, der ab 1953 Präsident der Vereinigten Staaten war, zusammen mit seinem Vizepräsidenten Richard Nixon an einer von Mitchell-Hedges' Dinnerpartys teilgenommen und beide sollen hinterher beim Geschirrspülen geholfen haben. F. A. Mitchell-Hedges hatte nachweislich auch Kontakte zu Winston Churchill und General de Gaulle sowie zu einigen anderen politischen und militärischen Größen der damaligen Zeit. Ihnen allen scheint »The Skull of Doom« eher Glück und vielleicht auch einen Wissensvorsprung oder zumindest Weitblick beschert zu haben – immer vorausgesetzt, dass sie mit ihm in Kontakt gekommen sind, was sehr wahrscheinlich ist.

Und was geschah zur gleichen Zeit im Land der Feinde? Es existieren Berichte, denen zufolge auch die Nazis eine Expedition beauftragt hatten, in Südamerika nach Kristallschädeln zu suchen. SS-Reichsführer Himmler soll Reste der atlantischen Zivilisation – deren Ursprung seiner Meinung nach irgendwo in der Nähe von Grönland zu suchen war – in Tibet und Südamerika vermutet haben. Der mittlerweile verstorbene Kristallschädelforscher Nick Nocerino behauptet sogar, Hitler selbst habe einen Kristallschädel aus Onyx oder Rauchquarz besessen. Außerdem soll es einen sogenannten Berliner oder Gestapo-Kristallschädel gegeben haben, der später angeblich in den Vatikan gebracht wurde. In der SS-Schule »Haus Wewelsburg« bei Paderborn, die Himmler zum ideologischen Zentrum des SS-Ordens ausbauen wollte, sollen geheime Rituale abgehalten worden sein. In der Gruft der Wewelsburg befanden sich einem Gerücht zufolge zwölf Podeste, die zwölf Kristallschädeln Platz geboten haben. Dieses Gerücht ist angeblich von der russischen Zeitung Pravda in die Welt gesetzt worden. Bestätigt werden konnte es ebenso wenig wie andere Gerüchte über das, was sich in der Wewelsburg abgespielt hat. Erhalten haben sich lediglich Pläne, nach denen die Burg als Zentrum der neuen Welt »von einer halbrunden, im Durchmesser über tausend Meter breiten monumentalen Gebäudeanlage« umgeben werden sollte. Diese Pläne wurden jedoch nie verwirklicht. Am 31. März 1945 ließ Himmler die ganze Burg sprengen, weil er verhindern wollte, dass sie von amerikanischen Truppen erobert wurde.

Hier scheinen sich die Kristallschädel – wenn es sie denn wirklich gegeben hat – schon eher als Schädel des Verderbens erwiesen zu haben. Auf jeden Fall haben sie das Schicksal nicht zugunsten derer gewendet, die sie hier angeblich auf ein Podest gestellt hatten.

BRAN UND MIMIR, ZWEI SPRECHENDE SCHÄDEL

Woher kam dieses plötzliche Interesse so vieler Machthaber an Kristallschädeln oder anderen, mit übernatürlichen Kräften begabten Schädeln? Hat es sich wirklich erst nach dem Auftauchen des ersten, angeblich in Mittelamerika gefundenen Exemplars entwickelt, also gegen Ende des 19. Jahrhunderts? Sicher nicht, denn bekanntlich empfindet man nur das als interessant, worüber man schon etwas weiß oder womit man sich bereits beschäftigt hat. Und das werden in England, Frankreich und Deutschland nicht vorrangig die Mythen der Maya-Zivilisation gewesen sein, sondern vielmehr Mythen, Geschichten und Legenden aus dem eigenen Kulturkreis.

Da gibt es zum Beispiel eine walisische Sage aus dem *Mabinogion*. Sie handelt von Bran dem Gesegneten, einem Riesen göttlicher Abstammung. Bran war an der Spitze seiner Flotte durch die irische See gegangen (zu Fuß!), hatte einen fast aussichtslosen Kampf gegen die Iren gewonnen und war sozusagen im letzten Moment durch einen verzauberten Speer getötet worden. Bevor er starb, befahl er den sieben Gefolgsmännern, die den Kampf überlebt hatten, seinen Kopf abzutrennen und so unter dem weißen Hügel zu vergraben, dass er nach Frankreich zeige. Damit sollte verhindert werden, dass Britannien jemals vom Meer aus erobert werden könne. Der Erzählung zufolge vergraben die Männer den Kopf aber nicht gleich, sondern ziehen sieben Jahre lang mit ihm durch die

Lande, und die ganze Zeit spricht der Kopf mit ihnen und erteilt ihnen alle möglichen Ratschläge. Auf dem weißen Hügel, der endgültigen Begräbnisstätte des Kopfes, wurde später der Tower von London errichtet, und die Totemkraft des Bran (»Bran« bedeutet Rabe) wurde aus seinem Schädel auf die Raben übertragen, die man dort ansiedelte.

Interessant ist in diesem Zusammenhang auch die Geschichte, die Besuchern des Londoner Towers noch heute gern erzählt wird: Als der Tower im Zweiten Weltkrieg von Bomben getroffen wurde, flogen die Raben vor Schreck weg. Winston Churchill ordnete sofort an, sie durch junge Raben zu ersetzen, die eigens dafür aus dem nördlichen Wales – der Heimat des Bran – geholt wurden. Was zunächst nach einer eher populistischen Maßnahme klingt, nach dem Motto »Mit den Raben geben wir unserem Volk die Hoffnung auf einen Sieg zurück und sorgen so dafür, dass sie weiterkämpfen«, bekommt zusätzliches Gewicht, wenn man weiß, dass Churchill dem *Ancient Order of Druids* angehörte. Die Nachfolgeorganisation dieses berühmten Druidenordens führt noch heute zu den Sonnwenden öffentliche Rituale durch. Das bekannteste Ritual ist das zur Sommersonnwende in Stonehenge. Ein außerhalb von Großbritannien wenig bekanntes findet zur Frühjahrs-Tagundnachtgleiche auf dem Towerberg in London statt. Churchill war sich der Bedeutung dieses Ortes und der Zauberkraft des sprechenden Schädels also sehr wohl bewusst.

Der keltische Mythos vom weissagenden Kopf des mit übermenschlichen Kräften begabten Helden hat eine Parallele unter den germanischen Sagen: die Geschichte von Mimirs Kopf. Mimir war der Hüter einer Quelle an der Wurzel der Weltenesche Yggdrasil. Wer das Wasser aus dieser Quelle trank, erlangte große Weisheit. Mimir soll nach dem Krieg zwischen den beiden Göttergeschlechtern – Asen und Vanen – als Geisel zu den Vanen geschickt worden sein, die ihm den Kopf abschlugen und ihn Odin übersandten. Fortan befragte der höchste Ase diesen Kopf, wann immer er einen Rat brauchte oder in die Zukunft schauen wollte.

Diese beiden Sagen können sehr wohl ein Hinweis darauf sein, dass es eine uralte Erinnerung an so etwas wie »Kristallschädel« gab. Beide Schädel stammen von übernatürlichen Wesen, die nicht nur eine Beziehung zum Wasser, sondern auch zu der in den Tiefen des Meeres beziehungsweise an der Wurzel des Weltenbaumes verborgenen Weisheit haben. Brans Kopf soll darüber hinaus auch noch unbesiegbar machen, unsterblich womöglich.

Bran ist der Sohn des walisischen Meeresgottes Llyrs und seiner Gemahlin Penarddun. Mimir ist der Hüter einer Quelle. Und Bergkristall, das Material, aus dem alle älteren Kristallschädel bestehen, wurde in alten Zeiten für versteinertes Wasser gehalten (siehe auch Seite 125 f.). Die Vorstellung, dass es sich bei diesen beiden Schädeln um Kristallschädel gehandelt haben könnte, ist also nicht allzu weit hergeholt.

DER HEILIGE GRAL UND SEINE HÜTER

Manchen Quellen zufolge bilden die Erzählungen um Bran den Gesegneten die Grundlage für die Geschichten über Anfortas, den Fischerkönig und Herrn der Gralsburg. Diese Burg liegt auf einem schwer zugänglichen Berg und wird bewohnt von diesem König und seinen Gralsrittern sowie von einer jungfräulichen Königin und deren Hofdamen. Zwei Gegenstände werden dort wie Heiligtümer bewacht: der Heilige Gral und eine blutige Lanze. Als Parzival, der sich naiv wie ein »großer Narr« auf die Suche nach dem Gral gemacht hat, wie »zufällig« in die Gralsburg gelangt, erlebt er, dass eine blutige Lanze von einem Knappen durch den Saal getragen wird, woraufhin alle Anwesenden in Wehklagen ausbrechen. Doch dann betreten vierundzwanzig prächtig gekleidete Jungfrauen den Saal, und ganz zum Schluss kommt die jungfräuliche Königin Repanse de Schoie (»Lebensfreude«) mit dem Gral. Der Gral wirft seinen strahlenden Glanz auf alle und spendet Trank und Speise im Überfluss, ja sogar Musik. Doch inmitten all dieses Reichtums herrscht Trauer, denn der König ist schwer verwundet, wahrscheinlich von eben jener Lanze. (Wir erinnern uns, dass auch Bran von einem verzauberten Speer getötet wurde.) Als der Gral wieder hinausgetragen wird, schaut Parzival ihm nach und sieht wie im Nebel einen wunderschönen, ätherisch wirkenden alten Mann mit schneeweißen Haaren. Es ist Titurel, der Gründer der Gralsdynastie, dem der Gral auf wundersame Weise ewiges Leben verliehen hat. Gleichzeitig erkennt er ganz klar und deutlich, dass der verwundete König in Anwesenheit des Grals noch mehr leidet als ohnehin schon. Parzival versäumt es, nach der Ursache für diese tiefe Verwundung zu fragen. War es Krieg, Kampf, Feindschaft und/oder ein böser Zauber? Und weil er nicht fragt und nichts unternimmt, um den Gralshüter zu heilen und abzulösen, entschwinden Gral und Gralsburg zunächst wieder in unerreichbare Ferne. Parzival setzt seine Suche fort.

Später trifft er den Einsiedler Trevrezent, von dem er erfährt, dass es sich bei dem Gral um einen »reinen und wertvollen Stein namens *Lapis Exillis* (Stein des Exils)« handelt, einen Stein, der wie ein Katalysator wirkt und Menschen die Erleuchtung bringen kann. Bei diesem Namen könnte es sich nach Meinung mancher Forscher auch um eine Fehlinterpretation des lateinischen Begriffes *lapis ex coelis* (Stein vom Himmel) handeln. Die Zauberkraft dieses Steins, so heißt es bei Wolfram von Eschenbach, könne den sagenhaften Vogel Phönix zu Asche verbrennen, um ihn dann von Grund auf erneuert aus dieser Asche wieder auferstehen zu lassen (nach I. M. Oderberg).

Der Mythos vom Heiligen Gral ist seit dem Hochmittelalter (spätes 12. Jahrhundert) lebendig und hat die Fantasie sehr, sehr vieler Menschen beflügelt. Dichter und Schriftsteller haben ihn aus keltischen, christlichen und orientalischen Sagen und Mythen zusammengemischt, und bis in unsere Zeit wurde und wird er immer weiter ausgeschmückt und abgewandelt. Darüber, wie der Heilige Gral genau aussieht, sind sich Dichter und Gralsforscher bis heute nicht einig. Während die einen ihn für den Kelch halten, aus dem Christus beim Letzten Abendmahl trank und in dem Josef von Arimathäa das Blut des gekreuzigten Jesus auffing, ist er bei Wolfram von Eschenbach ein Stein. Wieder andere halten ihn für eine Art Füllhorn oder einen magischen Kessel, weil er Trank und Speise im Überfluss hervorbringt. Moderne Gralsforscher, mit denen wir uns noch beschäftigen werden, bringen den Gral mit der Bundeslade in Verbindung und behaupten sogar, er sei die Bundeslade selbst.

Ein Gefäß oder ein Stein, das oder der den Menschen die Erleuchtung bringen kann … Ich denke, der Gral könnte sehr gut auch ein Kristallschädel gewesen sein. Ist der Schädel nicht das Gefäß des Geistes, und findet Erleuchtung nicht im Geist statt? Und ist ein Kristallschädel nicht ein Stein, wenn auch ein besonders geformter?

DIE TEMPLER – WAHRHEIT UND LEGENDE

Im Laufe der Jahrhunderte haben sich viele Menschen auf die Suche nach dem Heiligen Gral gemacht, und einigen anderen wurde nachgesagt, sie hätten ihn gefunden und auch eine Zeit lang besessen und seien daher Gralshüter gewesen. In Wolfram von Eschenbachs *Parzival* (um 1200) werden die Gralsritter um Anfortas, den verwundeten König, als »Templeisen« bezeichnet. Daraus folgern manche, die Templer – auch Tempelritter oder Tempelherrn genannt – seien im Besitz des Heiligen Grals gewesen.

Der Templerorden, um 1118 gegründet, war nach dem Malteserorden der zweite geistliche Ritterorden, der sich infolge der Kreuzzüge gebildet hatte. Sein voller Name war »Arme Ritterschaft Christi vom salomonischen Tempel«. Der Name kam daher, dass König Balduin II. dem Orden Teile seines ehemaligen Palasts auf dem Tempelberg in Jerusalem zur Verfügung stellte. Dieser Palast war auf den Grundmauern des salomonischen Tempels errichtet worden. (Heute steht hier die Al-Aksa-Moschee.) Hugo von Payens, Gottfried von Saint-Omer und sieben weitere französische Ritter hatten den Orden gegründet, um die christlichen Pilger im heiligen Land vor Überfällen zu schützen. Der Sitz des Ordens war von Anfang an Gegenstand vieler Spekulationen. Noch heute vermutet man unter dem Tempelberg von Jerusalem ein weitreichendes Höhlensystem, in dem alte Schriften und heilige Gegenstände versteckt sein sollen. Die Geschichte des Tempelberges beginnt mit dem Bau des salomonischen Tempels im Jahr 957 vor Christus. Mithilfe phönizischer Baumeister hatte König Salomon hier ein imposantes Gebäude aus Stein errichten lassen. Es hatte die heiligen Maße sechzig Ellen Länge, zwanzig Ellen Breite und dreißig Ellen Höhe. Im Inneren der Anlage befand sich ein vierzig Ellen langer Vorraum, in welchem das Schaubrot sowie heilige Leuchter und Räuchergefäße aufgestellt waren, sowie das im Westen gelegene Allerheiligste von zwanzig

Ellen Länge. Hier war die Bundeslade untergebracht, von der Esoteriker sagen, sie habe die Weltformel enthalten und in ihr sei die Geschichte der Erde gespeichert gewesen. Auf die Bundeslade werden wir noch zurückkommen, denn sie spielt für unser Thema eine sehr wichtige Rolle.

Doch zunächst zurück zu den Tempelrittern. Sie hatten Mönchsgelübde abgelegt, die sich vor allem auf Armut, Keuschheit und Gehorsam bezogen, und waren offiziell, wie gesagt, vor allem damit beschäftigt, den Pilgern sicheren Zugang zum heiligen Grab zu gewährleisten. Seit 1125 erlebte der Orden jedoch einen deutlichen Aufschwung, hervorgerufen durch den Beitritt des Grafen Hugo de Champagne. Dieser Graf, einer der mächtigsten Feudalherren Frankreichs, soll schon vor Gründung des Ordens, gleich nach dem ersten Kreuzzug, eine Pilgerreise nach Jerusalem unternommen haben, und zwar in Begleitung des späteren Ordensgründers Hugo von Payens. Ab 1127 erhielt der Orden zahlreiche Schenkungen in Form von Ländereien, vor allem in Frankreich, Spanien, Portugal, Italien und England. Am 29. März 1139 wurden die Templer dem Papst direkt unterstellt und durften nicht nur Steuern einziehen, sondern auch Geld verleihen – was eigentlich gegen das Ordensgelübde war. Im Umgang mit Geld und in der Verwaltung von Reichtümern waren die Templer wohl sehr geschickt, und als Geldverleiher hatten sie einen derart guten Ruf, dass selbst die Moslems ihre Dienste in Anspruch nahmen. Kriegführung hingegen scheint weniger ihre Stärke gewesen zu sein. Ihr erster Einsatz – die Belagerung von

Damaskus im Jahr 1129 – endete in einer Katastrophe: Fast alle Templer wurden getötet. Dennoch waren die Reihen bald wieder gefüllt. Angesichts dieser Tatsachen fragt man sich, ob die Templer wirklich vorrangig zu Verteidigungszwecken ins Heilige Land gekommen waren. Über ihre ersten Jahre in Jerusalem (1118–1125) ist eigentlich nichts bekannt. Was sollte auch bekannt sein über ein paar französische Ritter, die es sich offiziell zur Aufgabe gemacht hatten, Pilger zu beschützen? Aber eines weiß man doch: Die Templer haben Ausgrabungen auf dem Tempelberg durchgeführt, und zwar dort, wo sich angeblich die Stallungen des Tempels befunden hatten. Was haben sie wohl dort gesucht – und vielleicht auch gefunden? Den Heiligen Gral, die Bundeslade, alte Schriften …? Sicher ist jedenfalls, dass der Orden über beachtliche Reichtümer verfügte. Dieser Reichtum war letztlich wohl für seinen Untergang verantwortlich, denn Philipp IV., genannt der Schöne, König von Frankreich, ist hoch verschuldet und braucht dringend Geld, als er 1307 alle Templer Frankreichs verhaften lässt und der Inquisition übergibt. Die meisten ihrer Reichtümer werden beschlagnahmt, und der Orden wird 1312 vom Papst aufgelöst (obwohl viele europäische Könige und Thronfolger von der Unschuld der Tempelritter überzeugt sind). Jaques de Molay, der letzte Großmeister des Ordens, stirbt am 18. März 1314 in Paris auf dem Scheiterhaufen.

Abgesehen von dieser wohl ziemlich spektakulär inszenierten Tötung wurden nur sehr wenige Todesurteile an Templern vollstreckt, und wenn, dann nur in Frankreich, also im unmittelbaren Machtbereich König Philipps IV. In anderen europäischen Ländern wurden die Templer zum Teil sogar freigesprochen, hatten aber von jetzt an deutlich weniger Macht.

Die plötzliche Auflösung der mächtigen und einflussreichen Zentrale dieses Ordens trug natürlich zur Entstehung zahlreicher Legenden und Gerüchte rund um die Schätze und Geheimnisse der Templer bei. Unter anderem sollen sie mit dem Bau der gotischen Kathedralen begonnen und damit die gesamte europäische Architektur revolutioniert haben. Sie verfügten plötzlich über bautechnische Kenntnisse, die weltweites Aufsehen erregten. Freitragende Deckenkonstruktionen und andere architektonische Herausforderungen meisterten sie scheinbar aus dem Nichts. Vermutungen gehen dahin, dass sie Einsicht in alte Manuskripte hatten, die ihnen das für die Realisierung solcher Bauten nötige technische Knowhow vermittelten. Auch schienen sie Zugang zu Karten gehabt zu haben, auf denen damals noch nicht entdeckte Teile der Erde eingezeichnet waren. Offenbar verfügten sie über Schätze des Wissens aus einer Kultur, die viel weiter entwickelt war als ihre eigene.

Woher konnten sie diese Schätze haben? Vielleicht aus den Höhlenanlagen unter dem Tempelberg? Dort, so sagt man, hätten sie bei ihren Grabungen auch die Bundeslade entdeckt. Und dass man die Templer für die Hüter des Heiligen Grals hielt, habe ich ja bereits erwähnt.

Eine andere Geschichte besagt, neunzig Jahre nach dem Ende des Ordens habe eine Flotte unter dem

Kommando der Seefahrer Henry Sinclair und Antonio Zeno den Hafen von La Rochelle in Richtung Amerika verlassen – mit dem Tatzenkreuz, dem Zeichen der Templer, auf den Segeln. Diese Seefahrer hätten Oak Island vor der Küste Kanadas entdeckt und einen Teil ihrer Schätze dort versteckt. Moderne Ausgrabungen legen jedoch die Vermutung nahe, dass schon die Inkas auf Oak Island gewesen waren. Das könnte bedeuten, dass die Templer Oak Island vielleicht nicht zufällig entdeckt haben, sondern ganz gezielt dorthin gefahren sind, weil sie besonderes Kartenmaterial zur Verfügung hatten.

Anderen Berichten zufolge sollen die Templer nach der Auflösung des Ordens in Süd- und Mittelamerika, unter anderem in Mexiko, Kolonien gegründet und Silber abgebaut haben. Das könnte bedeuten, dass sie auch Zugang zu den Tempelanlagen der Inkas und Mayas hatten. Wenn dem so wäre, könnte man davon ausgehen, dass sich hier ein Kreis schließt. Sollten die Templer auch in Süd- und Mittelamerika geheimnisvolle Schätze gesucht haben, könnten sie diese zum Beispiel in eben diesen Tempelanlagen gefunden haben. Aber vielleicht haben sie ja auch selbst einen Schatz mitgebracht …

Den Legenden und Berichten verschiedener südamerikanischer Indianerstämme zufolge sollen die Maya dreizehn Kristallschädel besessen haben, die vor langer Zeit (wie lange das genau her ist, wissen die Legenden nicht zu sagen) von geheimnisvollen Lehrern geschaffen worden waren. Diese dreizehn Kristallschädel sollen sich mittlerweile in Verstecken auf der ganzen Welt verteilt befinden. Sie enthalten, so die Legende, das gesamte göttliche Wissen und können miteinander kommunizieren. Die Indianer glauben, dass diese Kristallschädel eines Tages wieder vereint werden. Dann soll das Neue Zeitalter des Friedens beginnen (siehe auch Seite 215 f. und 260).

DAS HAUPT DES BAPHOMET

In dem Prozess, der schließlich zur Auflösung des Templerordens führte, waren die Templer unter anderem beschuldigt worden, einen Götzen namens Baphomet beziehungsweise das Haupt dieses Baphomet angebetet zu haben. Dieses Ritualobjekt wurde auf sehr verschiedene Weise beschrieben, und auch über die Bedeutung seines Namens sind sich die Autoren, die sich dieses Themas angenommen haben, keineswegs einig.

Das Wort »Baphomet« selbst kommt in den Originalprotokollen nicht vor, wohl aber »Baffomet«, das provenzalische Wort für den Propheten Mohammed beziehungsweise ein Idol, welches die Moslems angeblich verehrten. Man kann davon ausgehen, dass hier zunächst irgendein nicht christliches Idol gemeint war, das diejenigen, die es so nannten, nicht richtig verstanden und vielleicht noch nicht einmal gesehen hatten. Es ging den Anklägern schließlich auch nicht darum, etwas zu verstehen, sondern einen Grund mehr für ihre Anklage zu haben.

Ein etwas differenzierterer Vorschlag zur Deutung des Namens Baphomet besagt, das Wort sei arabischen Ursprungs, heiße eigentlich *Abufihamet* – im maurischen Sprachraum *Bufihimat* ausgesprochen – und bedeute »Vater des Erkennens«, wobei das Wort für »Vater« auch mit »Quelle« oder »Urgrund« übersetzt werden könne. Damit sind wir dem, was wir bereits über Kristallschädel erfahren haben, schon ein ganzes Stück näher.

Auch das Aussehen dieses Kopfes wurde ganz unterschiedlich beschrieben. Manchmal ist von einem »Kopf mit langem weißem Bart« die Rede; manchmal auch davon, dass dieser Kopf statt Augen glühende Karfunkel gehabt habe; bisweilen werden auch mehrere Gesichter erwähnt. Der Kopf habe sprechen können, heißt es, und eine magische Kraft sei von ihm ausgegangen. Das Problem mit fast all diesen Beschreibungen besteht darin, dass sie von Gegnern und Anklägern der Templer stammen, was letztlich zur Folge hatte, dass Baphomet oder das Templeridol regelrecht »verteufelt« und später sogar oft als gehörnter und geflügelter Luzifer dargestellt wurde – vielleicht um Uneingeweihte abzuschrecken, denn ein Luzifer (Lichtträger) im wahrsten Sinne des Wortes dürfte er als Kristallschädel sehr wohl gewesen sein. Es gibt übrigens noch eine andere, uns aus der Bibel bekannte Figur, die manchmal mit kleinen Hörnern auf dem Kopf dargestellt wird: Moses. Er soll uns in den folgenden Kapiteln beschäftigen.

TRÄGER DES LICHTS

Wir haben uns ja schon gefragt, was die Templer im Tempelberg von Jerusalem wohl suchten und vielleicht sogar gefunden haben. Die Vermutung, dass es die Bundeslade war, liegt nahe. Doch was hat es mit dieser geheimnisvollen Bundeslade auf sich?

In der Bibel (2. Mose 25, Vers 10 bis 22) wird berichtet, wie sie auf Anordnung Gottes, der durch Moses sprach, hergestellt werden sollte: »Macht eine Lade aus Akazienholz, zwei und eine halbe Elle soll die Länge sein, anderthalb Ellen die Breite und anderthalb Ellen die Höhe. Du sollst sie mit feinem Gold überziehen innen und außen …« Mit einem goldenen Kranz soll sie verziert sein, und vier goldene Ringe, zwei rechts zwei links, sollen daran angebracht werden, damit man sie an Stangen, die durch diese Ringe gesteckt werden, tragen kann. »Und du sollst in die Lade das Gesetz legen, das ich dir geben werde. Du sollst auch einen Gnadenthron machen aus feinem Golde … Und du sollst den Gnadenthron oben auf die Lade tun … Dort will ich dir begegnen, und vom Gnadenthron aus … will ich mit dir alles reden, was ich dir gebieten will für die Kinder Israels.«

In den Erläuterungen zur Lutherbibel lesen wir an dieser Stelle: »In der Lade war das Gesetz, der Krug mit Manna und Aarons grünender Stab … Wie die Ägypter ihre Götterbilder auf Tragthronen, Schiffen oder über einem Kasten in den Prozessionen trugen, wird die Lade mit ständig nicht entfernten Stangen getragen.« (*Lutherbibel erklärt*, Seite 129)

Es handelt sich hier also offenbar nicht nur um eine edle Transportkiste für wertvolle Gerätschaften, sondern auch um einen tragbaren Altar beziehungsweise Thron, der allerdings leer bleibt, denn der Gott, der hierherkommt, um Moses und durch ihn seinem Volk zu begegnen, ist unsichtbar. Sichtbar ist seine Anwesenheit allerdings in seinem Vermittler, denn manchmal geht ein solches Strahlen von Moses aus, dass es die Israeliten mit der Angst zu tun bekommen, weswegen er sein Gesicht mit einem Tuch bedeckt (vgl. 2. Mose 34, Vers 29 bis 35). Weil das hebräische Wort *qaran* (strahlend) in der lateinischen Bibel (*Vulgata*) fälschlicherweise mit *cornuta* (gehörnt) übersetzt worden war, wurde Moses manchmal mit Hörnern dargestellt (zum Beispiel von Michelangelo).

Wer war dieser Moses, der seinem Gott in der Wüste und auf hohen Bergen begegnete und dann strahlend wie die Sonne – erleuchtet – zu seinem Volk zurückkehrte?

Die Bibel berichtet, Moses sei in einer Zeit geboren worden, in der alle hebräischen Neugeborenen männlichen Geschlechts auf Befehl des Pharao getötet werden sollten. Seine Eltern, so heißt es, seien beide vom Stamm Levi gewesen. Moses wird in einem Binsenkörbchen auf dem Nil ausgesetzt, von der Tochter des Pharao gefunden und wie ihr eigenes Kind aufgezogen. Der Name Moses bedeutet laut Bibel: »Ich habe ihn aus dem Wasser gezogen.« Hier handelt es sich um ein Motiv, das in vielen antiken Mythen vorkommt und sogar in ganz modernen, allseits bekannten Geschichten: das Heldenkind oder »der Junge, der überlebt hat«. In der Bibel ist Moses demnach vor allem ein Held, ein Gesandter Gottes, der das auserwählte Volk aus der Sklaverei ins gelobte Land führt. Griechischen Quellen zufolge war Moses entweder ein ägyptischer Priester aus Heliopolis, ein Schriftgelehrter oder ein hoher ägyptischer Würdenträger, auf jeden Fall aber ein Ägypter. Auch Sigmund Freud hat sich eingehend mit Moses beschäftigt. In seinem Buch *Der Mann Moses und die monotheistische Religion* (1939) greift er Thesen auf, die damals dem neuesten Stand der Forschung entsprachen, und stellt Moses als Anhänger des Pharaos Echnaton dar, dessen religiöse Vorstellungen er bewahrt, weitergeführt und beim Auszug aus Ägypten ins gelobte Land mitgenommen haben soll. Immerhin ist die Ähnlichkeit zwischen dem jüdischen Gottesnamen *Adonai* und dem ägyptischen *Aton* nicht zu übersehen. Manche Autoren behaupten sogar, Moses sei mit Echnaton identisch gewesen. Das wird von den meisten allerdings schon allein deshalb abgelehnt, weil der biblische Exodus in die Regierungszeit Ramses II. datiert wird. Und Ramses II. kam etwa sechzig Jahre nach Echnatons Tod auf den Thron.

Pharao Echnaton (1364 bis 1347 vor Christus) war der Erste, der die ganze Welt der Erscheinungen, also alles Belebte und Unbelebte, aus einem einzigen Prinzip heraus zu erklären versuchte und damit eine »Weltformel« gefunden zu haben glaubte. Das Licht, verkörpert durch die Sonnenscheibe (Aton), war für ihn das Absolute, der einzige Gott, vermittelt durch ihn selbst, Echnaton (»der Aton wohl gefällt oder nützlich ist«), und seine Frau Nofretete (»die Schöne ist gekommen«). James Henry Breasted, ein amerikanischer Ägyptologe, nennt Echnaton einen »gottberauschten Mann, dessen Geist mit außerordentlicher Empfindsamkeit auf die wahrnehmbaren Zeugnisse Gottes reagierte. Mit Ekstase gibt er sich der Schönheit des Lichts hin« (zitiert nach Hornung, Seite 21). Der Sonnengott Re hatte zwar schon immer als der mächtigste aller Götter gegolten, aber für Echnaton war Aton (weniger die Sonnenscheibe als das Licht, das von ihr ausstrahlt) der *einzige* Gott, und er selbst sah sich als *einziger* Vermittler dieses Gottes. Wäre er kein König gewesen, hätte die von ihm proklamierte Religion vielleicht von Dauer sein können, so aber mag seine »Gottberauschtheit« zwar auf manche übergesprungen sein, dürfte aber auch sehr viele Gegner auf den Plan gerufen haben, allen voran die gesamte Priesterschaft, die mit der Proklamation der neuen Religion auf einen Schlag überflüssig geworden war. Der Ägyptologe Jan Assmann sagt über Echnaton: »Er ist der Gott, der in Prozession auszieht, der Zeichen und Wunder tut, der in das Schicksal des Einzelnen eingreift und Tod und Leben in Händen hält« (zitiert nach Hornung, Seite 62).

Echnaton hat alle Götter außer Aton abgeschafft. Selbst für Osiris in seiner Eigenschaft als Herrscher der Toten gibt es keinen Platz mehr, denn »die Auferweckung der Toten zu neuem Leben vollzieht sich nicht mehr nachts in der Unterwelt, sondern am Morgen im Licht der aufgehenden Sonne … Wie die Mumiengestalt, sind jetzt auch die Gräber nur noch eine

Hülle für den Körper. Die Toten leben nicht in ihren Gräbern, sondern auf Erden« (Hornung, Seite 62). Wenn morgens die Sonne aufgeht und den Tempel mit ihrem Licht erfüllt, kommen auch die Ba-Seelen der Toten (in Vogelgestalt) herbei, um ihre Opferspeisen in Empfang zu nehmen. Die Ba-Seelen sind so lebendig wie die Verkörperten, nur eben in einer anderen Form. Materie wurde vom Licht verwandelt, das Totenreich hat ausgedient.

Kristallschädel wären ein perfektes Symbol gewesen, um dies zu verdeutlichen, aber es gibt bisher leider keinen Hinweis darauf, dass solche Artefakte in Ägypten hergestellt wurden. Was allerdings mit Sicherheit und in großen Mengen hergestellt wurde, sind sehr lebensechte Porträtköpfe aus unterschiedlichen Materialien. Das Material Bergkristall wurde in der ägyptischen Kunst ebenfalls verwendet, zum Beispiel um die Augen von Porträtskulpturen damit einzulegen. Ägyptische Tierskulpturen aus Bergkristall zeigen, dass die Ägypter auf jeden Fall in der Lage waren, dieses Material meisterlich zu bearbeiten.

Doch zurück zu Echnaton und Moses. Die Parallelen zwischen den beiden sind überdeutlich, und was von dem einen gesagt wird, nämlich dass er »Zeichen und Wunder« tat, gilt auch für den anderen. Moses und sein Bruder Aaron waren Magier, und die Bibel macht deutlich, dass sie sogar noch besser waren als alle anderen Magier Ägyptens. Aarons »blühender Stab«, der später in der Bundeslade aufbewahrt wurde, war ein Zauberstab, der – in eine Schlange verwandelt – die Zauberstäbe aller anderen ägyptischen

Magier – ebenfalls in Schlangen verwandelt – verschlungen hatte. Und weil das offenbar noch nicht reichte, schlug Aaron mit eben diesem Stab auf das Wasser im Nil und verwandelte es in Blut (2. Mose 7).

Eine Plage nach der anderen kommt über Ägypten, und das alles nur, weil Moses und Aaron »Wunder getan« haben (2. Mose 11, Vers 10). Diesen Wundern sollen noch weitere folgen: »Als nun Moses seine Hand über das Meer reckte, ließ es der Herr zurückweichen durch einen starken Ostwind die ganze Nacht und machte das Meer trocken und die Wasser teilten sich« (2. Mose 14, Vers 21). In Mara ist das Wasser bitter, und das Volk murrt. Da zeigt der Herr Mose »ein Holz; das warf er ins Wasser, da wurde es süß« (2. Mose 15, Vers 25). Keine Frage, Moses war ein Zauberer, und er zaubert stets »auf Anweisung« beziehungsweise nachdem er eine Eingebung hatte. Der Herr sagt und zeigt ihm, was er zu tun hat, und Moses setzt die Naturgesetze scheinbar außer Kraft und wirkt Wunder. Auf dem Weg durch die Wüste setzt er seine Zauberkraft offenbar immer dann ein, wenn sein Volk so am Ende ist, dass es sich die Sklaverei zurückwünscht oder sogar vom Tod spricht. »Haben wir nicht schon in Ägypten gesagt: Lass uns in Ruhe, wir wollen den Ägyptern dienen« oder »Wollte Gott, wir wären in Ägypten gestorben.« So ist es auch, bevor Gott »Brot vom Himmel regnen« lässt. Die Israeliten sammeln dieses »Engelsbrot« in Krügen ein, und es ist genug für alle da – nicht zu viel, aber auch nicht zu wenig. Auf Vorrat produzieren oder horten lässt sich das »Himmelsbrot« offenbar nicht, außer einen Tag vor dem Sabbat. Ein

»Krug mit Manna« wird später »für die Nachkommen« in der Bundeslade aufbewahrt, »auf dass man sehe das Brot, mit dem ich euch gespeist habe in der Wüste« (2. Mose 16, Vers 32).

Ein Gefäß, in dem sich sammelt, was vom Himmel fällt, und das Menschen genau im richtigen Moment auf wunderbare Weise vor dem Tod bewahrt, ihnen vielleicht sogar ewiges Leben schenkt … Dieses Motiv erinnert sehr an den Heiligen Gral, welcher ebenfalls als Schale oder Gefäß beschrieben wurde, das auf wundersame Weise Trank und Speisen spendete. Auch die Autoren Johannes und Peter Fiebag sehen das so, und sie glauben sogar, das Rätsel um den Gral gelöst zu haben. Ihrer Auffassung nach ist der Gral identisch mit dem sogenannten »Alten der Tage« (hebräisch: *Attik Jomim*), der unter anderem im *Sefer ha-Sohar*, dem »Buch des Glanzes«, beschrieben wird. Buchstaben sollen auf dem »Alten« eingraviert gewesen sein und man soll ihn in Einzelteile zerlegt und wieder zusammengebaut haben. Es heißt, *Attik Jomim* habe drei Köpfe besessen, nämlich einen großen Kopf, der zwei kleinere Schädel enthielt. Weiter wird von einem Bart gesprochen und von Haaren und Schnüren, in denen Wasser floss. Eine durchsichtige »Ätherhaut« soll eine »obere Weisheit« oder ein »oberes Gehirn« umhüllt haben, von dem täglich Tau getropft sei, um diverse Behälter und ausgehöhlte Schädel mit Wasser zu füllen. Weiter heißt es, das *Attik Jomim* hätte den Kindern Israels während ihrer Wüstenwanderung Wasser und auch eine wundertätige Speise (Manna) gespendet. Im Sohar-Kapitel »Das Stiftszelt – Salomo und Chiram« lesen wir: »Lasst uns mit diesen Dingen (nämlich »den Geheimnissen, die der Mensch nicht als Nahrung verträgt«) zur ›heiligen Leuchte‹ hinaufsteigen, denn er vermag süße Gerichte zu bereiten, wie sie ihm der heilige Alte … bereitet hat … Und so kann der Mensch davon essen und trinken und sein Inneres befriedigen mit allen Freuden der Welt« (*Der Sohar*, Seite 53). Hier ist von einem »Erleuchteten« die Rede, der offenbar in der Lage ist, eigentlich »unverdauliche« Geheimnisse so zu bereiten, dass man sie genießen kann und die »Freuden der Welt« gleich mit. Der »heilige Alte« könnte ein Kristallschädel sein, die »heilige Leuchte« sein Besitzer. Oliver Deberling (seine Thesen werden unten noch ausführlicher dargestellt) geht davon aus, dass dies das Vorbild für die Speisungsszene im Parzival sein könnte oder einfach Gedankengut, das sowohl Wolfram von Eschenbach als auch dem Verfasser oder den Verfassern des Sohar zugänglich war. Das ist auch durchaus nachvollziehbar. Der Gral wäre dann gleichzusetzen mit dem »heiligen Alten« (einem Kristallschädel, wie ich meine), während der Erleuchtete zum Beispiel Titurel sein könnte, jener »ätherisch wirkende alte Mann«, der das Geheimnis des Grals offenbar entschlüsselt hat, oder auch der Einsiedler Trevrezent.

Doch warum meine ich, dass der Gral genau wie der ominöse Mannakrug in der Bundeslade ein Kristallschädel gewesen sein könnte? Die Antwort findet sich ebenfalls im Sohar, und zwar im Kapitel »Das Licht des Urquells – Das Mittlerwesen«. Dort ist zunächst die Rede von der Erschaffung der Welt. »Es werde

Licht«, sprach Gott, und damit war das Leuchten geschaffen, das »Licht des Urquells«, das auch mit »das Licht des Auges« übersetzt werden kann. Damit ist das innere Leuchten gemeint, das in den Augen eines Menschen zum Ausdruck kommt – oder eben nicht. »Dieses Licht zeigte der Allheilige dem Urmenschen und dieser schaute darin vom Anfang bis zum Ende der Welt ... Desgleichen auch ... Mose, der darin blicken konnte von Gilead bis Dan.« Dem folgenden Text kann man entnehmen, dass Moses das Licht manchmal hatte und dass es ihm manchmal wieder genommen wurde, »bis er auf dem Berg Sinai stand, um die Thora zu empfangen, da kehrte ihm das Licht zurück und er konnte sich dessen alle Tage seines Lebens bedienen« (*Der Sohar*, Seite 49).

Die folgenden Seiten enthalten eine Diskussion zwischen Rabbi Jizchak und Rabbi Josse über die Frage, warum dieses Strahlen, das einst von »Weltende zu Weltende« ging, jetzt verborgen ist. Die Sündigen sollen es nicht genießen können, meint Rabbi Jizchak, aber es werde bewahrt bis zum »Tage jener künftigen Welt. Und jenes künftige Licht muss aus der Finsternis kommen, in deren Hüllenwesen es eingeprägt ist« (*Der Sohar*, Seite 50). Niemand wird bestreiten wollen, dass ein Schädel etwas mit Tod zu tun hat. Er ist, abgesehen von ein paar anderen Knochen, das, was von einem menschlichen Körper übrig bleibt, nachdem dieser gestorben und durch die Finsternis der Unterwelt gegangen ist. Er symbolisiert das Ende eines Zyklus, ist aber auch das materielle »Gefäß« des Geistes, der den Tod überlebt. Schädel und Köpfe haben aber eine noch viel weiter reichende Symbolik, die Thema des nächsten Kapitels sein soll und uns am Ende wieder zum Gral und zur Bundeslade zurückführen wird.

DIE KRONE DER SCHÖPFUNG

Was unterscheidet den Menschen vom Tier? Es sind drei Dinge:

- der aufrechte Gang,
- der freie Wille im Sinne von Willenskraft sowie
- der denkende und unterscheidende Geist.

Der aufrechte Gang hat dem Menschen zwei entscheidende Vorteile beschert: (1) Er hat die Hände frei zum Handeln, und (2) sein Gehirn konnte sich zum komplexesten Organ entwickeln, das die Natur je hervorgebracht hat. Aufgrund seines aufrechten Ganges und seiner besonderen Geistesgaben hat der Mensch die Chance, eine Verbindung zwischen Himmel und Erde herzustellen. Er steht im Idealfall mit beiden Beinen fest auf der Erde oder auch mitten im Leben und ist gleichzeitig mit dem Kopf im Himmel, denn er kann seine Gedanken, Wünsche und Gebete nach oben schicken und umgekehrt göttliche oder himmlische Inspirationen empfangen. Der Kopf *im* Himmel wird manchmal auch zum Kopf *als* Himmel. Viele alte Kulturen kennen den kosmischen Menschen oder den Menschen als Mikrokosmos. In der indischen Mythologie heißt er *Purusha*, die Kabbala nennt ihn *Adam Kadmon*.

Die älteste Erwähnung des *Purusha* finden wir im Rigveda (ca. 1500 vor Christus). Dort wird er als eine Art urzeitlicher Riese beschrieben, der die Erde vollständig bedeckt und sogar noch darüber hinausragt. Er wird geopfert und aus den einzelnen Teilen seines Körpers entstehen die Erde und der Kosmos. Aus seinem Kopf wird der Himmel, aus seinen Augen die Sonne, aus seinem Geist der Mond und so weiter.

Man kann davon ausgehen, dass es sich hier um eine Vorstellung handelt, die mit den indogermanischen Einwanderern nach Indien kam und daher auch allen anderen indogermanischen Völkern geläufig war. Die Germanen bezeichneten den Himmel entweder mit dem altnordischen Wort *heili* = Gehirn oder mit dem friesischen *heila* = Kopf. Die Ähnlichkeit mit dem Wort »heilig« fällt sofort auf. Von den Kelten wissen wir (leider nur aus nicht keltischen Quellen), dass sie den Kopf, genauer gesagt den Schädel für den Sitz der unsterblichen Seele hielten, die – nach entsprechend langem Aufenthalt in der Anderswelt – aus dem Bauch von Mutter Erde wiedergeboren werden konnte. Das setzte jedoch voraus, dass der Schädel überhaupt in den Bauch von Mutter Erde gelangte. Um genau dies und damit eine Wiedergeburt des betreffenden Individuums zu verhindern, sollen die Kelten im großen Stil dafür gesorgt haben, dass die Köpfe ihrer Feinde eben nicht bestattet wurden. Die Germanen scheinen ähnliche Vorstellungen gehabt zu haben, denn auch sie sollen die Schädel ihrer Feinde gesammelt und die

Schädeldecken als Trinkschalen benutzt haben. Auch die Skythen waren Indogermanen und sehr eng mit den Germanen verwandt, die später unsere Breiten besiedelten. Über sie weiß der griechische Historiker Herodot zu berichten: »Aus den Schädeln ..., nicht von allen Erschlagenen, sondern nur von den grimmigsten Feinden, machen sie Trinkschalen ... Wer arm ist, legt ... außen ein Stück Rindsfell herum; der Reiche vergoldet außerdem das Innere des Schädels, und dann trinkt er daraus« (*Historien* IV, 65). Warum nur die Schädel der »grimmigsten Feinde«? Möglicherweise war dies auch ein Zeichen des Respekts vor einem ebenbürtigen Krieger, dessen magischen Willen, Mut und Kampfgeist man sich einverleiben wollte. Herodot berichtet nämlich noch an anderer Stelle über Schädelschalen. Dort handelt es sich um eine Sitte der Issedonen, die den vergoldeten Schädel des Vaters oder eines verehrten Verwandten als Trinkgefäß benutzen (*Historien* IV, 26).

Die Hindus bestatten ihre Toten nicht in der Erde, sondern verbrennen sie, aber auch sie glauben offenbar noch heute daran, dass die unsterbliche Seele des Menschen im Schädel sitzt. Daher muss bei jeder Verbrennung ein männliches Familienmitglied – in der Regel der älteste Sohn – den Schädel des Toten zertrümmern, damit die Seele davonfliegen kann, bevor der Körper zu Asche verbrennt.

Es sei jedoch betont, dass sich die ursprüngliche, oben skizzierte Vorstellung vom kosmischen Urmenschen (*Purusha*) im Laufe der Jahrhunderte sehr stark verändert hat. In der *Bhagavadgita* beispielsweise ist von einem *Purushottama* die Rede, einer Art göttlicher Person, die über dem Wandelbaren und dem Nicht-Wandelbaren steht und den Himmel, die Erde und die Welt dazwischen ausfüllt. Das kommt dem *Adam Kadmon* der Kabbala schon sehr nahe.

Bei diesem *Adam Kadmon* handelt es sich um jenen Urmenschen, von dem oben (Seite 61) bereits die Rede war. Er wird auch als kosmischer Mensch bezeichnet und ist sozusagen das Urbild des irdischen Menschen. Doch leider sind die meisten irdischen Menschen kein exaktes Abbild dieses Urmenschen, weil ihnen auf dem Weg in die irdische Welt bestimmte Fähigkeiten abhanden gekommen sind. Der Kopf des *Adam Kadmon* entspricht der sogenannten »übernatürlichen Triade« am kabbalistischen Baum des Lebens, und die besteht aus Weisheit/Klugheit (*Chockmah*) auf der einen und unterscheidender Vernunft (*Binah*) auf der anderen Seite, gekrönt von *Kether*. *Kether* heißt »Krone« und steht für eine Bewusstseinsebene, die während einer Inkarnation nicht erreicht werden kann, denn sie liegt außerhalb dessen, was einem gewöhnlichen Menschen möglich ist. Wer *Kether* erreicht, so sagt man, wird Gott gleich und geht in das Licht ein, in die Unendlichkeit, aus der er nicht zurückkehrt.

Nun scheint es aber immer wieder Menschen gegeben zu haben, die *Kether* zwar erfahren durften, aber freiwillig nicht in die Unendlichkeit eingingen, sondern mit diesem Licht in die Welt zurückkehrten und »sich dessen alle Tage ihres Lebens bedienen konnten«. Moses war offenbar ein solcher Mensch, Echnaton anscheinend auch. Beide waren Ägypter und beide waren in die Mysterien eingeweiht. Beide waren ohne Zweifel außergewöhnliche Menschen und große Magier. Aber könnte es sein, dass sie darüber hinaus im Besitz eines konkreten Gegenstands waren, in dem die ganze Weisheit und die gesamte Einsicht früherer Generationen von großen Weisen und Erleuchteten gespeichert war?

WERDEN IM SOHAR KRISTALLSCHÄDEL BESCHRIEBEN?

Wenn wir nun annehmen, dass dieser konkrete Gegenstand ein Kristallschädel war, lesen wir das, was im Sohar-Kapitel »Dreiheit in der höchsten Einheit« steht, mit ganz anderen Augen: »Der Schädel des ›weißen Hauptes‹ hat keinen Anfang. Sein Abschluss aber, die Wölbung des Gefüges … erleuchtet sich … Von dieser Wölbung … träuft immerwährend Tau. … Auch die obere Weisheit findet sich in jenem Schädel verborgen. Denn an dem ›heiligen Alten‹ offenbart sich nur das Haupt allein … Nicht kann man einen Nacken sehen« (*Der Sohar*, Seite 73 ff.).

Wenn man die Worte einfach so nimmt, wie sie hier stehen, spricht der Text eindeutig von einem weißen Schädel (einem Kristallschädel?), der das Licht bricht, an dem sich Tau sammelt und in dem eine besondere Weisheit verborgen ist.

Ein paar Seiten weiter, im Abschnitt »Die Waage des Lebens«, finden wir diesen Schädel noch ein weiteres

Mal beschrieben. In diesem sehr rätselhaften Text ist die Rede von den »Königen der Urzeit«, die gestorben sind, und davon, dass die Erde vernichtet wurde, »bis das Haupt, die Sehnsucht aller Sehnsüchte, kostbare Gewandungen richtete und festigte«. Dann wird eine Waage beschrieben, mit der die gewogen werden, »die noch nicht waren«, und schließlich heißt es: »Ein Geheimnis innerhalb eines Geheimnisses, das sich richtet und bereitet. In einer Schädelform, voll kristallinen Taus, eine Hautschicht von Luft, die sich aufhellt und löst ... im Gleichgewicht schwebend. Der oberste Wille offenbart sich durch das Gebet der Unteren ... Die Gewahrung des Unteren in der Gewahrung der oberen Strömung: das sind zwei Fenster im Paradies, wodurch allem der Lebensodem sich erweckt ...« (*Der Sohar*, Seite 104).

Hier ist, wenn auch in sehr geheimnisvolle Worte gekleidet, die Rede davon, dass die Könige der Urzeit oder zumindest ihr Geist und ihre Weisheit zu neuem Leben erweckt werden können, wenn bestimmte Voraussetzungen erfüllt sind: die Erkenntnis, dass sich das Obere im Unteren spiegelt (»Wie oben, so unten«); Harmonie und Gleichgewicht, eine gerechte Weltordnung.

Die hier erwähnte Waage kann mit der ägyptischen Göttin Maat (Gerechtigkeit, aber auch Weltordnung) in Verbindung gebracht werden. In diesem Zusammenhang ist bemerkenswert, dass sich Echnaton, der ja sonst sämtliche Götter außer Aton abgeschafft hatte, selbst als »der von Maat lebt« bezeichnete.

KASTILIEN UND SÜDFRANKREICH IM 13. JAHRHUNDERT

Nun, nachdem schon so viel über den Sohar, die Templer und die Gralslegenden gesagt wurde, ist es an der Zeit, all dies in einen historischen Zusammenhang zu bringen. Interessanterweise laufen alle drei Fäden etwa zur gleichen Zeit in der gleichen Großregion zusammen: Spanien, genauer gesagt Kastilien in Nordspanien, und Südfrankreich. Der *Sefer ha-Sohar*, das »Buch des Glanzes«, taucht Ende des 13. Jahrhunderts in Kastilien auf, wo es damals verschiedene kabbalistische Strömungen gab. Mose de Léon (1250–1305), ein jüdischer Kabbalist, verbreitete das Werk, behauptete aber, es stamme von dem sagenumwobenen Talmudisten Schimon ben Jochai, einem Zeitgenossen des Rabbi Akiba (gestorben 136 n. Chr.). Das wurde ihm wahlweise als Betrug ausgelegt oder aber als Taktik zur Verschleierung der Tatsache, dass er selbst der Autor des Werkes war. Die Wahrheit liegt wahrscheinlich irgendwo in der Mitte. Der Text, der in den Sprachen Aramäisch und Hebräisch verfasst wurde, enthält vor allem Kommentare zu Büchern des Alten Testaments, unter anderen zu den fünf Büchern Mose, aber auch zahlreiche Nebenschriften, die manchmal nur ganz kurz sind und sich entsprechend schwer erschließen. Dennoch – oder vielleicht gerade deshalb – erfreute sich das Buch schon kurz nach seiner Verbreitung sehr großer Beliebtheit, vor allem unter Kabbalisten, aber auch bei christlichen Gelehrten. Es kann übrigens auch durchaus sein, dass der Sohar

Elemente eines mystisch-esoterischen Christentums enthält.

Die Legenden um den Heiligen Gral passen, wie wir gesehen haben, gut zu manchem, was im Sohar zu lesen ist. Und es wäre einem Gelehrten wie Mose de Léon sicherlich nicht schwer gefallen, Elemente aus den Gralslegenden, die seit dem späten 12. Jahrhundert im Umlauf waren, in den Sohar einzubauen. Die älteste bekannte Gralserzählung stammt von dem französischen Dichter Chrétien de Troyes (ca. 1150–ca. 1190).

Die Möglichkeit, dass sich zu dieser Zeit ein realer, eng mit der Bundeslade in Verbindung stehender heiliger Gegenstand in Südfrankreich befand, wurde erst kürzlich in Betracht gezogen, und zwar von Oliver Deberling, dem Autor des Buches *Das größte Geheimnis der Templer.*

Deberling behauptet, die Überreste der Bundeslade seien Ende des 19. Jahrhunderts von Bérenger Saunière, dem Gemeindepfarrer von Rennes-le-Château, gefunden worden. Deberling kann seine Behauptung mit zahlreichen, überzeugenden Indizien belegen. Er geht davon aus, dass Saunières Entdeckung mit der Geschichte des Adelsgeschlechts Hautpoul de Blanchefort verbunden ist. Bertrand de Blanchefort, der sechste Großmeister des Templerordens, soll nämlich ein weitläufiger Verwandter der Hautpoul de Blancheforts gewesen sein. Und eben dieser Bertrand de Blanchefort hat angeblich gleich nach seiner Wahl im Jahre 1156 deutsche Bergleute in die Gegend um Rennes-le-Château beordert, um dort Stollen und unterirdische Tresore anlegen zu lassen, in denen die Heiligtümer und Schätze des Ordens im Fall einer drohenden Krise versteckt werden sollten. Dieser Fall trat gegen Ende des 13. Jahrhunderts ein, als König Philipp IV. die ersten Versuche unternahm, den Templerorden zu zerschlagen. Mithilfe von Pierre des Voisins, dem Grundherrn von Rennes-le-Château, der ebenfalls mit den Hautpoul de Blancheforts verwandt war, soll eine Wagenkolonne die kostbaren Schätze mitten in der Nacht in den unterirdischen Stollen in Sicherheit gebracht haben.

Gibt es Hinweise darauf, dass sich die Bundeslade und ihr Inhalt wirklich im Besitz des Templerordens befunden haben können? Wie wir bereits erfahren haben (siehe Seite 44), hatten die Templer ihr Hauptquartier auf dem Tempelberg in Jerusalem und führten dort vermutlich umfangreiche archäologische Ausgrabungen durch.

Dies wurde in den 1970er-Jahren bestätigt, als Prof. Binyamin Mazar vom israelischen Ministerium für religiöse Angelegenheiten und sein Assistent, der Archäologe Meir Ben-Dov, unter dem Tempelberg von Jerusalem verschüttete Tunnelgänge entdeckten, die offenbar die Mitglieder des Templerordens angelegt hatten. Israelische Grabungen unter dem Tempelberg, auf dem heute die Al-Aksa-Moschee steht, sind von besonderer politischer Brisanz und lösen immer wieder Proteste und Unruhen aus, weil die Muslime ihr Heiligtum gefährdet sehen. Daher waren weitergehende Erkundungen der Stollen bisher nicht möglich. Für die israelischen Archäologen und Religionswissenschaftler steht aber schon jetzt fest, dass die Templer nach der Bundeslade gesucht haben, die Legenden zufolge im Jahr 586 vor Christus vor den Babyloniern in den Tiefen des Tempelberges versteckt worden sein soll. Über den genauen Ort des Verstecks gehen die Angaben auseinander, aber das ist ohnehin nicht unser Problem, wenn stimmt, was Oliver Deberling behauptet. Dann nämlich haben die Templer die Bundeslade nach Frankreich gebracht und sie um 1300 in der Nähe von Rennes-le-Château versteckt, wo sie erst im 19. Jahrhundert von Saunière wiederentdeckt wurde.

Dieser soll nach der Entdeckung der Bundeslade zu plötzlichem Reichtum gelangt sein und vorgehabt haben, einen gigantischen Tempel zu bauen. Ein Großteil des Dorfes sollte praktisch in diesen Tempel integriert werden. Ein auf neun Säulen ruhendes Kuppeldach von rund fünfzig Metern Höhe sollte alles überspannen. Dieser Plan, der im Jahr 1916 gefasst wurde, erinnert an das, was Himmler später im Umfeld der Wewelsburg vorhatte (siehe Seite 37). Vielleicht wusste er von Saunières Plänen, aber vielleicht litten beide einfach unabhängig voneinander an »Gigantonomie« oder waren schlicht besessen von der Idee, das »Zentrum einer neuen Welt« zu errichten.

Jedenfalls wurden beide Projekte nicht verwirklicht. Die Bauarbeiten in Rennes-le-Château begannen zwar am 5. Januar 1917, wurden aber bereits am 22. Januar desselben Jahres wieder eingestellt. Am diesem Tag verstarb Saunière ziemlich überraschend, nachdem er fünf Tage zuvor einen Schlaganfall erlitten hatte. Auch ihm scheint die Bundeslade oder ihr Inhalt, abgesehen von einem plötzlichen Geldsegen, weder

Glück noch ewiges Leben beschert zu haben. Aber immerhin hat er der Nachwelt eine Menge Hinweise auf den Verbleib der Bundeslade beziehungsweise des Grals hinterlassen. Oliver Deberling will weiterforschen, und er weiß auch schon, wo er suchen muss. Mithilfe von Wärmescannern haben Archäologen in der Krypta von Saunières ehemaliger Kirche eine zugemauerte Nische entdeckt, die offenbar einen Gegenstand enthält. Nun wartet Deberling angeblich nur noch auf die Grabungsgenehmigung des französischen Kultusministeriums und der katholischen Kirche.

BUNDESLADE, GRAL, ATTIK JOMIM UND KRISTALLSCHÄDEL

Wie wir oben gezeigt haben, gibt es einige erstaunliche Parallelen in den Beschreibungen der Bundeslade/des Mannakrugs, des Grals und des *Attik Jomim*. Der »Alte der Tage« soll ähnlich wie der Gral und der Mannakrug in der Bundeslade auf wundertätige Weise *Trank und Speisen* produziert haben. Alte jüdische Legenden berichten, dass sich im Tempel von Jerusalem alle Gefäße mit kostbaren Speisen füllten, sobald die Bundeslade ins Allerheiligste gebracht wurde. Der Talmud merkt außerdem an, dass bei dieser Gelegenheit selbst die goldenen Bäume des Tempels schmackhafte Früchte hervorbrachten.

Wie der Gral und »der Alte« war auch die Bundeslade *von einem überirdischen Licht umgeben*, das offenbar auf die übergeht, die in unmittelbarem Kontakt mit der Lichtquelle sind. In Wolfram von Eschenbachs *Parzival* wird der Gral von Jungfrauen getragen, deren Gesichter so hell strahlten, dass »alle meinten, der neue Tag sei angebrochen«. Diese Formulierung könnte auch aus der Bibel (2. Mose) stammen, wo berichtet wird, dass das Gesicht des Moses so hell strahlte, dass es verdeckt werden musste (siehe Seite 52).

Wer Wolfram von Eschenbachs *Parzival* sorgfältig liest, findet noch weitere Übereinstimmungen. Wenn sündige Menschen ihn begehren, heißt es, sei der Gral *so schwer, dass sie ihn nicht von der Stelle rücken können*. Etwas ganz Ähnliches berichten jüdische Legenden über die in der Bundeslade aufbewahrten Gesetzestafeln. Auch sie sollen an Gewicht zugenommen haben, sobald sie mit sündigen Menschen in Kontakt kamen. Wie wir noch erfahren werden (siehe Seite 78), können auch Kristallschädel ihr Gewicht verändern, ohne dass sich die Masse verändert.

Sowohl die Bundeslade als auch der Gral und »das Haupt des Alten« konnten *göttliche Botschaften empfangen*. Während sich göttliche Botschaften auf den Gral »herabsenkten« oder überirdische Schriftzeichen auf ihm erschienen, schwebten beim *Attik Jomim* Botschaften »auf und nieder« oder wurden zu den »fliegenden Herren« in den »Äther« gesandt. Die Bundeslade wiederum war ein Heiligtum, in dem Gott gegenwärtig sein und vom »Gnadenthron« herab zu den »Söhnen Israels« sprechen konnte.

Hiram, der als Baumeister des Tempel die Aufgabe hatte, den Zierrat für das Allerheiligste, den Aufbewahrungsort der Lade und ihres Inhalts, zu fertigen, war der einzige Außenstehende, der Zugang zu diesen heiligen Gegenständen hatte. Was er sah und in Erfahrung brachte, könnte so faszinierend gewesen sein, dass eine schriftliche Version seines Berichts die Zeit überdauerte, auf dem geschilderten Weg nach Europa gelangte und zum Kern der Gralslegende und Teilen des Sohar wurde. Der Sohar erwähnt die »Sternengötter« oder die »fliegenden Herren im Äther«, wohingegen der Gral bei Wolfram von Eschenbach von einer Schar zur Erde gebracht wurde, »die wieder zurück zu den Sternen flog«.

Dem ist eigentlich nichts hinzuzufügen, außer vielleicht etwas, das im Sohar-Kapitel »Von der Kraft und Nahrung der Seelen« zu lesen ist: »Von derselben Art war ja auch die Ernährung Israels in der Wüste. Und diese Nahrung bildet das Geheimnis des ›Taues‹, welcher niedergeht und sich verbreitet aus der Verborgenheit der künftigen Welt, Lichtnahrung in weiten hellen Räumen« (*Der Sohar*, Seite 282, 283).

Wir werden später anhand von Photonenaufnahmen deutlich sehen können, dass auch Kristallschädel »Lichtnahrung« spenden, indem sie den Energiefluss im menschlichen Körper deutlich erhöhen. Sie »leuchten« regelrecht.

Auch der Hinweis auf Wissen, alte Schriften und Botschaften verweist möglicherweise immer wieder auf die wunderbaren sprechenden Kristallschädel, die besondere Botschaften tragen. Als kosmische Computer, die besonderes Licht ausstrahlen können, passen sie zu den Beschreibungen des Sohar.

Bis jetzt konnten wir uns letztlich nur theoretisch mit dem Rätsel der Kristallschädel beschäftigen und haben uns mit unseren Überlegungen auch fast ausschließlich in unserem eigenen Kulturkreis bewegt. Bevor wir uns auch noch mit den Kristallschädellegenden der Maya beschäftigen, möchte ich die »graue« Theorie – die hoffentlich dennoch nicht langweilig war – ein wenig mit dem bunten Pfeffer der Praxis würzen. Wenn stimmt, was wir vermuten, nämlich dass in den Kristallschädeln besondere Informationen gespeichert sind, und wenn es tatsächlich so ist, dass sie seit dem Altertum besondere Wissensspeicher waren, dann gilt es nun, sie daraufhin zu untersuchen. Ich gehe davon aus, dass alte Kristallschädel besonders viele und besonders faszinierende Daten gespeichert haben. Mittlerweile gibt es etliche Kristallschädel. Sie werden rund um den Erdball verkauft, und zum Teil handelt es sich um moderne, maschinell angefertigte Nachbildungen. Wenn man jedoch das Rätsel der Kristallschädel lösen und beweisen will, dass sie etwas ganz Besonderes sind, dann muss man versuchen, die alten Schädel zu untersuchen.

Die Untersuchung des Mitchell-Hedges-Kristallschädels durch Frank Dorland hat ja bereits außergewöhnliche Ergebnisse erbracht (siehe Seite 30 ff.), aber ich will mich dennoch nicht nur auf die Forschungsergebnisse anderer verlassen. Meine Untersuchungen wurden mit dem Ziel durchgeführt zu beweisen, dass die alten Kristallschädel möglicherweise Energiefelder erzeugen. Mit den Methoden unseres Instituts kann man das Alter der Objekte zwar genauso wenig feststellen wie mit anderen, bereits bekannten Methoden. Man kann aber sehr wohl feststellen, ob ein Kristallschädel energetisch aktiv ist. Wir können anhand der Photonenemission untersuchen, ob durch Kristallschädel besondere energetische Felder entstehen. Und genau darum geht es im nächsten Teil dieses Buches.

TEIL 2

VERSUCHE MIT DEM KRISTALLSCHÄDEL CORAZON DE LUZ

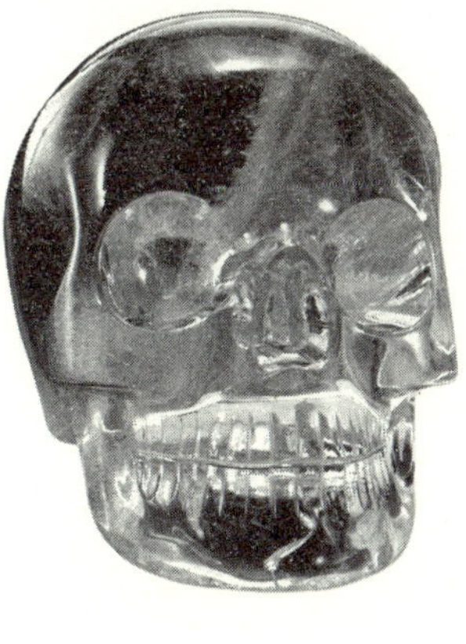

ERSTE BEOBACHTUNGEN

Corazon de Luz, der 5,3 Kilogramm schwere, lebensgroße Kristallschädel, befindet sich schon seit ein paar Jahren in meinem Besitz und ich konnte im Laufe der Zeit einige sehr interessante Eigenschaften an ihm beobachten. Die besondere Aktivität des Kristallschädels blieb mir am Anfang allerdings verborgen, denn damals hatte ich noch keine Ahnung von all den phänomenalen Eigenschaften, die Kristallschädel zu derart außergewöhnlichen Artefakten machen. Mir fiel anfangs lediglich auf, dass ich besonders intensive Träume hatte, wenn die antike Holzkiste mit dem Kristallschädel in meinem Schlafzimmer stand. Bilder von Pyramiden und alle möglichen Erlebnisse in fremden Welten ließen mich nachts nicht zur Ruhe kommen. Die Träume waren so intensiv, dass ich mich sogar dazu durchringen musste, den Kristallschädel an einem anderen Platz aufzubewahren. Irgendwann traf ich dann die Entscheidung, den Kristallschädel in regelmäßigen Abständen zu untersuchen. Ich richtete einen festen Platz für diese Untersuchungen ein, um die Bedingungen stets gleich zu halten. Das erste spektakuläre Ergebnis erhielten wir, als wir das aus Bergkristall geschaffene Objekt regelmäßig kontrollierten: Der

Kristallschädel Corazon de Luz verändert sein Gewicht. Das ist bei gleich bleibender Masse und gleich bleibenden Bedingungen eigentlich nicht möglich. Zuerst glaubten wir an einen Defekt der Waage. Aber nachdem wir sämtliche Faktoren im Versuchsaufbau etliche Male kontrolliert hatten, stand es fest: Der Kristallschädel verändert sein Gewicht! Diese Gewichtsdifferenzen zeichneten wir über einen längeren Zeitraum auf und vergaßen auch nicht, eventuelle Besonderheiten zu notieren, zum Beispiel die Gewichtsdifferenzen, die nach Reisen auftraten. Zwischen August 2005 und November 2006 führten wir regelmäßig Buch über die auftretenden Schwankungen und konnten verblüffende Aktivitäten feststellen. Schwankungen von –40 bis +800 Gramm waren ein sicheres Zeichen dafür, dass der Kristallschädel in irgendeiner Weise aktiv ist. Die stärkste Gewichtsdifferenz notierten wir, nachdem wir den Kristallschädel mit in die Cheopspyramide genommen hatten. Über dieses Erlebnis werde ich in einem späteren Kapitel noch ausführlich berichten (siehe Seite 94 ff.). Veränderungen im Gewicht einer gleich bleibenden Masse konnten nach meinem Dafürhalten nur das Resultat einer besonderen energetischen Reaktion sein. Erinnern wir uns an den Versuch, den Dorland in den Hewlett-Packard-Laboratorien durchgeführt hatte. Er stellte damals fest, dass der Kristallschädel von Mitchell-Hedges ein elektromagnetisches Feld erzeugt, wenn er einem Vakuum ausgesetzt wird.

Die Gewichtsschwankungen von Corazon de Luz konnten also ein Beleg dafür sein, dass Kristallschädel unter bestimmten Bedingungen elektromagnetische Felder erzeugen, was dazu führt, dass sich ihr Gewicht verändert. Bei einer Veränderung des elektromagnetischen Feldes kann es nämlich zu einem anderen Verhalten des Kristallschädels gegenüber dem Gravitationsfeld der Erde kommen. Wussten die Erschaffer der Kristallschädel um die besonderen Eigenschaften dieser Objekte? Wenn die Kristallschädel tatsächlich in irgendeinem Zusammenhang mit dem Heiligen Gral oder der Bundeslade stehen, wie wir das den Schriften des Sohar entnehmen können, oder wenn wir sogar davon ausgehen, dass sie die großen Wissensspeicher sind, die in den Prophezeiungen erwähnt werden, wie können wir sie dann entschlüsseln? Gibt es einen Hinweis darauf, dass die Kristallschädel mithilfe ihrer besonderen Eigenschaften vielleicht selbst den Beweis dafür liefern könnten, dass sie antike Meisterwerke sind, die ein elektromagnetisches Feld erzeugen oder sogar wie ein Computer Daten speichern können? Welche Eigenschaften eines Materials wie Bergkristall könnten die Kristallschädel zu einem Computer der Antike machen?

BERGKRISTALL – EIN GANZ BESONDERES MATERIAL

Bergkristall besteht aus milchig weißem bis wasserklarem Siliziumoxid (SiO_2) und ist als reiner Kristallquarz das wichtigste Mineral der Quarzgruppe. Er kristallisiert aus kieselsäurehaltiger Vulkanmasse oder flüssiger Magma, und zwar bevorzugt in sogenannten Geoden, blasenartigen Hohlräumen, die sich zwischen dem Ergussgestein bilden. Dabei bildet er trigonale Formen aus, also Dreiecke, die meistens zu sechst eine Spitze bilden (hexagonales Prisma), wobei der Winkel zwischen Kanten und Flächen 120° beträgt.

Wenn man Druck auf einen Quarzkristall ausübt, reagiert dieser mit einer elektrischen Polarisierung entlang der Druckrichtung, während das Anlegen einer elektrischen Spannung zu einer Dehnung oder Stauchung des Kristalls führt. Dies bezeichnet man als »piezoelektrischen Effekt«. Er bewirkt, dass der Kristall in exakter Abhängigkeit von seinen Abmessungen zu schwingen beginnt. Bei Quarzkristallen sind diese Schwingungen besonders regelmäßig und genau, weswegen sogenannte Schwingungsquarze in der modernen Industrie als Taktgeber genutzt werden, zum Beispiel für Uhren, aber auch in anderen Bereichen.

Bergkristall wird dem trigonalen Kristallsystem zugeordnet und wächst oft in Trapezoeder- und Bipyramidenflächen – was einen Bezug zu Pyramiden nahelegt.

Zusammenfassend können wir feststellen, dass Bergkristall Schwingungsfelder erzeugen kann, wenn er an eine Stromquelle angeschlossen wird. Unter bestimmten Bedingungen ist dieser Quarzkristall sogar in der Lage, selbst ein elektromagnetisches Feld zu erzeugen, das ihn dann natürlich auch wieder in Schwingungen versetzen kann. Darüber hinaus scheinen die Schöpfer der Kristallschädel mit dem Bergkristall bewusst ein Material gewählt zu haben, das von seiner natürlichen Form, also seiner Kristallstruktur her an Pyramiden erinnert. Von seinen physikalischen Eigenschaften her erfüllt der Bergkristall alle Voraussetzungen, um Daten speichern zu können. Leider sind unsere heutigen Messtechniken noch nicht ausgereift genug, um niedrige Strom- oder Schwingungsfrequenzen messen und darstellen zu können. Deshalb ist es schwer, Untersuchungen im Feinschwingungsbereich durchzuführen. Andererseits ist es unbedingt notwendig, noch tiefer in diese Materie einzudringen, um dem Geheimnis der Kristallschädel auf die Spur zu kommen.

»DIE MATERIE WANDELT SICH HIN ZUM LICHT ...«

Ziel der Alchemie, jener alten naturphilosophischen Wissenschaft, war die sogenannte Transmutation – die Umwandlung von Stoffen beziehungsweise ihre Überführung in andere Aggregatzustände oder ganz andere, möglichst edlere Stoffe. Als *Opus Magnum* (Großes Werk) wurde die erfolgreiche Umwandlung eines unedlen Ausgangsstoffes in Gold, die geglückte Herstellung des Steins der Weisen oder das Finden der sogenannten Weltformel bezeichnet. Den Produkten eines solchen Transmutationsprozesses, also Stoffen, die aus einem anderen Stoff oder Aggregatzustand in ihren jetzigen überführt worden waren, schrieb man besondere, geradezu zauberkräftige Eigenschaften zu. Der Basistext der Alchemie ist die *Tabula Smaragdina*, die auf Hermes Trismegistos zurückgeht. Berühmt wurden die Alchemisten für ihre angebliche Fähigkeit, gewöhnliche Stoffe in Gold zu verwandeln. Aber ging es hier wirklich um Gold als Metall? Frater Albertus alias Albert Richard Riedel (1911–1984), ein berühmter Alchemist, hat gesagt: »Die Materie wandelt sich hin zum Licht, denn Alchemie ist nichts anderes als eine schrittweise Erhöhung des Schwingungszustandes.«

Genau das können wir mit der Photonenkamera belegen. Geht ein Stoff in einen anderen Aggregatzustand oder einen anderen Stoff über, werden Photonen frei und ein Photonen- oder Lichtfeld entsteht. Das ist der Grund für die Erhöhung des Schwingungszustands, denn dadurch, dass sich der Photonenfluss verstärkt, erhöht sich natürlich auch die Intensität des Lichts in einem Körper. Nach den Lehren der Alchemie verfügt nicht nur der Mensch über Körper, Geist und Seele, sondern auch jedes Metall, jeder Kristall und jede Pflanze. Die Photonen sind sozusagen ein Zeichen für das lichtvolle Leben in einem Organismus, aber auch Mineralien und Metalle haben eine solche Lichtstruktur. Noch einmal: Licht in seiner kleinsten Erscheinungsform, nämlich in Form von Photonen, macht die Schwingung eines lebendigen Wesens aus. Erlischt dieses Licht, ist also keine Photonenaktivität mehr festzustellen, dann erlischt auch das momentane Kleid des feststofflichen Körpers. Mit dem Tod setzt ein vorübergehender zerstörerischer Zustand ein, das heißt, ein Körper wird zerstört, aufgelöst und in einen anderen Aggregatzustand überführt. Dabei wird Energie frei – Photonenaktivität – und an diesem Punkt beginnt neues Leben. Der Anfang des neuen Lebens liegt also im Sterben, im Tod. Das Licht überdauert den Tod, und der Kreislauf des Lebens endet nie. Jeder Stoff wird in einen anderen umgewandelt, wenn seine Zeit gekommen ist.

Kristalle gehören zu den ältesten Strukturen, die auf der Erde existieren. Ihr langsames Wachstum, ihr enorme Lebensdauer und die Tatsache, dass sie praktisch unzerstörbar sind, machen sie so besonders. Die riesigen Kristalle, die benötigt wurden, um einen Kristallschädel zu fertigen, sind über Millionen von Jahren gewachsen und tragen ein unglaubliches Potenzial an Lebensenergie in sich. Bergkristall wird (wie eigentlich alle Kristalle) sozusagen aus dem Feuer geboren, denn er kristallisiert nach einem Vulkanausbruch aus kieselsäurehaltiger Magma, entsteht also bei immenser Hitze und unter unvorstellbarem Druck. Das gibt ihm seine besondere Härte. Und genau so viel Aufwand, wie nötig war, um ihn hervorzubringen, wird auch nötig sein, um ihn wieder zu zerstören. Wir können davon ausgehen, dass bei der Entstehung des Bergkristalls eine enorme Photonenaktivität vorhanden war. Daher würde auch die Zerstörung des Bergkristalls oder eine Veränderung seines Aggregatzustandes ein immenses Photonenfeld aktivieren. Das macht auch die besondere Leitfähigkeit des Bergkristalls aus: Weil er so viele Photonen gespeichert hat, kann er einen derart kraftvollen Photonenfluss im Gang setzen.

UNTERSUCHUNGEN MIT DER PHOTONENKAMERA

Die Erforschung der Photonen ist ein relativ neuer Zweig der Physik. Photonen sind die kleinsten Bauteilchen des Lichts. Diese Lichtpartikel haben zwar keine Masse, wohl aber Energie, weswegen man sie auch als Energiepäckchen bezeichnen könnte. Die in einem solchen Päckchen enthaltene Energiemenge steht in unmittelbarem Zusammenhang mit der Wellenfrequenz des Lichts. Photonen bewegen sich mit Lichtgeschwindigkeit und passieren auf ihrem Weg verschiedene Energie- oder Schwingungsfelder, wobei sich ihre eigene Energiemenge verändert und damit auch die Schwingungsfrequenz und Intensität des Lichts. Diese Veränderungen kann man in Form von Lichtbändern sichtbar machen, und zwar mithilfe einer Photonenkamera. In unserem Institut verwenden wir ein solches Gerät vor allem, um die Photonenemission und die dadurch verursachten Veränderungen im menschlichen Körper oder, besser gesagt, im menschlichen Energiesystem zu erforschen.

Jedes Objekt und jedes Lebewesen wird permanent von Lichtpartikeln durchflossen, und diese Lichtpartikel oder Photonen verändern ihre Energiemenge, wenn sie zum Beispiel aus der Luft in den Körper/das Objekt eintreten oder aus dem Körper/Objekt in die Luft übergehen. Damit verändert sich auch die Schwingungsfrequenz des Lichts, und an der Oberfläche des betreffenden Objekts oder Lebewesens bilden sich sogenannte Interferenzmuster oder Lichtbänder, die man mithilfe einer Photonenkamera sichtbar machen kann. Mit dieser Methode ist es zum Beispiel möglich, das Energiefeld eines Menschen darzustellen und natürlich auch sämtliche Veränderungen, die – durch welche Einflüsse auch immer verursacht – darin vor sich gehen. Entsprechende Versuche haben wir unter anderem an der Universitätsklinik Pristina unter Aufsicht von Ärzten gemacht, und zwar mit dem Ziel, medizintechnische Geräte zu überprüfen. Zwei Geräte – ein Photonentherapiegerät und ein Gerät, das zur Wundheilung und Schmerztherapie eingesetzt wird – testeten wir in der Abteilung für plastische Chirurgie der Universitätsklinik Pristina unter Aufsicht eines Ärzteteams. Nachdem von jedem Patienten ein Anamnesebogen erstellt worden war, wurden die einzelnen Behandlungen über längere Zeiträume ständig mit der Photonenkamera überprüft. Das Photonentherapiegerät besteht in erster Linie aus einem Strahlungskopf, der Infrarotwellen in das Gewebe des menschlichen Körpers einbringt, was der allgemeinen Unterstützung des Immunsystems dient. Das zweite Gerät wird zur Beschleunigung der Wundheilung und zur Schmerztherapie eingesetzt. Der Vorteil beider Geräte besteht in der Verwendung von Licht, dessen Wellen sich auf parallelen Ebenen bewegen (oszillieren), und zwar in einem Spektrum von 480 bis 3400 nm. Wir dokumentierten die Wirkung beider Geräte mit der Photonenkamera, indem wir die Patienten sowohl vor als auch nach der Behandlung filmten und fotografierten. Mit den Aufnahmen konnten wir belegen, dass das Licht aus den Therapiegeräten in das Gewebe eindringt und die Heilung begünstigt.

Als wir die Interferenzen an der Hautoberfläche der Patienten mit der Photonenkamera gemessen haben, fiel uns auf, dass die Photonenaktivität genau dort besonders stark war, wo nach Informationen der Traditionellen Chinesischen Medizin die Meridiane des Menschen verlaufen. Wie Lichtbänder fließen die Interferenzen über die Körperoberfläche und bilden von Mensch zu Mensch unterschiedliche Farbfelder, die daher rühren, dass die Lichtfrequenzen unterschiedliche Wellenlänge besitzen. Die Photonenaktivität, die durch eine Therapie verstärkt wird, verändert sich im Laufe der Behandlung, manchmal sogar innerhalb von Sekunden.

Bei einer Rheumapatientin mit einem starken Rheumasymptom an den Extremitäten haben wir mit der Photonenkamera die befallenen Gelenke gemessen. Interessant war, dass ein Fußgelenk mit wenig geschwollenem Aussehen eine hohe Photonenemission zeigte, die in Frequenzbereichen lag, welche auf eine Störung des Energiefeldes hindeuteten. Ungefähr zwei Wochen später hatte die Patientin einen rheumatischen Schub und das Fußgelenk schwoll stark an. Wir waren also anhand der Aufnahmen mit der Photonenkamera in der Lage gewesen, den Schub vorher zu lokalisieren.

Anschließend begann ich mit einer Studie an den Pferden eines bekannten Olympia-Springreiters aus Homberg/Ohm, der sich einverstanden erklärte, das Meridiansystem seiner Tiere kontrollieren zu lassen. Die Tests wurden unter Aufsicht eines Tierarztes durchgeführt, und alle Störfelder, die auf den Aufnahmen zu sehen waren, wurden mithilfe eines Ultraschallgerätes überprüft. In jedem Fall konnte genau an den Stellen, an denen die Photonenkamera Störfelder abgebildet hatte, eine Störung im Muskelgewebe oder im Wirbelbereich festgestellt werden. Auch Aussagen über das Meridiansystem erwiesen sich als höchst nützlich, da sie rechtzeitige Präventivmaßnahmen zur Leistungssteigerung der Pferde möglich machten.

Fazit unserer Studien: Diese Methode macht es möglich, jede Form von Therapie – ob traditionell oder alternativ – unter dem Gesichtspunkt der Photonenaktivität zu untersuchen. Photonen sammeln sich vermehrt an Körperstellen, wo zum Beispiel eine erhöhte Stoffwechselaktivität stattfindet, wahrscheinlich weil sich dort auch vermehrt Zellen sammeln. Und diese Ansammlung von Photonen oder auch ihr Gegenteil – mit anderen Worten: jede energetische Veränderung – kann mithilfe der Photonenkamera sichtbar gemacht werden.

Ich setze die Photonenkamera aber auch ein, um die Ergebnisse der Untersuchungen, die ich an geologischen oder archäologischen Funden mache, zu optimieren. Im Kontext dieses Buches ging es mir darum, die Photonenemission von Kristallschädeln zu untersuchen. Am Anfang stand also folgende Überlegung:

Sollte ein Kristallschädel tatsächlich eine Art elektromagnetisches Feld erzeugen können, so müsste dies mithilfe dieser Photonenmessmethode für das menschliche Auge sichtbar gemacht werden können. Bleibt also nur noch die Frage, wie man einen Kristallschädel dazu bringt, ein Schwingungsfeld zu erzeugen.

Meine Untersuchungen an Corazon de Luz hatten ergeben, dass der Kristallschädel die stärksten Gewichtsschwankungen zeigte, wenn er an Kraftorten oder besonderen Plätzen wie den Pyramiden von Gizeh gewesen war. Auch die Stellung des Mondes schien einen deutlichen Einfluss auf sein Gewicht zu haben. Immerhin hatte er es im Untersuchungszeitraum geschafft, an zwei Vollmonden sein Gewicht um knapp 50 Gramm zu verändern. Die Gewichtsschwankung nach dem Besuch der Cheopspyramide betrug sagenhafte 800 Gramm. Wir konnten auch feststellen, dass Corazon de Luz sein Gewicht veränderte, nachdem Menschen ihn berührt oder mit ihm meditiert hatten. In diesen Fällen veränderte der Kristall sein Gewicht sowohl nach oben als auch nach unten. Wenn der Kristallschädel in all diesen Fällen wirklich ein elektromagnetisches Feld erzeugt hatte, so hatte dies offenbar Einfluss auf sein Gewicht. Mit der Photonenmessmethode wäre es nun vielleicht möglich, Veränderungen im elektromagnetischen Feld beziehungsweise eine veränderte Photonenemission darzustellen. Diese Veränderungen scheinen dadurch ausgelöst zu werden, dass der Kristallschädel in Kommunikation mit einem Ort oder Lebewesen tritt. Sollte das etwa bedeuten, dass Kristallschädel Informationen aussenden können? Um dies beweisen zu können, mussten wir zunächst nachweisen, dass Kristallschädel überhaupt fähig sind, eine elektromagnetische Resonanz zu erzeugen. Und dieser Nachweis gelang. Gleich die ersten Versuche mit der Photonenkamera brachten sensationelle Ergebnisse. Wir stellten tatsächlich fest, dass Corazon de Luz nicht nur ein elektromagnetisches Feld erzeugen, sondern es auch verändern kann. Die ersten Aufnahmen mit der Photonenkamera waren eine echte Sensation, denn auf ihnen waren deutlich sichtbare Photonenströme direkt über dem Kopf zu erkennen (siehe Abbildung 4 im Farbteil dieses Buchs). Auch auf der Unterlage, auf der wir den Schädel platziert hatten, war zu erkennen, dass ein Photonenaustausch stattfand.

Um die vielen Farben, die auf Photonenfotografien zu erkennen sind, richtig interpretieren zu können, muss man wissen, dass elektromagnetische Wellen – und das sichtbare Licht ist das am besten bekannte Beispiel für eine elektromagnetische Welle – in einem Spektrum angeordnet sind. Das für den Menschen sichtbare Licht liegt im Lichtspektrum zwischen 400 und 750 nm. Alles, was unter 400 nm liegt, bezeichnet man als ultraviolettes Licht, alles über 750 nm gehört in den Infrarotbereich. Die Frequenzen, die wir mit der Photonenkamera fotografieren können, befinden sich im für den Menschen sichtbaren Bereich des Spektrums. Die vielen verschiedenen Farben auf den Fotografien entstehen dadurch, dass die Photonen je nach Energiemenge in verschiedenen Frequenzbereichen des elektromagnetischen Felds aktiv sind. So erklärt sich zum Beispiel, dass die meisten Farbverläufe oder Lichtbänder auf den Fotos direkt um den Kristallschädel herum zu sehen sind.

Nun, nachdem wir den fotografischen Beweis für eine Photonenaktivität des Kristallschädels erbracht hatten, war es natürlich auch wichtig zu untersuchen, ob und unter welchen Voraussetzungen sich sein elektromagnetisches Feld veränderte. Dass sich sein Gewicht in Abhängigkeit von bestimmten Einflüssen änderte, hatten wir ja bereits nachweisen können. In einem Versuchsaufbau platzierten wir den Kristallschädel auf einer Magnetfeldmatte, die wir in unserem Institut zur Behandlung von Pferden einsetzen. Sie erzeugt eine, dem natürlichen Erdmagnetfeld nachempfundene magnetische Wellenfrequenz, die sogar auf verschiedene Intervalle geschaltet werden kann. Wenn das elektromagnetische Feld der Magnetfeldmatte also tatsächlich irgendeinen Einfluss auf den Kristallschädel haben sollte, musste sich das fotografische Bild von seinem Umfeld durch das Umschalten deutlich verändern. Und genau das konnten wir mit der Photonenkamera sichtbar machen. Wir filmten Corazon de Luz, während die Magnetfeldmatte, auf der er positioniert war, in der halbstündigen Testzeit auf verschiedene Intervalle geschaltet wurde, und konnten sehr genau darstellen, dass sich sowohl das Farbspektrum als auch die Intensität des Lichts deutlich änderten. Zeitgleich mit dem Intervallwechsel änderten sich auch die Farben um den Kristallschädel herum, womit bestätigt war, dass mit jeder Veränderung des elektromagnetischen Feldes auch eine Veränderung in der Photonenemission einherging.

Wenn es also so ist, wie es scheint, nämlich dass der Kristallschädel sein eigenes Schwingungsfeld ändert, müsste man im Umkehrschluss davon ausgehen, dass er auch die Schwingungsfrequenz anderer Objekte verändern kann. Und wenn es so ist, dass der Kristallschädel aufgrund von elektromagnetischer Resonanz in Schwingung gerät, könnte es ja auch sein, dass er als Sender fungieren und mit seiner Frequenz die Frequenzen anderer elektromagnetischer Wellen verändern kann. Entwickelt der Kristallschädel also nachweislich eine gewisse Aktivität, sobald er auf ein elektromagnetisches Feld trifft, so könnte dies doch ein Hinweis darauf sein, dass die Schöpfer der Kristallschädel diese eigens dafür geschaffen haben: zum Zweck der bewussten Datenübertragung mittels elektromagnetischer Wellen, die für uns zwar nicht hörbar sind, aber mit den Möglichkeiten der Photonenfotografie zumindest sichtbar gemacht werden können.

Spätestens zu diesem Zeitpunkt kam mir der Gedanke, dass die Schöpfer der Kristallschädel ein geradezu unglaubliches Wissen um physikalische und kosmische Zusammenhänge gehabt haben mussten – ein ähnliches unglaubliches Wissen, wie es wohl auch die Erbauer der Pyramiden von Gizeh oder von Stonehenge gehabt hatten. Dies und die Tatsache, dass die Kristallschädel immer wieder in einen Zusammenhang mit Pyramiden gebracht worden waren, brachte mich auf die Idee zu untersuchen, wie unser Kristallschädel, Corazon de Luz, wohl reagieren würde, wenn er auf das Schwingungsfeld eines mächtigen antiken Kraftplatzes träfe.

Die Pyramiden von Gizeh und der Steinkreis Stonehenge gehören zu jenen antiken Wunderwerken, die von ihren Erbauern, den großen Weisen der alten Kulturen, äußerst sorgfältig geplant wurden. Man kann davon ausgehen, dass sie immense elektromagnetische Felder besitzen, denn schließlich hat man sie nicht nur nach den Sternen ausgerichtet, sondern auch auf außerordentlichen Kraftplätzen und magnetischen Resonanzfeldern erbaut. Die Baumeister früherer Epochen wussten viel über Erdmagnetfelder und die besonderen Eigenschaften bestimmter Orte und Plätze. Sie hatten nichts dem Zufall überlassen. Der Punkt des Sonnenaufgangs und des Sonnenuntergangs zu bestimmten Jahreszeiten, Bezüge zu Sternbildern, der Lauf der Sonne – dies waren nur einige der Faktoren, welche die damaligen Architekten berücksichtigt hatten. An solchen Orten musste es ein besonderes Resonanzfeld geben, das entweder vom jeweiligen Bauwerk selbst erzeugt wurde oder an dieser Stelle der Erdoberfläche von Natur aus vorhanden war. Was würde geschehen, wenn man einen Kristallschädel in ein solches elektromagnetisches Feld setzte? Konnte es sein, dass er eine Information sandte, die eine Auswirkung auf das elektromagnetische Feld des Bauwerks oder Ortes haben würde? Und wie würde sich das elektromagnetische Feld des Kristallschädels verändern? War es theoretisch möglich, dass Corazon de Luz das elektromagnetische Feld eines solchen Ortes nutzte, um Daten zu senden? Das wollte ich wissen. Und ich war entschlossen, wenn es sein musste, um die halbe Welt zu reisen, um es herauszufinden.

VERSUCHE AN BERÜHMTEN KRAFTPLÄTZEN

Corazon de Luz in der Cheopspyramide

Die erste Reise mit dem Kristallschädel wollte gut vorbereitet sein. Antike Anlagen werden in Ägypten überaus streng kontrolliert, und es wird peinlich darauf geachtet, dass keine Steine oder andere Gegenstände daraus entfernt werden. Deshalb hatte ich mir besondere Zolldokumente ausstellen lassen, die bestätigten, dass der Kristallschädel schon bei der Einreise nach Ägypten in meinem Besitz gewesen war. Natürlich musste ich das wertvolle Objekt im Handgepäck mitführen, denn das Risiko, dass mein Koffer samt Inhalt verschwinden würde, wollte ich auf keinen Fall eingehen. Ich packte den Kristallschädel also in eine Tasche, die außen stabil verschalt war und die ich die ganze Zeit nicht aus den Augen ließ. Der Gang durch die Handgepäckkontrolle des Frankfurter Flughafens hätte eine durchaus spannende Filmszene abgegeben. Vielleicht können Sie sich vorstellen, was für ein Gesicht der Kontrolleur machte, als ihm auf dem Durchleuchtungsmonitor ein lebensgroßer Schädel mit gebleckten

Zähnen entgegengrinste. Natürlich musste ich mein Handgepäck öffnen. Keine Ahnung, was er erwartet hatte – vielleicht den Kopf einer echten Leiche. Jedenfalls warf er einen mehr als vorsichtigen Blick in den Kunststoffbehälter, während ich mir Handschuhe anzog, um Corazon de Luz herauszuheben und ihm direkt vor die Nase zu halten. »Das ist mein Talisman«, erklärte ich und er winkte mich mit hochgezogenen Augenbrauen und ohne ein weiteres Wort durch.

Als ich schließlich mitsamt Kristallschädel im Flugzeug nach Kairo saß, hatte ich das Gefühl, dass der Kristallschädel die Reise mindestens ebenso genoss wie ich. Ich schaute aus dem Fenster auf einen Wolkenteppich, der friedlich und weiß unter einem strahlend blauen Himmel lag. Es war, als reisten Engel mit uns. Der Kristallschädel schien mit dem Kosmos zu kommunizieren, und ich spürte eine unglaubliche Kraft in mir, die mich trug und mir das Gefühl gab, vor allem geschützt zu sein, was vor mir lag. Es war ein sehr mystisches Erlebnis. Ich war erfüllt von Ehrfurcht vor der Schöpfung Gottes und fühlte mich ganz und gar verbunden – mit meinem eigenen Inneren und dem Kern der kosmischen Kraft. Und ich war nicht die Einzige, die dies spürte. Mein ganzes Team hatte begriffen, dass wir auf einer besonderen Reise waren und eine besondere Aufgabe zu erfüllen hatten.

Die Cheopspyramide ist die älteste und größte der drei Pyramiden von Gizeh. Darüber dass sie eine ganz besondere Bedeutung als Gebäude und Zeuge einer längst vergangenen Kultur hat, sind sich alle einig, doch welche Funktion hatte sie? Die allgemein akzeptierte Theorie besagt, dass sie als Grabmal für den ägyptischen Pharao Chufu, besser bekannt unter seinem griechischen Namen Cheops, geplant und erbaut wurde. Dieser Pharao regierte während der vierten Dynastie, der sogenannten »Pyramidenzeit« (2570–2450 v. Chr.), und das nach ihm benannte Bauwerk wurde nach offiziellen Angaben im Jahr 2580 v. Chr. fertiggestellt. Die Pyramide ist genau nach den vier Himmelsrichtungen ausgerichtet und ihre vier Seiten sind fast genau gleich lang (der Unterschied beträgt weniger als ein Promille). Eine exakte Bestimmung der ursprünglichen Pyramidenmaße ist allerdings nicht mehr möglich, da die ursprünglichen Kanten und Flächen des Gebäudes heute weitgehend abgetragen und zerstört sind. Die geschätzte ursprüngliche Höhe der Pyramide liegt bei 146,60 Meter (heute etwa 138,75 Meter). Der Neigungswinkel beträgt 51 Grad 50 Minuten. Die Pyramide hat eine Grundfläche von ca. 53 000 Quadratmeter oder 5,3 Hektar. Ursprünglich war sie von einer mehr als acht Meter hohen Mauer umgeben und stand – wie alle Pyramiden – in unmittelbarer Verbindung zu einem Totentempel. Der einzige offizielle Zugang zur Pyramide führte – hier wie bei anderen Pyramiden auch – über diesen Tempel, der heute völlig zerstört ist.

Als wir den Vorplatz zur Pyramide betraten, waren wir überwältigt von diesem gigantischen Bauwerk, das in einer Zeit ohne moderne Technik allein von Menschenhand geschaffen wurde. Jeder Einzelne der riesigen Steinblöcke aus Basalt, Kalkstein und Granit wiegt etwa 2,5 Tonnen. Damit hat die Pyramide bei einer geschätzten Anzahl von 2,5 Millionen dieser Steinblöcke ein ungefähres Gesamtgewicht von 6,25 Millionen Tonnen. Ursprünglich war die Cheopspyramide ganz mit weißem, poliertem Tura-Kalkstein verkleidet und muss strahlend weiß in der Sonne geglänzt haben. Später wurden viele dieser weißen Steine herausgebrochen und in Häusern verbaut mit dem Resultat, dass wir jetzt eine Art »Stufenpyramide« vor uns haben.

Steht man direkt vor der Cheopspyramide, sieht man den Eingang, über den man heute ins Innere der Pyramide gelangt, den sogenannten »Grabräubereingang« auf den ersten Blick überhaupt nicht. Er liegt höher als Bodenniveau und ist über einen kleinen Treppenaufgang zu erreichen. Im Innern der Pyramide muss man durch enge, niedrige Gänge gehen, zum Teil sogar kriechen, um zu den Grabkammern zu gelangen. Das Innenleben der Cheopspyramide unterscheidet sich vom inneren Aufbau aller anderen Pyramiden Ägyptens, denn hier gibt es nicht nur eine Grabkammer, sondern gleich drei größere Kammern, die entlang der zentralen Längsachse übereinander angeordnet sind: die sogenannte Felsenkammer im Gestein unter der Pyramide, die sogenannte Königinnenkammer im unteren Drittel der Pyramide und die sogenannte Königskammer etwa in der Mitte des Bauwerks. Nur die Königskammer enthält Reste eines steinernen Sarkophags. Sogenannte Luftschächte – eine weitere Besonderheit dieser Pyramide – führen von der Königskammer zur nördlichen und südlichen Außenwand. Die Meinungen der Experten über ihre Funktion gehen auseinander. Manche haben die These aufgestellt, die Pyramide sei als Observatorium benutzt worden.

Andere vermuten, die Luftschächte sollten den Weg des verstorbenen Pharao in den Himmel freigeben. Und die ganz nüchternen meinen, sie hätten eine rein logistische Funktion während des Pyramidenbaus erfüllt.

Wie dem auch sei, unser Interesse galt den beiden oberen Kammern, denn hier wollten wir Untersuchungen mit dem Kristallschädel durchführen. Wir gingen davon aus, dass Corazon de Luz Einfluss auf das Energiefeld der Pyramide haben würde, und diesen Einfluss beziehungsweise die dadurch ausgelöste energetische Veränderung wollten wir filmen und dokumentieren. Das Team teilte sich auf. Vier von uns postierten sich mit Photonen-Filmkameras an den vier Ecken der Pyramide. Wir machten Filmaufnahmen, die wir später mit unserer Photonenmessmethode auswerten wollten. Der zweite Teil des Expeditionsteams machte sich mitsamt Kristallschädel in der fest verschalten Tragetasche auf den Weg in die Pyramide. Aufgabe dieses Teams war es, den Kristallschädel – möglichst von Touristen unbemerkt – in die Königskammer zu bringen und dort in den steinernen Sarkophag zu legen.

Mir als Mitglied des »Aufnahmeteams« kam die Zeit bis zur Rückkehr des »Pyramidenteams« wie eine Ewigkeit vor. Viele Gedanken gingen mir durch den Kopf, während ich bei sengender Hitze mit meiner Kamera dastand und wartete. Vielleicht war dies das erste Mal, dass ein Kristallschädel in die Cheopspyramide gelangte. Vielleicht aber auch nicht. War es möglich, dass schon einmal Kristallschädel in der Cheopspyramide gewesen waren? Vor meinem geistigen Auge sah ich Bilder aus längst vergangener Zeit: Priester in prunkvollen Gewändern mit Räucherwerk und Blumenschmuck trugen Kristallschädel zu einem Ritual in die Pyramide ... Irgendwie hatte ich das Gefühl, immer noch mit Corazon de Luz verbunden zu sein, der sich nun irgendwo im Innern der Pyramide befand. Ich spürte deutlich, wie mich ein Strom von Energie durchfloss und mein Inneres erfüllte. Es schien, als sende mir der Kristallschädel mithilfe seines elektromagnetischen Feldes eine Botschaft in Bildern und Klängen, von denen ich einige mehr erspüren als sehen oder mit meinen physischen Ohren hören konnte. Wie Nebelschwaden waberten diese Szenen an mir vorüber. Ich hörte heilige Gesänge in einer fremden Sprache und sah eine ganze Prozession geschmückter und pompös gekleideter Menschen an mir vorbeigehen. Es war, als befände ich mich mitten in einer zeremoniellen Feier – als Gast, den niemand bemerkt. Die Pyramide leuchtete in strahlendem Weiß und ihre Spitze blitzte golden im Sonnenlicht. Immer wieder wurden meine Visionen jäh unterbrochen von aufdringlichen Verkäufern, die in allen gängigen Sprachen der Welt Souvenirs feilboten.

Während die Zeit kaum zu vergehen schien, warteten wir auf die Rückkehr des »Pyramidenteams« und hofften, dass mit dem Kristallschädel alles gut gehen würde. Sollte irgendjemand den Kristallschädel da drinnen entdecken, würden wir vermutlich verhört werden und müssten Rede und Antwort stehen oder womöglich sogar beweisen, dass wir das Stück nicht aus der Pyramide entwendet hatten. Kein Wunder also, dass sich die Spannung sekündlich steigerte, während wir filmten und warteten.

Endlich tauchte unser Team am Eingang zur Pyramide auf. Alle waren glücklich und froh, und wir erfuhren, dass die gesamte Expedition viel besser verlaufen war, als wir gehofft hatten. Die Pyramide war zwar wie immer voll von Touristen, und auf den Gängen war es entsprechend stickig und heiß, aber unser Team hatte es dennoch geschafft, die Königskammer eine Weile ganz für sich zu haben. Dank eines dicken Bakschischs an den Wächter war es möglich gewesen, den Kristallschädel aus der Tasche zu nehmen und in den Sarkophag zu legen. Derweil blockierte der Wächter den Zugang zur Königskammer für alle anderen Touristen. Insgesamt hatte Corazon de Luz zwanzig Minuten im Sarkophag der Königskammer verbracht und das Energiefeld der Pyramide aktiviert, wie wir später auf den Aufnahmen deutlich sehen konnten. Der Wächter erlaubte dem Expeditionsteam auch den Eintritt in die Königinnenkammer, die nur kriechend zu erreichen und normalen Touristen daher in der Regel nicht zugänglich ist. Auch hier hatte der Kristallschädel sein Kraftfeld entwickeln können.

Wir freuten uns sehr, denn was unser Team berichtete, war wirklich besser als alles, was wir zu hoffen gewagt hatten. Und ich war natürlich überglücklich, den Kristallschädel wohlbehalten zurückzuhaben. Corazon de Luz hatte das Energiefeld der Cheopspyramide aktiviert! Und vielleicht war so etwas zum ersten Mal seit Tausenden von Jahren wieder geschehen. Ich wurde den Gedanken nicht los, dass Corazon de

Luz uns möglicherweise sogar hierher geführt hatte. Und hatte er vielleicht auch dafür gesorgt, dass der Wächter uns so sehr entgegengekommen war?

Die Auswertung der Photonenaufnahmen

Die Aufnahmen, die wir im Rahmen der soeben beschriebenen Expedition von der Cheopspyramide und der Sphinx gemacht haben, finden Sie im Farbteil. Das erste Bild (Abbildung 5) zeigt Cheopspyramide und Sphinx vor der Aktivierung durch Corazon de Luz. Hier sieht man deutlich, dass die Cheopspyramide ein starkes elektromagnetisches Feld besitzt. Die stärkste Photonenaktivität geht allerdings von der Sphinx aus. Sie scheint an einem noch besseren Kraftplatz errichtet worden zu sein. Auf dem Photonenfoto sehen wir an der Pyramide deutliche rote Felder, die von der Fläche des Gebäudes über dessen Spitze nach oben fließen. Violette, orangefarbene und grüne Streifen verlaufen abgewinkelt über den Horizont. An verschiedenen Stellen der Sphinx ist ein leichtes rotes Photonenfeld zu erkennen, welches offenbar von Einschlüssen im Gestein verursacht wird. Die Stufen der Pyramide sind leicht violett gefleckt, was auf ein Resonanzfeld hindeutet. Ingesamt weisen diese Farben auf ein aktives Schwingungsfeld hin, das Impulse vom Boden über die Pyramidenspitze bis in den Himmel sendet. Nach der spirituellen Farbenlehre strahlt die Pyramide zu diesem Zeitpunkt grünes Licht der Heilung sowie ein Feld aktiver, neutraler Energie in der Farbe Rosa aus. Orange steht für die Verbindung mit der göttlichen Kraft.

Abbildung 6 zeigt Cheopspyramide und Sphinx während der Aktivierung durch Corazon de Luz, der sich zu diesem Zeitpunkt in der Königskammer der Pyramide befand. Wie man sieht, erstreckte sich die Photonenaktivität über den gesamten Komplex. Diesmal war das Kraftfeld über der Pyramide am stärksten. Eine starke Wolke aus Photonenenergie bewegte sich von der Spitze der Pyramide pulsierend über den ganzen Himmel. Man hatte den Eindruck, als nutze der Kristallschädel das Kraftfeld, um auf Sendung zu gehen. Auf dem Bild erkennt man dunkelrosa Flächen, die sich deutlich auf der Cheopspyramide und am Himmel abzeichnen. Die Spitze der Pyramide und auch ihre Seitenflächen pulsieren in roter Photonenenergie. Die dunkelrote Farbe ist ein Zeichen für deutlich erhöhte Lebensenergie. Alle Farben sind deutlich kräftiger, was auf mehr Photonenaktivität schließen lässt. Auch die Farben Dunkelblau und Grün pulsieren in gleichmäßigen Intervallen über den Boden und breiten sich über den gesamten Horizont aus.

Das dritte Bild (Abbildung 7) zeigt die große Sphinx während der Aktivierung der Cheopspyramide durch Corazon de Luz. Die Sphinx ist hier von der Seite abgebildet. Als dunkelrotes Licht sichtbare Energie fließt vom Kopf und vom Rumpf der Sphinx auf den Erdboden und bedeckt weite Teile der umliegenden Erdoberfläche. Die erhöhte Energie fließt horizontal über den Erdboden.

Am ganzen Himmel breiten sich violette, grüne und blaue Interferenzen aus, die sehr schnell ihre Farben wechseln. Das ist ein deutliches Zeichen für sendende elektromagnetische Frequenzen. Offenbar hatte die Aktivierung hier ein sendendes Feld aus Frieden, Liebe, Heilung, Schutz und aktiver Lebenskraft bewirkt.

Insgesamt können wir mit diesen Photonenaufnahmen belegen, dass der Kristallschädel Corazon de Luz im Pyramidenkomplex von Gizeh eine besondere Photonenaktivität ausgelöst hat. Doch um zu beweisen, dass es nicht die Pyramiden selbst waren, die hier ihr Kraftfeld verändert hatten, musste ich noch weitere Untersuchungen an anderen Orten durchführen. Die nächste Expedition führte mich nach Bosnien-Herzegowina.

Corazon de Luz in der neu entdeckten bosnischen Sonnenpyramide

Semir Osmanagic, ein in den USA lebender bosnischer Ingenieur, hatte 2005 mehrere mögliche Pyramiden entdeckt, und zwar in Visoko, einer Kleinstadt unweit von Sarajevo. Osmanagic, der seine Entdeckung 2006 in einem Buch veröffentlichte, hatte nach eigenen Angaben schon mehrere Jahre lang Pyramiden in Südamerika erforscht und meinte aufgrund dieser Erfahrungen erkannt zu haben, dass es sich bei dem kegelförmigen Stadtberg von Visoko in Wirklichkeit um eine Pyramide handle. Durch Probegrabungen, mit denen er im August 2005 begonnen hatte, glaubte er seinen Verdacht bestätigt: Dieser Berg war keine natürliche Formation, sondern eine 220 Meter hohe Stufenpyramide aus Ziegeln – eine Sonnenpyramide. Außerdem, so war sich Osmanagic relativ sicher, seien unter anderen Hügeln noch weitere, kleinere Pyramiden versteckt, die er als Mond- und Drachenpyramide bezeichnete.

In Fachkreisen wurden Osmanagics Thesen unterschiedlich aufgenommen. Dass es in Bosnien Pyramiden gab, halten viele für durchaus plausibel. Die Frage ist nur, wie alt diese sein können. Das von Osmanagic angenommene Alter von mehr als 12 000 Jahren wird bezweifelt, denn damit wären diese Pyramiden älter als die ägyptischen, was wiederum bedeuten würde, dass es in Bosnien eine noch ältere Hochkultur gegeben haben müsse als in Ägypten.

Ich war natürlich sehr neugierig auf diese neu entdeckten und noch nicht einmal ausgegrabenen Pyramiden und wollte dort unbedingt Untersuchungen durchführen, die zeigen sollten, ob und wie die Pyramiden mit dem Kristallschädel Corazon de Luz kommunizierten. Außerdem wäre es natürlich möglich, den Hügel, der die vielleicht größte und älteste Pyramide der Welt verbarg, mit der Photonenkamera auf elektromagnetische Felder oder Photonenenergie hin zu untersuchen. Nachdem ich mit Semir Osmanagic Kontakt aufgenommen hatte, beschloss ich, mir den Ort zunächst ohne den Kristallschädel anzusehen. Ich wollte mich erstens davon überzeugen, ob es sich tatsächlich um eine Pyramide handeln könnte, und zweitens wollte ich mir einen persönlichen Überblick über die Sicherheitslage in Bosnien-Herzegowina verschaffen. Ich konnte es nicht riskieren, den wertvollen Kristallschädel bei dieser Aktion zu verlieren. Um sämtliche Risiken auf ein Minimum zu beschränken, nahm ich einen bosnisch sprechenden Begleiter mit, der sich im Land bestens auskannte. Kamer begleitete mich während der gesamten mehrtägigen Reise. Nach kurzem Flug landeten wir in Sarajevo, der Hauptstadt von Bosnien-Herzegowina. Visoko, der Ort mit den Pyramiden, liegt etwa eine Autostunde von Sarajevo entfernt. Wir nahmen ein Taxi dorthin.

Während der Fahrt durch Sarajevo wurde schnell deutlich, wie viele Spuren der letzte Krieg hier hinterlassen hat. In sämtlichen Häuserwänden waren noch Einschusslöcher von Gefechten zu sehen. Die Belagerung von Sarajevo durch die ehemalige jugoslawische Volksarmee, die am 5. April 1992 begann, hatte ganze 1425 Tage gedauert. Der Stadtkern war völlig umzingelt gewesen und die Bewohner waren in zwei Lager gespalten, die sich gegenseitig beschossen. Während dieser Belagerung waren nach Schätzungen der Regierung von Bosnien-Herzegowina 10615 Menschen aller Volksgruppen ums Leben gekommen. Außerdem waren etwa 50000 Menschen durch Granaten, Minen oder Scharfschützen verletzt worden, und 1601 Kinder hatten den Tod gefunden. Die Spuren dieses schrecklichen Geschehens waren noch überall gegenwärtig, und die ganze Situation machte mich sehr traurig. Ich spürte, dass es sehr wichtig war, mit dem Kristallschädel einen Funken Hoffnung in dieses Land zu bringen.

Als wir die Stadt hinter uns gelassen hatten, wurde die Stimmung ein wenig leichter und wir unterhielten uns mit dem Fahrer unseres Taxis, Herrn Gargula. Auf diese Weise bekam ich einen Eindruck von den Problemen des Landes und konnte mich sehr gut in die Gedanken dieses Volkes einfühlen. Unsere Fahrt führte uns durch kleinere Ortschaften und endete nach etwa einer Stunde im Tal der bosnischen Pyramide, die man auf der gut ausgebauten Straße schon von Weitem erkennen konnte. Auf den ersten Blick sieht sie wie ein ganz normaler Hügel aus. Doch bei näherem Hinschauen kann man deutlich erkennen, dass diese Anhöhe die Umrisse einer Pyramide hat. Die Pyramide ist natürlich nicht freigelegt, noch nicht einmal teilweise. Tonnen von Erdmaterial bedeckten die vielen Stufen, die Semir Osmanagic im Innern des Hügels vermutet. Die geschätzten Kosten für die Ausgrabung der Pyramide liegen bei fünfzig Millionen Euro. Der Arbeitsaufwand, der nötig wäre, um die Erdschichten vorsichtig abzutragen, ist immens hoch. Hinzu kommt, dass der Hügel mit Häusern bebaut ist, deren Besitzer abgefunden werden müssten, bevor die Häuser abgerissen werden könnten, um die darunter liegenden Schichten freizulegen. Die Vorstellung, dass dieser Hügel eine Pyramide von ähnlichen Ausmaßen verbergen sollte, überwältigte mich. Und wie mag diese Pyramide wohl entstanden sein? Wie mag sie wohl geglänzt und gestrahlt haben, als sie noch für Rituale genutzt wurde?

Ich konnte es kaum erwarten, Semir Osmanagic zu treffen und ihm meine Fragen zu stellen. Der Rummel, der nach Veröffentlichung seines Buches um ihn entstanden war, machte ihm mittlerweile offenbar zu schaffen. Dennoch bemühte er sich, all die vielen Termine mit anderen Forschern und den Reportern aus aller Welt wahrzunehmen. Ich konnte mich also auf jeden Fall glücklich schätzen, dass er Zeit für mich fand. Semir Osmanagic sieht ein bisschen aus wie Harrison Ford als Indiana Jones. Sein Markenzeichen ist ein brauner lederner Hut mit breiter Krempe, und wenn man ihn in seinem weißen Jeep durch die Gegend fahren sieht, hat man den Eindruck, mitten in den Dreharbeiten zu einem neuen Indiana-Jones-Film gelandet zu sein. Der sympathische, eigentlich eher zurückhaltende Osmanagic gilt in Bosnien mittlerweile als Held. Sein Buch über die Pyramiden von Visoko hat einen regelrechten Boom ausgelöst. Touristen aus aller Herren Länder strömen nach Visoko, und die Einheimischen profitieren davon. Kein Wunder also, dass es immer viel Aufruhr gibt, wenn sich Osmanagic in der Öffentlichkeit präsentiert: Kinder umringen ihn und wollen sein wie er, und sogar Erwachsene verehren ihn wie einen Helden. Aber wo Licht ist, ist auch Schatten, und natürlich hat auch Semir Osmanagic Gegner, die ihm das Leben schwermachen und im Internet Unterschriften sammeln, um seinem Treiben auf der Stelle Einhalt zu gebieten. Immerhin würde der Beweis, dass diese Pyramiden wirklich existiert haben und dass sie wirklich so alt sind, wie Osmanagic glaubt, alles infrage stellen, was in unseren Geschichtsbüchern steht.

Semir Osmanagic führte mich persönlich zu den Stellen, an denen er Probegrabungen durchgeführt hatte. Ein englischer Forscher war gerade damit beschäftigt, das Material, das angeblich von der Sonnenpyramide stammte, mit neuen Messmethoden zu überprüfen. Wir besichtigten mehrere Grabungsstellen, die mich sehr tief beeindruckten. Beim Mittagessen schlug ich Semir Osmanagic vor, die Photonenaktivität der Sonnenpyramide zu testen und den Kristallschädel in die Untersuchungen einzubeziehen. Mir war klar, dass ihn dieser Vorschlag in einen gewissen Konflikt bringen würde. Schließlich kämpfte der selbsternannte Archäologe gerade um die Anerkennung seiner Arbeit durch archäologische Experten und konnte daher nicht riskieren, durch solche »esoterischen« Versuche in Verruf zu geraten. Dennoch nahm er meinen Vorschlag an. Ich war überglücklich und bewunderte seinen Mut. Er wollte offenbar nichts unversucht lassen, um seine Thesen zu beweisen. Und ich hatte große Hoffnung, ihm helfen zu können.

Mein Plan war, die Pyramide mithilfe des Kristallschädels zu aktivieren und das Resultat mit der Photonenkamera zu dokumentieren. So weit, so gut, doch bald hatten wir ein Problem: Die Medien hatten in kürzester Zeit Wind von unserem Vorhaben bekommen. Das störte mich in sofern, als nun sehr viele Menschen in Bosnien-Herzegowina von dem geplanten Versuch wussten. Wie sollte ich den wertvollen Kristallschädel angesichts dieses gesteigerten Interesses sicher ins Land bekommen und vor allem wieder hinaus? Um das Risiko so klein wie möglich zu halten, blieb uns eigentlich nichts anderes übrig, als eine Überraschungsaktion in Gang zu setzen. Kurzerhand plante ich den Versuch gleich für den nächsten Morgen ein. Ich rief Tobias in Deutschland an und betraute ihn mit der wichtigen Aufgabe, den Kristallschädel sicher zu verpacken, auf dem schnellsten Weg nach Franfurt zu fahren und den nächsten Flug nach Sarajevo zu nehmen. Tobias erklärte sich sofort bereit und erwischte die Maschine nach Sarajevo praktisch in letzter Sekunde – aber auch nur, weil sie zwanzig Minuten Verspätung hatte. Die Zeit bis zur Landung der Maschine in Sarajevo verbrachte ich damit, den sicheren Transport der wertvollen Fracht zu organisieren. Herr Gargula, unser zuverlässiger Taxifahrer, organisierte einen bewaffneten Begleitschutz, den ich eigentlich nicht wollte, der aber, wie sich später herausstellte, durchaus nötig war. Mittlerweile hatten Zeitungen und Fernsehen nämlich schon dafür gesorgt, dass die Nachricht von der deutschen Frau mit dem Kristallschädel im ganzen Land angekommen war. Ich war bekannt wie ein bunter Hund. Darüber hinaus hatten genügend Menschen Gelegenheit gehabt, unser Taxi auf dem Pyramidengelände zu beobachten. Deshalb meinte Kamer, es sei für unsere Sicherheit unumgänglich, das Fahrzeug zu wechseln. Plötzlich wurde mir klar, dass ich ziemlich naiv und blauäugig gewesen war, als ich dachte, es sei möglich, den Kristallschädel einfach so und ohne jeden weiteren Schutz zu transportieren.

Wir erreichten den Flughafen kurz vor Ankunft des Flugzeugs, in dem sich Tobias mit dem Kristallschädel befand. Es war das erste Mal, dass ich Corazon de Luz einem anderen Menschen anvertraut hatte. Tobias war zwar ein Mitglied meines Teams, auf das ich mich absolut verlassen konnte, aber ich fragte mich, ob er wohl sicher durch sämtliche Taschen- und Zollkontrollen an den Flughäfen gekommen war. Natürlich hatte er gültige Zolldokumente für den Kristallschädel dabei, aber man konnte ja nicht wissen, ob ein Zollbeamter die Dokumente vielleicht prüfen und den Kristallschädel so lange in Verwahrung nehmen würde. Die Spannung stieg ins Unermessliche. Würde Tobias mitsamt Kristallschädel in der Maschine sein? Würden er das Flughafengelände ohne Schwierigkeiten verlassen, in unseren Wagen steigen und sich im Hotel in Sicherheit bringen können? Ich blieb im Wagen, während sich Kamer nach der Maschine aus Deutschland erkundigte. Sie war bereits gelandet. Mit wild klopfendem Herzen beobachtete ich die Personen, die aus dem Flughafengebäude kamen. Wo war Tobias? Endlich sah ich ihn. Ich rannte zu ihm hin und bedeutete ihm, mir schnell zu folgen. Tobias eilte mir nach und wir bestiegen den Wagen, während Kamer uns Rückendeckung gab. Es ging alles ganz schnell. Kaum saßen wir alle im Wagen, fuhr dieser auch schon los. Die Reifen quietschten und ich sah im Außenspiegel, dass uns offenbar zwei Männer gefolgt waren, die nun allerdings nur noch schimpfend hinter uns herschauen konnten. Wie es aussah, hatte tatsächlich jemand versucht, uns abzufangen. Tobias, der keine Ahnung hatte, was hier vorgefallen war, hielt den nach wie vor fest und sicher verpackten Kristallschädel in die Höhe. Ich war beruhigt und lehnte mich entspannt zurück. Auf vielen Umwegen erreichten wir unser neues Hotel. Kamer übernahm den Kristallschädel und verstaute ihn sicher in einem Versteck in meinem Hotelzimmer. In dieser Nacht schlief ich unruhig. Der Kristallschädel schien mit mir zu kommunizieren. Meine Träume waren voll von Bildern, die wirr durcheinanderflogen. Ich sah Bilder von Pyramiden, von Feuer und von sterbenden Menschen. Ich sah einen Fluss, in dem Menschen badeten. Und alle diese Bilder deuteten darauf hin, dass der Kristallschädel bereits sendete.

Am Morgen nach dieser unruhigen Nacht machten wir uns ganz früh auf den Weg zur Pyramide. In einem der Pyramide gegenübergelegenen Hotel stellten wir die Kamera in Position, welche die Photonenaktivität der Pyramide während der Aktivierung durch Corazon de Luz aufnehmen sollte. Semir Osmanagic hatte seinen Manager zu unserer Begleitung geschickt. Er selbst saß schon im Flugzeug nach Amerika, wo er eine eigene Firma hat. Daher konnte er seinen Abflug nicht verschieben. Mit zwei Wagen und drei Männern als Begleitung machten Kamer, Tobias und ich uns auf den Weg zur Spitze der Pyramide. Es war ein langer und beschwerlicher Fußmarsch durch dichtes Gestrüpp, in dem es, wie man mir versichert hatte, auch Schlangen gab. Dennoch erklomm ich, allen voran, zielsicher die Pyramide. Noch heute sehe ich die Gesichter der Männer vor mir, die uns begleiteten. Sie hatten bestimmt gedacht, dass ich den Aufstieg nicht schaffen und unterwegs schlappmachen würde. Nach der Geburt meines zweiten Kindes hatte ich noch einige Kilo zu viel Gewicht auf den Rippen. Aber nichts konnte mich aufhalten. Es schien, als schenke mir der Kristallschädel die Kraft für den Aufstieg. In ungeheurem Tempo legten wir die fast zweieinhalb Kilometer bis zum Gipfel des Hügels zurück und standen schließlich auf dem kleinen Plateau, das laut Semir Osmanagic dem Plateau der Pyramide entspricht. Von hier aus hat man einen unglaublichen Blick über die Stadt Visoko. Kamer hatte den Behälter mit dem Kristallschädel getragen. Nun stellte er ihn ab und postierte die Männer in einem gewissen Abstand davon auf dem ganzen Plateau.

Jetzt konnte ich mit der Aktivierung des Kristallschädels beginnen. Ich nahm ihn aus dem Behältnis und bat um Frieden für die Welt. Dann bat ich im Namen aller Weltreligionen um göttlichen Beistand und im Namen von Licht und Liebe um die Aktivierung der Pyramide. Ich konnte deutlich spüren, wie der Kristallschädel zu senden begann. Während der ganzen Zeit wurde das Energiefeld der Pyramide mit der Photonenkamera aufgezeichnet, die wir in dem Hotel am Fuß des Hügels aufgebaut hatten. Sicherheitshalber machte ich aber auch noch ein paar Extrafotos von dem Kristallschädel. Ich spürte, wie die Pyramide vibrierte. Und ich spürte ebenso deutlich, dass die Energieübertragung irgendwann beendet war. Wir hatten leider nicht viel Zeit für weitere Untersuchungen, denn wir mussten so schnell wie möglich wieder von der Pyramide verschwinden und den Kristallschädel in Sicherheit bringen. Mittlerweile wusste wahrscheinlich so gut wie jeder im Land, dass wir unsere Untersuchungen an diesem Tag durchführen wollten. Also machten wir uns erneut auf den beschwerlichen Weg, doch diesmal ging es bergab, und ich habe Höhenangst. Kamer half mir zwar, so gut er konnte, aber dennoch waren meine Knie butterweich, als wir wieder am Fuß des Pyramidenhügels angekommen waren. Wir stiegen ins Auto und brausten davon. Niemand hatte uns beobachtet, und offenbar hatte auch niemand damit gerechnet, dass wir schon so früh am Morgen auf den Pyramidenberg steigen würden – vor allem nicht von dieser Seite. Erst jetzt bemerkte ich, dass unsere bosnischen Begleiter allesamt bewaffnet gewesen waren, auch Semir Osmanagics Manager. Sie hatten den Kristallschädel und mich die ganze Zeit beschützt. In diesem Moment waren wir alle gerührt. Ich war gerührt, weil die Männer offenbar einiges riskiert hatten, um mich zu beschützen. Und die Männer waren gerührt von der Powerfrau, die durch von Schlangen bewohntes Gestrüpp auf einen Berg gestiegen war, um für den Weltfrieden eine Pyramide zu aktivieren. Wir fuhren zurück zu dem Hotel, in dem wir die Kamera aufgestellt hatten.

Die Aufnahmen, welche die Kamera von der Aktivierung der Pyramide gemacht hat, sind in der Tat beeindruckend. Der Kristallschädel hat tatsächlich mit der Pyramide kommuniziert. Man kann eindeutig erkennen, wie der Kristallschädel die Photonenaktivierung startet und wie die Energie von der Pyramide bis in die ganze Stadt fließt, wo sogar die Gebäude mit Photonenaktivität reagieren.

Ich werte dies als eindeutigen Beweis dafür, dass es an diesem Pyramidenberg ein besonderes Kraftfeld gibt. Zweitens glaube ich, dass Kristallschädel Informationen in sich tragen, mit denen sie Pyramiden und ähnliche Kraftplätze aktivieren können. Auf der Pressekonferenz, die an diesem Abend stattfand, erläuterte ich vor den laufenden Kameras des bosnischen Fernsehens die Ergebnisse unserer Untersuchung. Ich berichtete, dass wir eine besondere Photonenaktivität gemessen und ein elektromagnetisches Feld aufgespürt hatten und dass wir anhand dieser Messergebnisse feststellen konnten, dass die Sonnenpyramide ein besonderes Kraftfeld besitzt, welches durch den Kristallschädel für den Weltfrieden aktiviert werden konnte.

Nach der Konferenz machten wir uns sofort auf den Weg zum Flughafen und erreichten diesen, ohne dass uns jemand verfolgte. Tobias hatte zur Ablenkung eine Maschine früher in Richtung Wien genommen. Niemand konnte also ahnen, dass wir den Kristallschädel noch mit uns führten. Nachdem Kamer unsere Bordkarten abgeholt hatte, brachten wir den Kristallschädel sicher durch die Pass- und die Handgepäckkontrolle. Aufatmen konnten wir allerdings erst, als wir im Flugzeug saßen. Wir hatten ein gefährliches Abenteuer glücklich hinter uns gebracht. Erleichtert und froh glitten wir über den Wolken in Richtung Frankfurt. Und ich war überglücklich und zufrieden, hatte mein nächstes Ziel aber bereits vor Augen. Es gab nämlich noch einen Ort, an dem ich besondere Photonenenergie vermutete. Ich musste mit Corazon de Luz nach England reisen, in den berühmten Steinkreis Stonehenge. Oder war es so, dass der Kristallschädel mit mir dorthin reisen wollte?

Corazon de Luz in Stonehenge

Der Name Stonehenge bedeutet »hängende Steine« und der von diesen Steinen gebildete magische Kreis spielt in vielen Legenden eine Rolle als ganz besonderer Kraftplatz. In seiner berühmten *Historia Regum Britanniae* schreibt Geoffrey von Monmouth, die hängenden Steine seien ein magisches Vermächtnis Merlins, der sie aus Irland mitgebracht haben soll. Außerdem kursierte die Sage, der Teufel habe die Steine von einer Frau in Irland gekauft und hier abgelegt.

Heute weiß man, dass die meisten der riesigen Stonehenge-Steine aus dem Südwesten von Wales stammen. Darüber, wie sie an diesen Platz kamen, wird allerdings noch spekuliert. Eine Theorie besagt, dass die Steine nach einer Eiszeit von Gletschern hierher geschoben wurden. Einer anderen zufolge sollen sie auf Schlitten transportiert worden sein. Stonehenge wurde in der Jungsteinzeit begonnen und mindestens bis in die Bronzezeit als Ritualplatz genutzt. Der gesamte Komplex besteht aus einer Grabenanlage und mehreren konzentrischen Steinkreisen. Einige der aufrecht stehenden Steine sind so ausgerichtet, dass die aufgehende Sonne am Mittsommertag wie ein Pfeil ins Zentrum des Monuments fällt. Das ist sicher kein Zufall und lässt den Schluss zu, dass Stonehenge als eine Art urzeitliches Observatorium genutzt wurde, vielleicht um die Sommer- und Wintersonnwende und die Frühjahrs- und Herbst-Tagundnachtgleiche vorherzusagen. Möglicherweise diente das Monument auch als Kalender zur Bestimmung der besten Zeiten für Aussaat und Ernte und anderer, für den Ackerbau wichtiger Daten. Ich halte es sogar für möglich, dass man anhand dieses Steinkreises Sonnen- und Mondfinsternisse vorhersagen konnte.

Stonehenge war in den 1970er-Jahren ein regelrechter Wallfahrtsort für Neo-Druiden und wurde bis 1984 sogar für Musikfestivals genutzt. In dieser Zeit soll es verstärkt zu Vandalismus gekommen sein, was letztlich dazu geführt hat, dass das Monument mittlerweile nicht mehr frei zugänglich ist. Wer das 1986 von der UNESCO zum Weltkulturerbe erklärte Monument nicht nur aus respektvoller Entfernung hinter einem Zaun betrachten will, braucht eine Sondergenehmigung. Eine Dauer-Sondergenehmigung hat beispielsweise der britische Orden der Druiden *(The Druids Order)*, der regelmäßig zur Sommersonnwende Rituale im Innern des Steinkreises durchführt. Aber auch uns war es gelungen, eine Sondergenehmigung zu bekommen.

Was erwartete ich von Stonehenge? Ich ging davon aus, dass es in dem Steinkreis und um ihn herum ein besonders beeindruckendes Kraftfeld gab. Und ich war sicher, dass der Kristallschädel Corazon de Luz dieses Kraftfeld noch verstärken konnte. Also packten wir erneut unser Reisegepäck und machten uns auf die nächste spannende Entdeckungsreise. Sie würde sicher nicht so gefährlich werden wie die Reise nach Bosnien-Herzegowina, dafür aber umso spannender. Immerhin würden wir mit einem Kristallschädel auf den Spuren Merlins im mysteriösen Umfeld des legendären Avalon unterwegs sein. Unser Team bestand diesmal aus drei Männern, Kamer, Tobias und Peter, und zwei Frauen, Christa und mir. Zunächst flogen wir nach London. Die Sicherheitsvorkehrungen für diesen Flug waren extrem streng. Bei der Handgepäckkontrolle mussten wir den Kristallschädel auspacken und auf flüssigen Sprengstoff kontrollieren lassen. Corazon de Luz überstand sämtliche Prüfungen, ohne Schaden zu nehmen. Als wir endlich im Flugzeug saßen, blickte ich wieder einmal über einen dicken Teppich aus weißen kompakten Wolken.

Der Kristallschädel ruhte gut verpackt zu meinen Füßen, und bald spürte ich, wie er zu pulsieren begann. Es schien, als wolle mir Corazon de Luz eine Botschaft senden. Ich schlief ein und träumte einen ungewöhnlichen Traum. Ich flog wie ein Vogel hoch in der Luft, und unter mir sah ich Stonehenge und die Cheopspyramide. Beide Monumente strahlten in gleißendem Licht. Pulsierendes Licht spannte sich wie ein Regenbogen um die ganze Erde. Es war, als lege sich ein Mantel des Glücks um die Welt. Körperlos schwebte ich über allem. In unglaublicher Geschwindigkeit konnte ich von Kontinent zu Kontinent fliegen. Überall waren prunkvolle Paläste aus Gold und Silber zu erkennen. Sie lagen wie paradiesische Schmuckstücke auf den einzelnen Kontinenten. Menschen sangen und lachten, und es lag ein tiefer Friede über der Erde. Ich fühlte mich leicht und glücklich. Schließlich landete ich mitten im Steinkreis von Stonehenge. Die Steine wirkten transparent und leuchteten bläulich und eine große Lichtflamme züngelte in den Himmel. In allen Regenbogenfarben pulsierte das Licht aus dem

Zentrum des Kreises, in dem 21 Kristallschädel aufgebaut waren. Sie leuchteten in übernatürlichem Licht. Eine unglaubliche Kraft floss wie gleißender Strom aus ihnen heraus. Frauen und Männer in weißen Gewändern beteten in Gesängen, die ich nie zuvor gehört hatte. Ich fühlte eine tiefe, wärmende Kraft, die mich mit Lebenskraft erfüllte. Ich fühlte, wie ich von Glück durchströmt wurde. Was auch immer dieser Traum bedeutete, ich wusste, er war eine Botschaft des Kristallschädels Corazon de Luz. Vielleicht war es ein Blick in die Vergangenheit gewesen, vielleicht auch eine Vision der Zukunft.

Als ich aus diesem Traum erwachte, befand sich die Maschine bereits im Landeanflug und ich war richtig aufgeregt. Ich freute mich auf die Begegnung mit den heiligen Steinen und hoffte auf eine aufschlussreiche Untersuchung. Während wir am nächsten Tag über die Autobahn in Richtung Stonehenge fuhren, klopfte mein Herz unaufhörlich. Ich wusste, dieser Tag hatte eine besondere Bedeutung. Es war uns gelungen, eine Sondergenehmigung für das Betreten des Steinkreises zu bekommen. Wir durften das Innere des Kreises schon um neun Uhr betreten, eine ganze Stunde, bevor das Monument für Touristen geöffnet wurde. Wir hatten also genau eine Stunde Zeit, um alles zu vermessen und den Kristallschädel wirken zu lassen. Dass wir diese Genehmigung überhaupt erhalten hatten, kam mir vor wie ein kleines Wunder. Offenbar hatte hier irgendjemand mitgeholfen. Vielleicht sogar der Kristallschädel selbst, weil er unbedingt ins Innere des magischen Kreises wollte. Als ich den Steinkreis zum ersten Mal von der Autobahn aus sah, war ich fast ein wenig enttäuscht. In meiner Vorstellung waren die Steine viel höher gewesen. Und dann diese touristischen »Verkleidung« ... Dennoch beschloss ich, den Ort als Ritualplatz zu würdigen und begann meinen Besuch mit einem Gebet für den Weltfrieden. Ich hoffte, das Monument würde seine Kraft offenbaren, wenn man es mit dem nötigen Respekt und einer spirituellen Motivation betrat. Nicht umsonst hatten die Menschen früherer Jahrhunderte ausgerechnet diesen Platz für ihre Rituale gewählt. Es kam mir vor, als hätte ich eine Tür geöffnet, und ich spürte, wie eine Kraft in mich einströmte. Ich trug den Kristallschädel ins Zentrum des Steinkreises, suchte zwischen den hufeisenförmig angeordneten Steinen einen geeigneten Platz für ihn aus und platzierte ihn vorsichtig auf einen der riesigen Steine. Ich aktivierte den Kristallschädel und spürte, wie er zu pulsieren begann. Den gleichen Vorgang wiederholte ich auch noch an anderen Stellen innerhalb des Steinkreises. Während Tobias und Christa mir bei der Aktivierung des Kristallschädels halfen, fotografierten Kamer und Peter das sich verändernde Energiefeld um uns herum. Am Schluss versammelten wir uns alle in der Mitte des Kreises und spürten gemeinsam die Kraft der Steine, die der Kristallschädel aktiviert hatte. Wir hatten alle eine Gänsehaut und spürten ganz deutlich, wie die Energie durch unsere Körper pulsierte. Plötzlich erhob sich ein riesiger Schwarm Krähen in die Luft und umrundete den Steinkreis. Es schien, als seien sie von unseren Gebeten angezogen worden und wollten uns nun ein Zeichen geben – wie Boten aus einer anderen Welt. Wir waren tief bewegt und spürten, dass etwas sehr Großes geschehen war. Ehrfurcht vor dieser Kraft erfüllte uns, und wir hatten das Gefühl, einen winzigen Teil einer großen Aufgabe erfüllt zu haben, die der Welt hoffentlich ein höheres Bewusstsein und Frieden bringen würde.

Die Auswertung der Photonenaufnahmen

Die Aufnahmen von Stonehenge gehören zu den fantastischsten Photonenaufnahmen, die ich je gesehen habe. Das erste Bild (Abbildung 8) zeigt Stonehenge vor der Aktivierung durch Corazon de Luz. Aufgenommen wurde das Bild von der äußeren Begrenzung des Steinkreises aus. Man erkennt deutlich, dass Stonehenge an sich schon ein starkes Kraftfeld hat, oder anders ausgerückt, dass die Steine auf einem starken Kraftfeld stehen. Die dunkelrote Farbfläche auf dem Erdboden weist auf ein natürliches Erdmagnetfeld hin.

Das zweite Bild (Abbildung 9) zeigt Corazon de Luz auf einer Steinsäule. Deutlich sieht man die vielfarbigen, pulsierenden Energiefelder, die von dem Kristallschädel ausgehen. Corazon de Luz selbst glüht rot vor Aktivität. Impulsartige Schwingungen bilden ein Feld aus gelben, rosafarbenen, grünen und orangefarbenen Streifen, die sich in Wellen vom Kristallschädel weg bewegen. Wie das elektromagnetische Sendefeld einer Dipolantenne breiten sich diese Wellen über den ganzen Horizont aus.

Das dritte Bild (Abbildung 10) zeigt Corazon de Luz

auf einem anderen Megalithen. An der Oberfläche des aktivierten Kristallschädels entwickeln sich gekräuselte, fleckenartige Interferenzen in Orange und Rosa. Über die Megalithen sendet der Kristallschädel kreisförmige Impulse aus, die in den Farben Grün und Orange sichtbar werden. Hier hat ein schneller Farbwechsel stattgefunden. Die Farben und demnach auch die Frequenzen der ausgesendeten Wellen haben sich schneller verändert, als wir es mit der Photonenkamera dokumentieren konnten. Im Moment der Aufnahme sendet der Kristallschädel die Frequenzen der Heilung und der Verbindung zum Göttlichen.

Auf dem vierten Bild (Abbildung 11) ist wieder der ganze Steinkreis zu sehen. Im Vergleich mit der ersten Aufnahme des gesamten Kreises (Abbildung 8) wird jedoch deutlich, dass sich die Photonenaktivität, die vorher vor allem auf dem Erdboden zu sehen war, nun in Richtung Himmel verlagert hat. Ein großes blaues Farbfeld, das von dünnen dunkelrosa Streifen durchzogen wird, weist auf ein hohes Maß an aktiver Photonenenergie hin, und zwar mit einer anderen Schwingungsfrequenz als der, die durch die rote Farbe angezeigt wird. Die Farbe Blau steht nach der esoterischen Farbenlehre für Frieden und Schutz. Da der Impuls am Himmel deutlich zu sehen ist und sich über den gesamten Horizont ausbreitet, gehe ich davon aus, dass der Kristallschädel die Frequenz des Friedens über die ganze Erde gesendet hat.

Das fünfte Bild des aktivierten Kraftfelds von Stonehenge (Abbildung 12) zeigt einen einzelnen Megalithen. Hier kann man deutlich erkennen, dass jeder einzelne

Stein Energieimpulse in Richtung Himmel sendet. Wie auch schon auf Abbildung 11 deutlich wurde, sind die Energiefelder jetzt vor allem am Himmel zu erkennen. Der Impuls, der von den Steinen ausgeht, zeigt sich am Himmel in den Farben Dunkelblau, Violett und Dunkelrosa: Transformation, Frieden und tiefe Liebe.

Diese Bilder sind eine Sensation, denn sie zeigen, dass die Megalithen von Stonehenge auf einem natürlichen Magnetfeld stehen. Dieses Magnetfeld kann aktiviert werden, in unserem Fall durch den Kristallschädel. Dann wird über die senkrecht stehenden Steine elektromagnetische Kraft an den Kosmos abgeben. Mit anderen Worten: Die Steine senden Informationen an den Kosmos. Ich halte es sogar für möglich, dass das gesamte Monument eigens zu diesem Zweck erbaut wurde.

Im Steinkreis von Avebury

Um das Ergebnis von Stonehenge zu bestätigen, wollten wir noch einen weiteren Steinkreis untersuchen. Was der Kristallschädel in Stonehenge bewirkt hatte, war ihm sicher auch in anderen Steinkreisen möglich. Avebury ist ein kleiner Ort östlich von Bath in der Grafschaft Wiltshire. Der Steinkreis von Avebury besteht aus einem äußeren und zwei inneren Kreisen und bedeckt zusammen mit dem ihn umgebenden Wall eine Fläche von etwa 15 Hektar, die leider zum Teil bebaut ist. Auch dieser Steinkreis ist so ausgerichtet, dass die Sonne bei Sonnenaufgang am Mittsommertag genau ins Zentrum des Kreises fällt. Leider sind von den ursprünglich 154 Megalithen nur noch 36 erhalten. Wenn man die Steinalleen mitrechnet, bestand der gesamte Komplex, der um 2600 v. Chr. errichtet worden sein soll, aus etwa 600 Steinen.

Die Untersuchung des Steinkreises von Avebury bereitete uns ungeahnte Schwierigkeiten. Kaum hatten wir den Kraftplatz betreten, brach ein regelrechtes Unwetter los und verzog sich auch nicht wieder, sodass wir die Filmaufnahmen nach einer Stunde abbrechen mussten. Dass es in Strömen regnete, hätte uns in unserem Untersuchungsfieber noch nicht einmal gebremst, aber anscheinend wurden durch dieses Wetter so starke magnetische Felder ausgelöst, dass die gesamte Technik ausfiel. Der Computer schaltete sich unaufgefordert an und aus, und der Auslöser der Kamera machte, was er wollte. Am Ende hatten wir zwar ein paar gute Aufnahmen im Kasten, beschlossen aber dennoch, unsere Reisepläne zu ändern und am nächsten Tag weiterzumachen. Die Aufnahmen wurden wunderbar. Die Mühe hatte sich gelohnt. Wieder waren wir Zeuge der Aktivierung eines Kraftplatzes durch Corazon de Luz geworden.

Die Auswertung der Photonenaufnahmen

Auf dem ersten Bild aus Avebury (Abbildung 13) sieht man den Ringwall der Steinkreisanlage. Corazon de Luz steht auf einem liegenden Megalithen. Ein dunkelrotes Photonenfeld breitet sich über den gesamten äußeren Ring aus. Am Himmel wechseln sich hellgelbe Reflexe mit hellblauen und rosafarbenen ab. Die Energie am Boden ist hier deutlich stärker aktiviert als die am Himmel. Die Impulse laufen kreisförmig durch die Ringanlage, auf der früher noch weitere Megalithen standen.

Das zweite Bild aus dieser Serie (Abbildung 14) zeigt einen großen und ziemlich breiten Megalithen, der von einer rosafarbenen Fläche wie von einem Ring umgeben ist. Diese ringförmige Fläche bewegt sich auf dem Erdboden und sendet in regelmäßigen Abständen kleine Impulse aus, die sich entlang des Steins in Richtung Himmel bewegen. Es sieht aus, als pulsiere hier ein ringförmiger Lichtblitz um den Stein herum, der sich in regelmäßigen Abständen öffnet und dann sofort wieder verschließt – wie ein kleines Portal. Die Impulse werden in den Farben Weiß, Hellgelb und Hellblau sichtbar.

Zusammenfassung

Die Aufnahmen, die wir mit der Photonenkamera an Kraftplätzen gemacht haben, belegen eindeutig, dass sich das an solchen Orten ohnehin vorhandene Kraftfeld noch verstärken lässt, zum Beispiel durch einen Kristallschädel wie Corazon de Luz. Alle von uns untersuchten Kraftplätze haben offenbar eine besondere Verbindung zur Sonne als Spender des Lebens. Ein weiterer essenzieller Spender von Leben ist das Wasser. Daher erschien es mir nahe liegend, mich als nächstes mit der Untersuchung von Wasser zu beschäftigen.

DER KRISTALLSCHÄDEL VERÄNDERT DAS ENERGIEFELD VON WASSER

Bergkristall und Wasser – eine besondere Verwandtschaft

Das Wort Bergkristall ist eine Kombination aus zwei Wörtern, die genau genommen sogar aus zwei verschiedenen Sprachen stammen: *Berg* (deutsch) und *Kristall* von griechisch *krystallos*, was *klares Eis* bedeutet. In der Antike glaubte man nämlich, Bergkristall sei Eis – so fest gefroren, dass man es nicht mehr auftauen könne, Stein gewordenes Wasser also. Und ganz so falsch lagen die antiken Menschen gar nicht mit dieser Annahme, denn die inneren Strukturen von Wasser und Bergkristall sind sich durchaus ähnlich. Wassermoleküle haben eine Tetraederstruktur, sind also praktisch aus vier gleichseitigen Dreiecken zusammengesetzt. Quarzkristalle haben ebenfalls trigonale Strukturen, sind also ebenfalls aus Dreiecken zusammengesetzt, wenn auch nicht unbedingt aus gleichseitigen. Wasser gefriert in bizarren Gittermustern zu Kristallen, die völlig unterschiedlich ausfallen können. Und Bergkristalle sehen auch nicht alle gleich aus.

In dem »Stein gewordenen Eis« sahen die Weisen alter Kulturen viele Eigenschaften des Wassers potenziert, zum Beispiel seine Lichtbrechungsfähigkeit. Bergkristall galt als Lichtbringer und Energielieferant, auch für das Wasser selbst, und wurde daher in vielen alten Kulturen zur Wasserenergetisierung eingesetzt, meist einfach, indem man frisches Quellwasser in einen Krug füllte, in den man zuvor bestimmte Kristalle gelegt hatte. Auch Einrichtungen, in denen Edelsteinwasser im Rahmen einer Kur verabreicht wurde, waren nicht selten. In der Hildegard-Medizin kennt man Bergkristallwein oder Bergkristallwasser. Dafür wird der Bergkristall zunächst eine Weile in die Sonne und dann in ein Glas mit Wein oder Wasser gelegt. Dieses Getränk soll einen beruhigenden Einfluss auf das vegetative Nervensystem haben.

Wie kommt diese Wirkung zustande? Oder ganz allgemein gefragt: Wie geben Kristalle ihre Energie an das Wasser ab? Die Mineralien der einzelnen Edelsteine oder Kristalle gehen in leichte Lösung mit dem Wasser. Dadurch entsteht ein elektromagnetisches Feld. Wie wir ja schon erfahren haben, werden überall dort, wo ein Stoff in einen anderen Aggregatzustand oder auch in einen anderen Stoff übergeht, besonders viele Photonen frei. Diese frei gewordenen Photonen bewirken in diesem Fall eine besondere Belebung des Wassers.

Erste Versuche mit Leitungswasser

Wasser besitzt spezielle physikalische Eigenschaften, die sich aus dem Aufbau der Wassermoleküle ergeben. Jedes Wassermolekül besteht aus einem Sauerstoffatom mit negativer elektrischer Ladung und zwei Wasserstoffatomen mit positiver elektrischer Ladung. Die unterschiedliche Ladung der Atome ist für den Dipolcharakter des Wassermoleküls verantwortlich und für seine Fähigkeit, sogenannte Wasserstoffbrücken zu bilden. Mithilfe dieser Wasserstoffbrücken können ganze Netze aus Wassermolekülen gebildet, aber auch wieder aufgelöst werden. Diesem Umstand verdankt das Wasser einige seiner besonderen Eigenschaften, zum Beispiel seine Oberflächenspannung, die man gut beobachten kann, wenn man ein bereits volles Wasserglas noch voller macht, indem man beispielsweise eine Münze nach der anderen hineinfallen lässt. Dann bildet das Wasser eine Art Mütze oder einen kleinen Berg über dem Glas, bis die »Haut« eben doch reißt und das, was vorher wie durch Zauberkraft festgehalten wurde, nach unten fließt. Wenn sich eine solche, von bipolaren Wassermolekülen gebildete Struktur auflöst, werden Photonen frei. Das Gleiche geschieht auch immer dann, wenn Wasser von einem Aggregatzustand in einen anderen übergeht, zum Beispiel von fest (Eis) nach flüssig (Wasser) und weiter nach gasförmig (Wasserdampf). Die größte Photonenaktivität ist demnach meist an der Wasseroberfläche zu beobachten, zumindest bei stehendem Wasser.

Aufgrund der elektromagnetischen Eigenschaften seiner Moleküle ist Wasser unter anderem in der Lage, Informationen zu speichern. In seinem Buch *Die Botschaft des Wassers* zeigt Masaru Emoto in beeindruckenden Bildern, dass Wasser nicht nur Informationen speichert, sondern auch auf energetische Veränderungen reagiert. Emoto hatte seine Wasserproben allen möglichen positiven und negativen Einflüssen ausgesetzt, sie dann eingefroren und bei –5° Celsius fotografiert. Es zeigte sich, dass die Kristallstrukturen umso perfekter aussahen, je besser oder positiver die Qualität des Wassers beziehungsweise des energetischen Einflusses gewesen war.

Mit unserer Methode musste es möglich sein, Wasser auf Photonenenergien zu untersuchen und zu ähnlichen Ergebnissen zu gelangen wie Emoto, denn bei den von den Wassermolekülen gebildeten Netzen oder Clustern handelt es sich um nichts anderes als eine Art elektromagnetisches Feld mit messbarer Photonenaktivität. Bei erhöhter elektromagnetischer Schwingung steigt die Anzahl der aktiven Photonen, und diesen Photonenfluss kann man sichtbar machen. Wir begannen also, verschiedene Sorten von Wasser nach unserer Methode zu untersuchten, und kamen zu überraschenden Ergebnissen.

Die Auswertung der Photonenaufnahmen

Abbildung 15 zeigt ein Glas mit gewöhnlichem Leitungswasser aus Niddatal in Hessen. Im Wasser sind nur wenige rote Flecken zu sehen. Da die rote Farbe

Abb. 1:
F. A. Mitchell-Hedges in der Tempelanlage von Lubaantun/Belize

Abb. 2: Anna Mitchell-Hedges in Lubaantun

Abb. 3: Anna Mitchell-Hedges an ihrem 100. Geburtstag

Abb. 4: Corazon de Luz und sein aktives Photonenfeld

Abb. 5: Die Cheopspyramide vor der Aktivierung durch Kristallschädel Corazon de Luz

Abb. 6: Die Cheopspyramide während der Aktivierung durch Kristallschädel Corazon de Luz

Abb. 7: Die große Sphinx während der Aktivierung durch Kristallschädel Corazon de Luz

Abb. 8: Stonehenge vor der Aktivierung durch den Kristallschädel Corazon de Luz

Abb. 9: Kristallschädel Corazon de Luz auf der Steinsäule

Abb. 10: Kristallschädel Corazon de Luz auf dem Megalithen

Abb. 11: Die Photonenaktivität des gesamten Steinkreises verlagert sich in Richtung Himmel

Abb. 12: Jeder einzelne Stein sendet Energieimpulse in Richtung Himmel

Abb. 13: Kristallschädel Corazon de Luz aktiviert das Energiefeld von Avebury

Abb. 14: Megalith von Avebury sendet pulsierende Impulse aus

Abb. 15: Gewöhnliches Leitungswasser

Abb. 16: Quellwasser mit höherer Photonenenergie als Leitungswasser

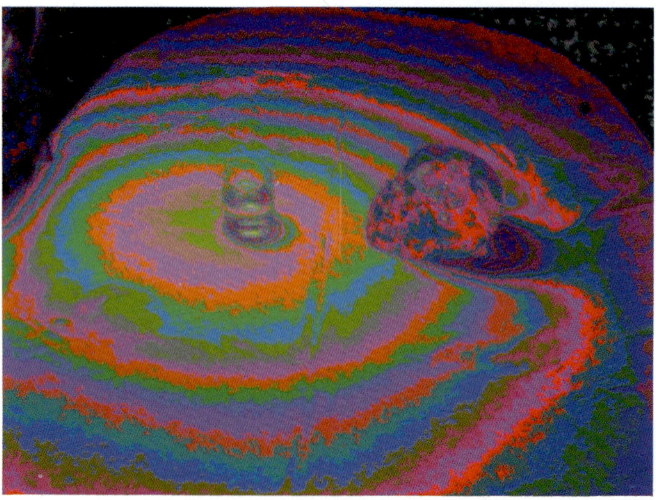

Abb. 17: Kristallschädel Corazon de Luz verändert das Energiefeld des Leitungswassers

Abb. 18: Der Rheinfall von Schaffhausen

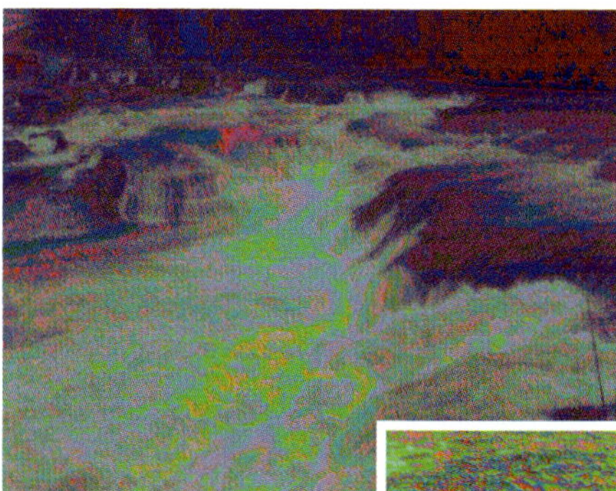

Abb. 19: Der Rheinfall von Schaffhausen vor der Aktivierung durch Corazon de Luz

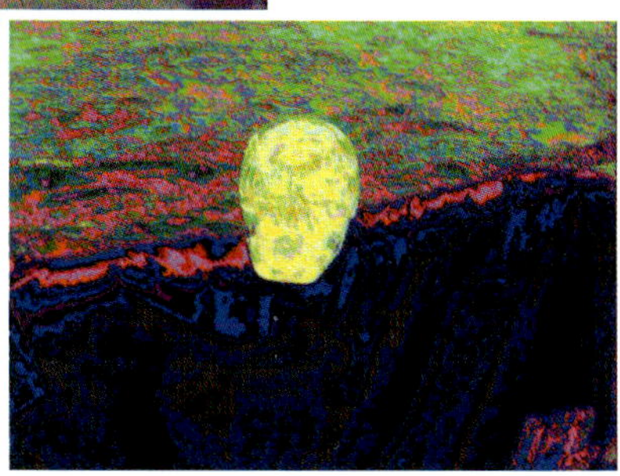

Abb. 20: Kristallschädel Corazon de Luz aktiviert das Wasser des Rheinfall von Schaffhausen

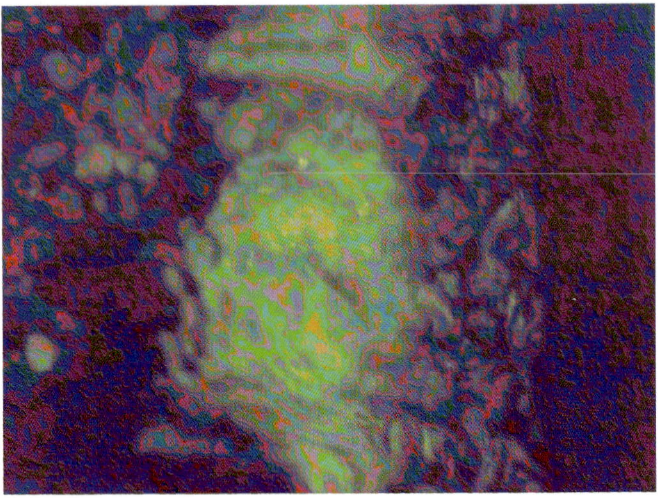

Abb. 21: Kristallschädel Corazon de Luz im Flussbett des Rheins

Abb. 22: Der Rhein nach vollständiger Aktivierung durch
den Kristallschädel

Abb. 23: Rosenquarz

Abb. 24: Meridianfeld eines dreieinhalbjährigen Kindes ohne Rosenquarz

Abb. 25: Der Rosenquarz aktiviert das Herzchakra des Kindes

Abb. 26: Der Rosenquarz aktiviert das Herzchakra, Aufnahme nach einer Minute

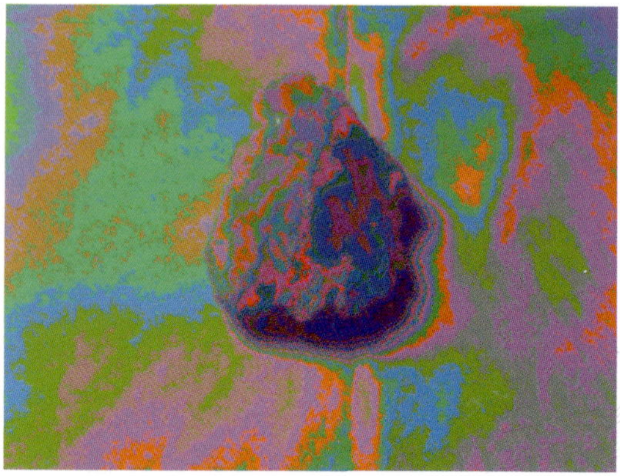

Abb. 27:
Bergkristall

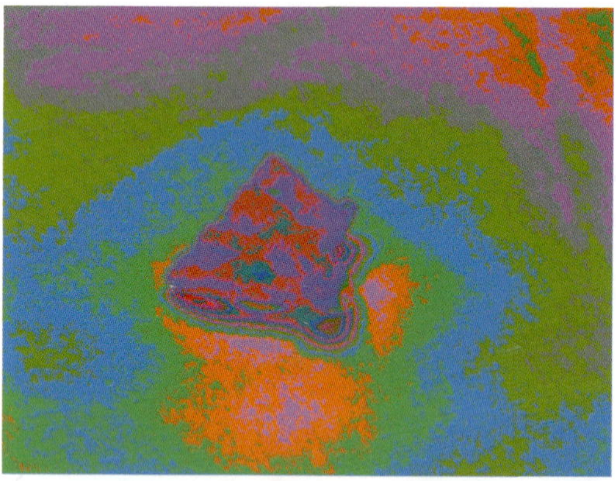

Abb. 28:
Bergkristall
mit pyramidenförmigen
Spitzen

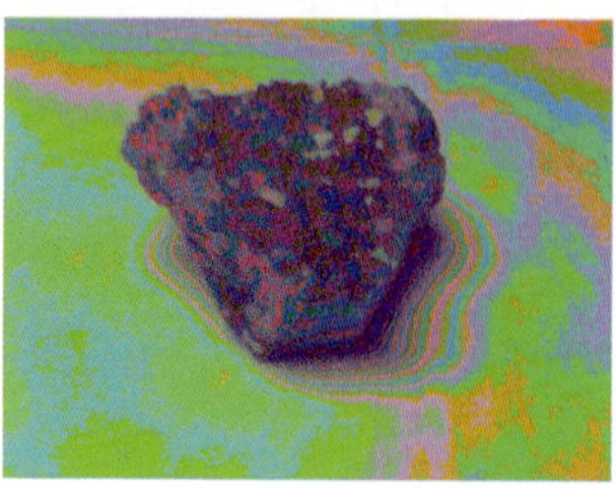

Abb. 29: Amethyst

Abb. 30: Labradorit

Abb. 31: Bergkristallspitze in der Untersuchung im Seraphim-Institut

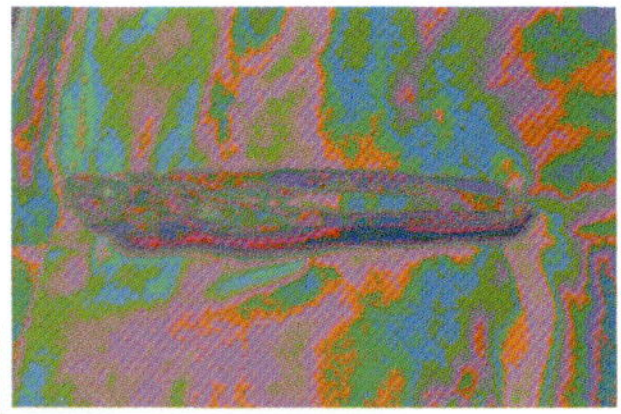

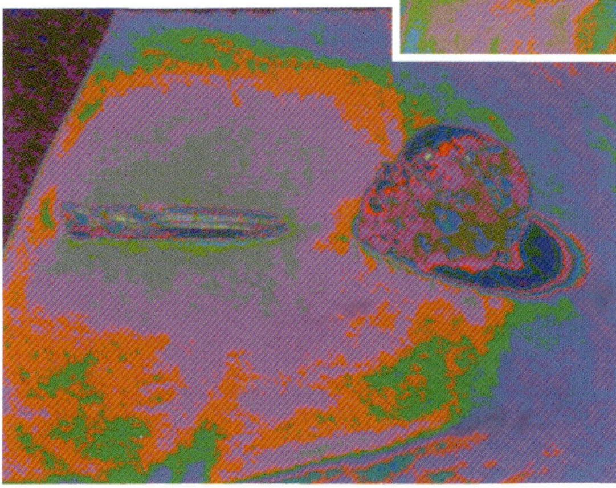

Abb. 32: Bergkristallspitze mit Corazon de Luz

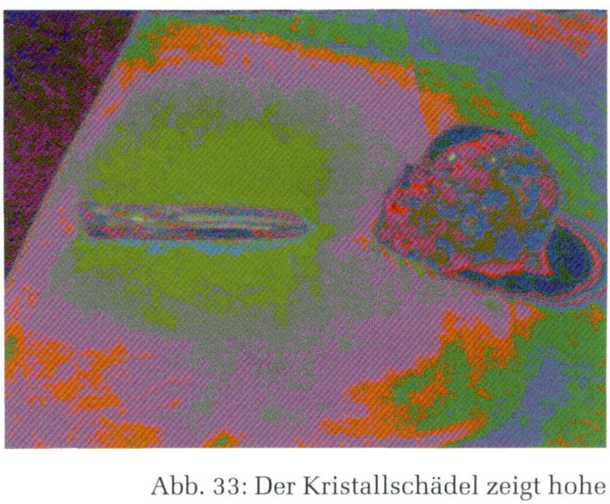

Abb. 33: Der Kristallschädel zeigt hohe Photonenaktivität und scheint mit der Bergkristallspitze zu korrespondieren

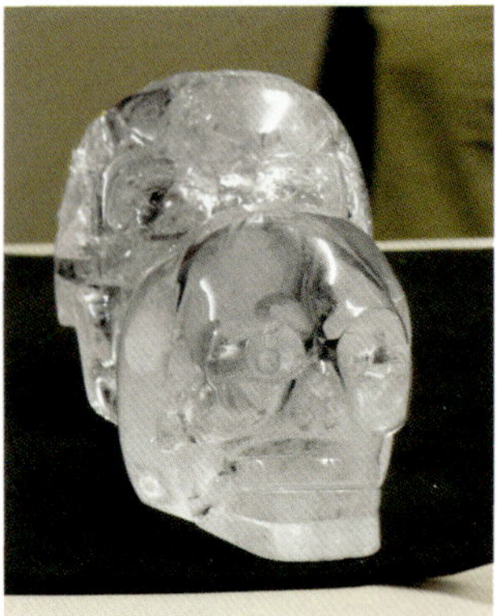

Abb. 34: Der Pariser Kristallschädel (vorne) und Corazon de Luz (dahinter)

Abb. 35: Photonenaufnahme: Pariser Kristallschädel und Corazon de Luz

Abb. 36: Die Energiewellen breiten sich aus

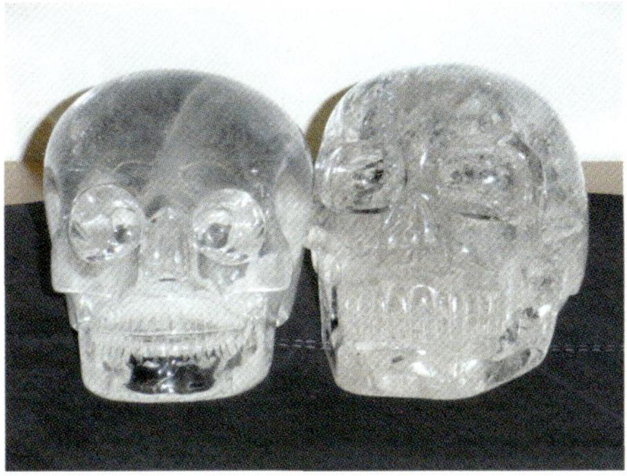

Abb. 37: Der Kristallschädel des British Museum (links) und Corazon de Luz

Abb. 38: Photonenaufnahme: Kristallschädel des British Museum (links) und Corazon de Luz

Abb. 39: Die beiden Kristallschädel erzeugen ein gemeinsames Kraftfeld

Abb. 40: Der Mitchell-Hedges-Kristallschädel (rechts) und Corazon de Luz

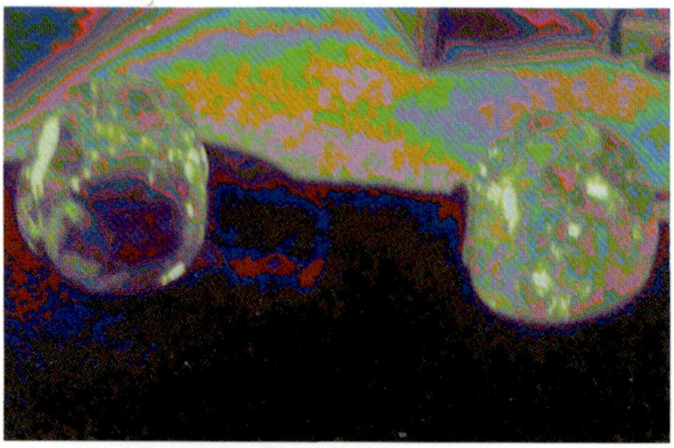

Abb. 41: Zwischen den Schädeln bildet sich eine Lichtbrücke

Abb. 42: Der Energiefluss verändert sich

Abb. 43: Bill Homann verbindet die Schädel

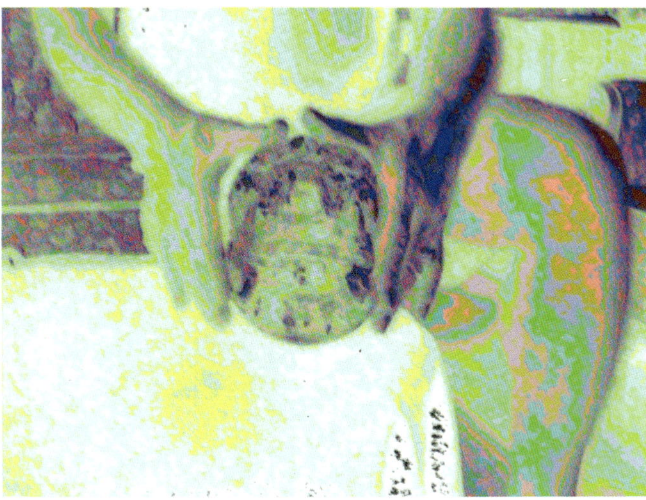

Abb. 44: Eine Stufenpyramide wird im Mitchell-Hedges-Kristallschädel sichtbar

Abb. 45: Baum am Rand des Steinkreises von Avebury, England

Abb. 46: Corazon de Luz aktiviert die Lebenskraft des Baumes

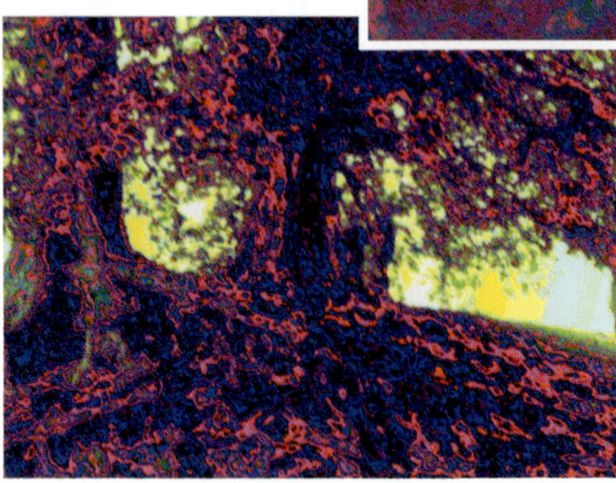

Abb. 47: Die roten Interferenzen breiten sich auf der Oberfläche des Baumes aus

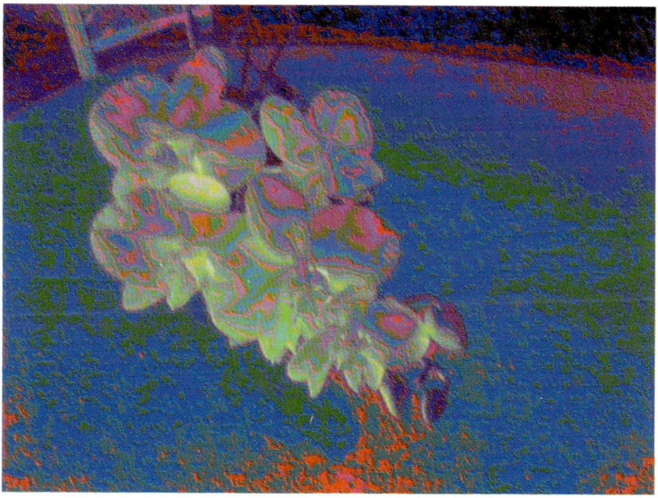

Abb. 48: Orchidee

Abb. 49: Corazon de Luz verändert das Energiefeld der Orchidee

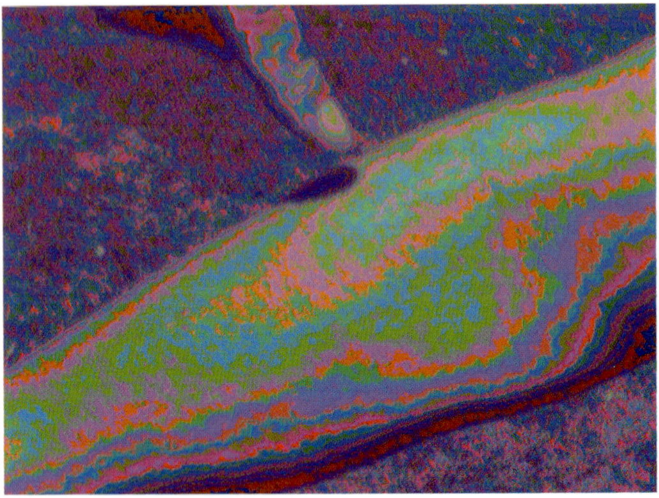

Abb. 50: Meridiane vor der Akupressur

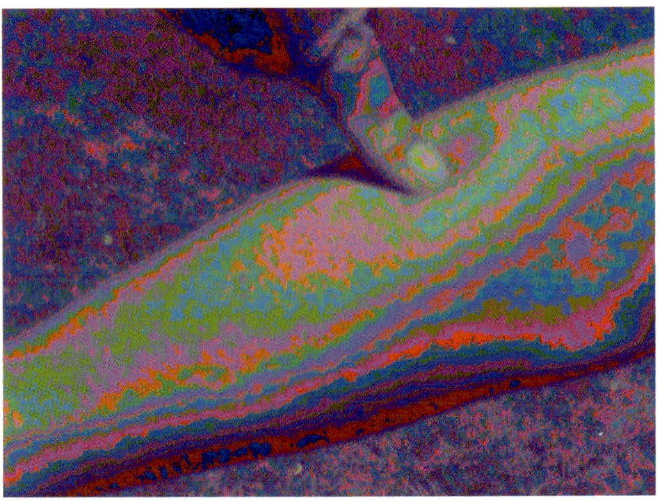

Abb. 51: Meridiane während der Akupressur

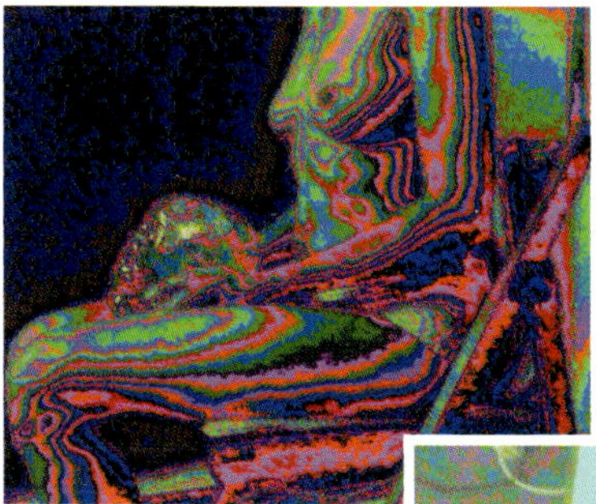

Abb. 52: Frau mit Corazon de Luz auf dem Schoß

Abb. 53: Das Energiefeld breitet sich ringförmig über den Schoß der Frau aus

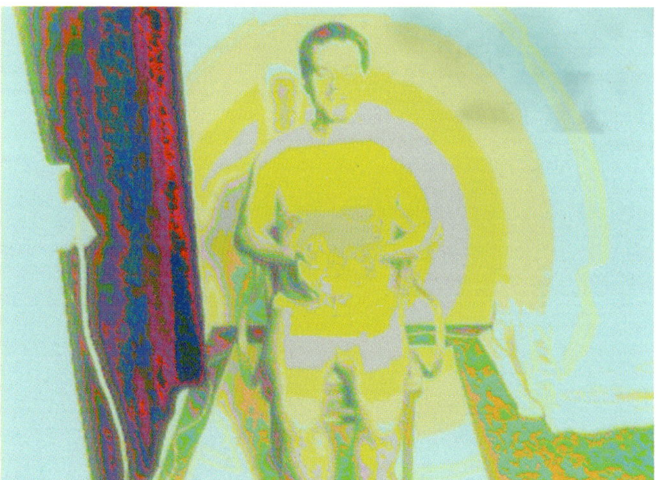

Abb. 54: Mann mit Corazon de Luz auf dem Schoß

Abb. 55: Pyramide, deren Proportionen maßstabsgetreu der Cheopspyramide entsprechen

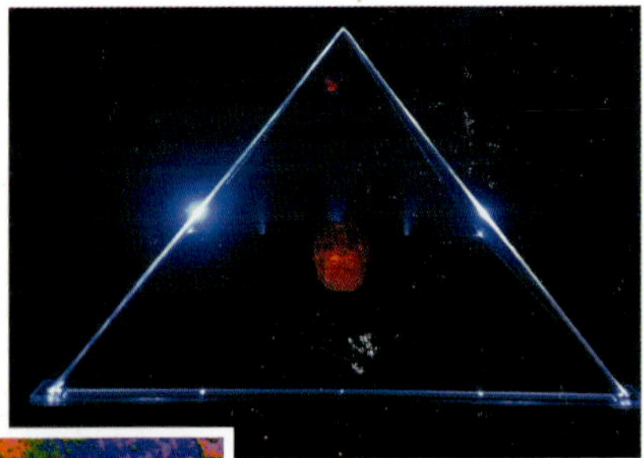

Abb. 56: Corazon de Luz sendet Energieströme aus

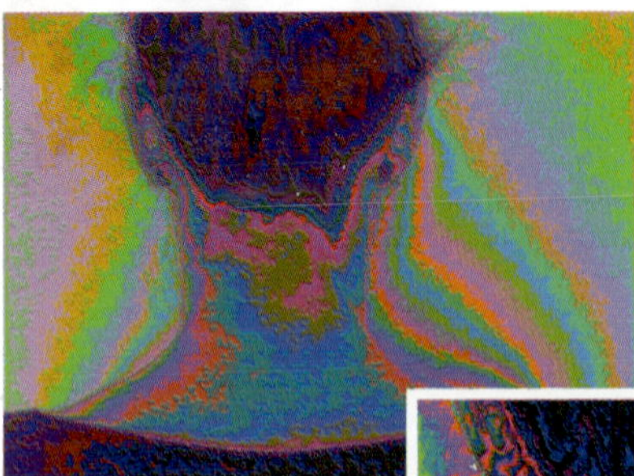

Abb. 57: Energiefeld des Hypothalamus

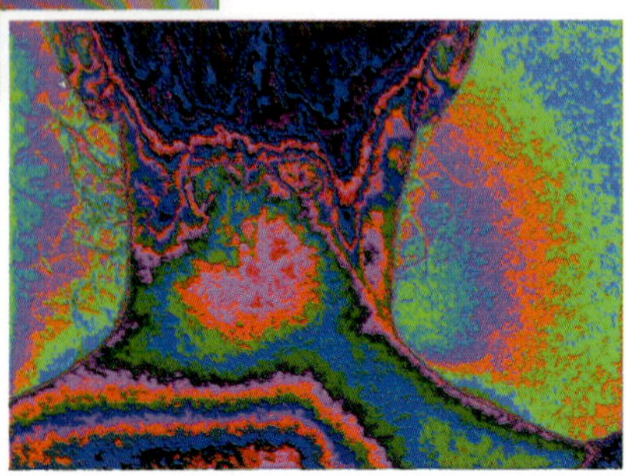

Abb. 58: Energiefeld des Hypothalamus nach Aktivierung durch Kristallschädel Corazon de Luz

für Lebensenergie steht, ist dies ein Hinweis darauf, dass das Wasser nur wenig Energie enthält. Es wirkt steril und unlebendig. Chlor und andere reinigende Stoffe scheinen ihm seine Lichtpartikel genommen zu haben. Photonenaktivität ist jedenfalls kaum festzustellen.

Im Gegensatz dazu hat das Wasser, welches wir an einer Quelle in Königstein (Taunus) abgefüllt und in einer Blauglasflasche transportiert hatten, ein deutlich höheres Energiefeld. In Abbildung 16 kann man die roten Interferenzen im Wasser gut erkennen. Dieses Quellwasser enthält deutlich mehr Photonenenergie als Leitungswasser.

Für die nächste Aufnahme (Abbildung 17) stellten wir ein Glas Leitungswasser auf einen Tisch und legten Corazon de Luz in geringem Abstand davor. Das Photonenbild zeigt farbige Interferenzen, die sich ringförmig um die beiden Objekte herum ausbreiten, und zwar über die ganze Tischplatte. Das Zentrum des Kreises bildet die Fläche um das Glas mit Leitungswasser. Auf dem Kristallschädel zeigen sich dunkelrosa Energieflecken. Die ringförmig angeordneten Interferenzen leuchten in den Farben Rot, Rosa, Blau, Grün, Orange und Violett.

Aktivierung des Rheinfalls von Schaffhausen

Die Ergebnisse unserer Versuche mit Leitungswasser und Quellwasser aus der Flasche machten mich neugierig darauf, ob der Kristallschädel auch schnell fließendes Wasser in der Natur aktivieren konnte. Daher beschloss ich, eine Untersuchung an einem der größten Wasserfälle Europas vorzunehmen, dem Rheinfall von Schaffhausen. Der Rheinfall ist 150 Meter breit und 23 Meter hoch. Bei normaler Wasserführung fallen etwa 700 Kubikmeter Wasser pro Sekunde über die Felsen in die Tiefe. Hier ist der Rhein noch relativ jungfräulich und weitgehend unbelastet von Industrie- und Umweltgiften, vielleicht ein wenig wie zu jener Zeit, als die vielen Sagen um diesen Fluss entstanden sind – Sagen über Drachen, Zwerge und das mysteriöse Rheingold, das immer noch irgendwo in den Tiefen dieses Flusses liegen soll. Würde es uns gelingen, das besondere Energiefeld des sagenumwobenen Vater Rhein mit der Photonenkamera festzuhalten? Wenn ja, dann sicher irgendwo hier, in der Nähe des Rheinfalls.

Diesmal reiste ich in Begleitung von Charis. Nach vier Stunden Autofahrt erreichten wir die Schweizer Grenze und übernachteten direkt am Rhein. Am nächsten Morgen machten wir uns auf den Weg zum Wasserfall. Es gibt zwei Wege dorthin. Wir wählten den über Schloss Lauffen, das unmittelbar oberhalb des Rheinfalls liegt. Von hier gelangt man über Treppen direkt zum Wasserfall. Schon von Weitem kann man die brodelnden Wassermassen hören, die kraftvoll über die Felsen stürzen, und der Anblick, der sich dem Besucher bietet, wenn er am Ende tatsächlich vor dem Wasserfall steht, ist einfach überwältigend (Abbildung 18).

Dennoch ist auf der Aufnahme, die wir vor der Aktivierung des Wasserfalls durch Corazon de Luz gemacht haben (Abbildung 19), nur ein relativ schwach wirkendes Energiefeld erkennbar. Photonenenergie ist zwar sichtbar, aber nicht in der erwarteten Stärke. Trotz der enormen Geschwindigkeit, mit der das Wasser hier fließt, sind nur rosa, hellgrüne und gelbe Interferenzen zu sehen, was auf eine relativ geringe Photonenaktivität schließen lässt.

Nachdem wir den Kristallschädel in unmittelbarer Nähe zum Wasser aktiviert hatten, entstand ein Bild (Abbildung 20), das Corazon de Luz auf einem schmalen Geländer direkt über dem Wasser des Rheins zeigt. Auf der Wasseroberfläche beginnen sich rote Lichtbänder auszubreiten – ein Zeichen für allmählich zunehmende Lebensenergie. Der Kristallschädel selbst leuchtet in Hellgelb und Grün – Farben, die auf Heilung, Lebensfreude und eine Verbindung zum Göttlichen hinweisen.

Die Photonenenergie breitete sich in Windeseile über die gesamte Wasseroberfläche aus. Diese wiederum korrespondierte mit dem Kristallschädel, der ununterbrochen pulsierte und sendete. In diesem Moment wünschte ich mir, das so aktivierte Wasser möge Frieden, Gesundheit, Licht und Liebe durch ganz Europa tragen.

An einer Bootsanlegestelle legten wir den wertvollen Kristallschädel ein paar Minuten lang auf die Kiesel im Flussbett und machten eine Aufnahme mit der Photonenkamera. Das Bild (Abbildung 21) zeigt den Kristallschädel Corazon de Luz unter der Wasseroberfläche im Flussbett des Rheins. Man kann der Aufnahme entnehmen, dass der Photonenfluss auch unter Wasser noch deutlich zu erkennen ist. Der Kristallschädel strahlt in Hellgrün und Gelb. Gelb steht für die Verbindung zum Göttlichen, Lebensfreude und Kommunikation. Grün ist die Farbe der Heilung.

Die Photonenaktivität des Kristallschädels breitete sich pulsierend überall im Wasser aus.

Das Schauspiel, das sich uns dann bot, war tief beeindruckend, was sich anhand des Photonenfotos, das wir davon machten, sicher nachvollziehen lässt (Abbildung 22).

Das Bild wurde von der Bootsanlegestelle aus aufgenommen, an der wir den Kristallschädel ins Flussbett gelegt hatten. Man sieht die fallenden Wassermassen, den Fluss, das Schloss über dem Wasserfall, Bäume und im oberen Drittel des Bildes am rechten Rand die Aussichtsplattform, auf der Menschen stehen, um sich den Wasserfall aus der Nähe zu betrachten. Der Wasserfall selbst leuchtet in den Farben Hellgelb und Grün. Die Oberfläche des Flusses glüht regelrecht in Rot, der Farbe, die Lebensenergie anzeigt. Die von den fallenden Wassermassen aufgewirbelte Gischt leuchtet ebenfalls in dunklem Rot. Ein sehr starkes Energiefeld erstreckt sich über den ganzen Fluss bis ins Unendliche – oder zumindest weiter, als unsere Kamera aufnehmen konnte.

Dies lässt viel Raum für Spekulationen. War die Energieleitfähigkeit des Flusses schon in alten Zeiten bekannt? Dann war es den Weisen alter Zeiten sicherlich möglich gewesen, den Fluss in ähnlicher Weise zu aktivieren, wie wir es gerade getan hatten, oder mit noch ganz anderen Mitteln, von denen wir heute überhaupt nichts mehr wissen. Wir hatten an diesem Tag trübes Wetter, wie man auf der ersten, mit einer normalen Kamera gemachten Aufnahme (Abbildung 18) unschwer erkennt. Aber sicherlich wirkt die Wasseroberfläche des Rheins bei günstiger Sonneneinstrahlung manchmal wie flüssiges Gold. Das Rheingold?

Die Legende vom Rheingold enthält, wie man weiß, zumindest ein Körnchen Wahrheit, und zwar im wahrsten Sinne des Wortes. Schon vor mehr als zweitausend Jahren suchten die Kelten und später auch die Römer und Alemannen im Rhein nach Gold – und fanden es auch, allerdings nur in kleinen Mengen. »Samen der Sonne« nannten sie es und machten Münzen und Schmuck daraus. Vor allem am badischen Oberrhein – also etwa dort, wo wir uns gerade aufhielten – hat die Goldwäscherei eine lange Tradition, doch die geringen Mengen Gold, die bis ins 19. Jahrhundert regelmäßig aus dem Sand des Flussbetts gefiltert wurden, reichten nie aus, um irgendjemanden reich zu machen.

Vielleicht ist mit dem sagenhaften Rheingold etwas ganz anderes gemeint. Könnte es nicht auch eine Metapher sein, zum Beispiel für die Fähigkeit des Flusses, Energien zu leiten, die mindestens ebenso wertvoll sind wie Gold? Über einen anderen großen Fluss, den Ganges, heißt es, er sei »göttliche Gnade, die in fassbarer Form unmittelbar an die Türen der Menschen fließt« (Zimmer, Seite 124). Uns jedenfalls hatte die Untersuchung des Rheinfalls sehr viel Kraft gegeben. Während der Aktivierung hatte ich ganz deutlich gespürt, wie mich eine starke Energie durchströmte. Ich durfte an diesem Tag sogar eine persönliche Heilung erleben, die ich nicht als Zufall bezeichnen kann. Vier Tage, bevor ich mit dem Kristallschädel hierher gekommen war, hatte ich mich einem operativen Eingriff an den Eierstöcken unterziehen müssen. Es war zu Komplikationen gekommen und eine weitere Operation war mir in Aussicht gestellt worden, weil sich Teile einer Zyste nicht vollständig hatten entfernen lassen. Unmittelbar nachdem wir die gerade beschriebenen Aufnahmen gemacht hatten, gingen wir zurück zum Auto, weil wir noch eine Aufnahme vom anderen Flussufer aus machen wollten. Plötzlich spürte ich einen starken Schmerz im Unterleib, und wenige Sekunden später schied mein Körper den Rest der unerwünschten Zyste auf natürliche Weise aus. Ich bin fest davon überzeugt, dass mich die Energie des Kristallschädels in Verbindung mit der Energie des Flusses vor einer weiteren Operation bewahrt hat. Dankbarkeit durchflutete mich wie eine sanfte Woge.

Und weil ich so viel neue Kraft bekommen hatte, sah ich mein nächstes Ziel schon ganz klar vor Augen. Ich wollte Corazon de Luz mit anderen Kristallschädeln zusammenbringen. Doch zuvor musste ich ganz allgemein untersuchen, wie der Kristallschädel wohl auf andere Kristalle wirken würde.

CORAZON DE LUZ VERÄNDERT DAS ENERGIEFELD VON KRISTALLEN

An anderen Stellen in diesem Buch haben Sie ja bereits einige wichtige Informationen über Quarzkristalle bekommen, vor allem natürlich über den Bergkristall, das Material, aus dem alle älteren Kristallschädel bestehen (siehe Seite 80 und 125). Mit diesem Wissen wird es Ihnen sicher leicht fallen, die folgenden Versuche nachzuvollziehen. Wir gehen davon aus, dass jeder Kristall von seiner Grundstruktur her bereits eine gewisse Photonenaktivität aufweist, und die wollen wir nun mithilfe der Photonenaufnahmen sichtbar machen.

Rosenquarz

Rosenquarz ist eine rosafarbene Varietät von Quarz, sehr eng mit dem Bergkristall verwandt. Schon in der Antike wurde dieser Kristall mit Liebe und Fruchtbarkeit in Verbindung gebracht. Man verwendete ihn zur Heilung von Herzbeschwerden und Frauenleiden, aber auch im Rahmen von Liebeszaubern. Er soll ausgleichend und heilend auf die Gefühle wirken und vor emotionalen Verletzungen schützen. Reiner Aberglaube? Ich wollte mit der Photonenkamera beweisen, dass das Energiefeld des Kristalls eine messbare Wirkung auf den menschlichen Körper hat.

Zunächst machte ich eine Aufnahme von dem ungeschliffenen Rosenquarz (Abbildung 23). Auf dem Photonenfoto erkennt man den dreieckigen Stein, umgeben von einem ruhigen, rosafarbenen Energiefeld, das nach oben hin von Farbbändern in Orange und Grün begrenzt wird. Die Farbe Rosa steht nach der Farbenlehre für Liebe. Orange symbolisiert die Verbindung mit dem Göttlichen, Grün steht für Heilung. Der Stein selbst ist mit kleinen Flecken in den Farben Rot, Rosa, Grün und Blau gesprenkelt. Es fällt auf, dass der Stein eher gleichmäßig und ruhig pulsiert. Dies scheint ein Hinweis auf seine beruhigende Wirkung zu sein.

Würde es mir gelingen, mit der Photonenmessmethode zu dokumentieren, wie ein Rosenquarz auf das Energiefeld eines Menschen wirkt? Da Kinder solchen Experimenten am ehesten neutral und unvoreingenommen gegenüberstehen, machte ich den Versuch mit meiner dreieinhalbjährigen Tochter Linda. Ihr machte es Spaß, aktiv an meinen Forschungen mitzuwirken und dabei auch noch fotografiert zu werden. Von der angeblichen Wirkung des Rosenquarzes wusste sie nichts, und ich erzählte ihr auch nichts darüber. Zunächst fotografierte ich ihr Photonenfeld ohne den Rosenquarz, um einen neutralen Vergleich zu haben (Abbildung 24).

Das Bild wurde aus einer Entfernung von etwa einem Meter aufgenommen und zeigt Lindas Meridianfeld. Im Bereich des Herzchakras kann man ein gleichmäßig grünes Energiefeld erkennen, das bis zu den Schultern reicht. An der Wand hinter ihr sieht man die Reflexion ihres Energiefelds in den Farben Blau, Rosa, Grün, Orange und Violett.

Anschließend gab ich ihr jenen Rosenquarz in die Hand, den ich vorher bereits allein fotografiert hatte (Abbildung 23). Linda hielt die ganze Zeit die Augen geschlossen. Sie konnte also nicht sehen, welchen Stein ich ihr gab. Sie hielt den Stein an ihr Herzchakra, und ich machte die nächste Aufnahme mit der Photonenkamera. Das Ergebnis verblüffte mich sehr. Auf dem nächsten Bild (Abbildung 25) hält Linda den Rosenquarz in ihrer linken Hand. Man kann deutlich erkennen, wie der Rosenquarz die gesamte Fläche um das Herzchakra rosa gefärbt hat. Das ursprüngliche Grün ist bis auf wenige Flecken verschwunden. Die Farbe Rosa ist die Hauptfarbe des Rosenquarzes, wie wir in Abbildung 23 ja bereits deutlich gesehen haben. Das Rosa des Kristalls dringt sogar durch die Hand nach außen.

Etwa eine Minute später machte ich eine weitere Aufnahme. Auf diesem Bild (Abbildung 26) sieht man deutlich, dass sich die rosafarbene Fläche im Bereich des Herzchakras weiter ausgebreitet hat und dass die Farbe noch intensiver geworden ist. Auch das Energiefeld um meine Tochter herum strahlt jetzt in kräftigem Rosa. Es ist deutlich zu sehen, dass der Rosenquarz das Energiefeld dieses Kindes verändert hat, das dem Versuch völlig neutral gegenüberstand.

Wenn es eines Beweises bedurft hatte, war er hiermit erbracht: Dieser Rosenquarz war offenbar in der Lage, das Energiefeld eines Menschen zu verändern. Allein daraus lässt sich natürlich nicht so einfach folgern, dass Kristalle Informationen übertragen können, aber wir haben noch viele andere Versuche gemacht, die diese Annahme allesamt bestätigt haben. Die Heilwirkung von Edelsteinen und Mineralien ist also definitiv keine Frage des Glaubens oder gar Aberglaubens.

Was beim Untersuchen von Kristallen mit der Photonenkamera zu beachten ist

Mineralien wirken unter anderem über ihre chemische Zusammensetzung. Sie haben aufgrund der unterschiedlichen Mineralstoffe, die sie enthalten und denen sie auch ihre Farben verdanken, eine jeweils eigene elektromagnetische Schwingung, die sich entsprechend auf das Energiefeld des Menschen auswirkt. Wir haben, wie gesagt, viele verschiedene Mineralien und Kristalle untersucht und mit der Photonenkamera aufgenommen. Es würde zwar den Rahmen dieses Buches sprengen, alle diese Bilder hier zu veröffentlichen, aber die schönsten und aussagefähigsten wollen wir Ihnen nicht vorenthalten. Kristalle unterscheiden sich übrigens nicht nur in ihrer chemischen Zusammensetzung (Farbigkeit), sondern auch hinsichtlich der Qualität der abgegebenen elektromagnetischen Strahlung beziehungsweise der ausgesendeten Schwingungen. So zeigen sich beispielsweise bei unbearbeiteten Steinen oder Kristallen (Rohfassungen) relativ chaotische Interferenzen, während geometrische Formen oder Strukturen, zum Beispiel von Kristallspitzen, ein eher geordnetes Energiefeld ausstrahlen. Das macht deutlich, dass sich die Energie des Kristalls in jedem Fall verändert, wenn er bearbeitet oder in eine spezielle Form gebracht wird. Für alle Kristalle gilt, dass ihre Fähigkeit, ein geordnetes elektromagnetisches Feld auszustrahlen, deutlich höher ist, wenn sie eine geometrische Form haben – entweder weil sie so gewachsen sind oder weil sie entsprechend geschliffen wurden.

Bergkristall

Das soeben Erläuterte wird am Beispiel von zwei Bergkristallen mit der gleichen chemischen Zusammensetzung deutlich. Der erste ist von Natur aus eher unförmig und hat nur wenige Spitzen. Er wurde weder geschliffen noch auf andere Weise bearbeitet. Auf dem mit der Photonenkamera aufgenommenen Bild (Abbildung 27) kann man unterschiedliche Farbmuster auf dem Stein selbst und auch um ihn herum erkennen. Das Energiefeld ist nicht ruhig und geordnet wie das des Rosenquarzes (Abbildung 23), sondern wirkt wie aus Einzelteilen zusammengesetzt – wie ein Puzzle. Die Farben Rosa, Blau, Grün, Orange, Rot und Violett decken das ganze Farbspektrum ab und zeigen an, dass der Bergkristall in allen Frequenzen des Regenbogens strahlt.

Der zweite Bergkristall wurde ebenfalls nicht bearbeitet, aber im Gegensatz zu dem gerade beschriebenen hat er während seines Wachstums einige Kristallspitzen ausgebildet. Daher sieht er auf dem Photonenfoto ganz anders aus. Das Bild (Abbildung 28) zeigt einen Bergkristall mit mehreren pyramidenförmigen Spitzen, die nach oben zeigen und die Fließrichtung der Photonen zu bestimmen scheinen. Die Oberfläche des Bergkristalls leuchtet deutlich intensiver als die seines eher unförmigen Verwandten, und die Interferenzen um ihn herum verlaufen in geordneten Ringen. Gleichmäßige Impulse scheinen sich vom dem Stein nach außen zu bewegen. Dieser Bergkristall kann also deutlich stärkere Impulse aussenden als ein Bergkristall ohne Spitzen.

Auf entsprechenden Aufnahmen von dem Kristallschädel sind immer völlig harmonische, ringförmig verlaufende Photonenfelder zu sehen. Das bestätigt zumindest, dass die Sendefähigkeit eines Kristalls nicht nur von seiner chemischen Zusammensetzung abhängig ist, sondern auch von seiner Form, aber natürlich spielt auch die Art des Kristalls eine Rolle.

Amethyst

Zum Vergleich machten wir eine Photonenaufnahme von einem Amethysten (Abbildung 29). Der Amethyst gehört ebenfalls zu den Quarzen, besteht also wie der Bergkristall aus Siliziumoxid. Seine Farbe verdankt er Einschlüssen von Mangan und Eisen. Unser Exemplar hat ebenfalls gleichmäßige, pyramidenförmige Spitzen, die nach oben zeigen. Man kann auf dem Foto erkennen, dass sich eine dichte grüne Fläche im Umfeld des Steins ausgebreitet hat. Direkt unter dem Stein und um ihn herum sieht man ein Resonanzfeld aus feinen, fast hauchdünnen Linien. Der auf dem Bild vorherrschende Farbton ist Grün, die Farbe der Heilung.

In der Edelsteinheilkunde wird der Amethyst als reinigender und klärender Stein eingesetzt, auch ganz allgemein zur Entgiftung des Körpers und zur Stärkung der Abwehrkräfte. Seine Heilkraft wurde schon von Hildegard von Bingen gepriesen. Grün als Farbe der Heilung und Erneuerung passt also sehr gut zu ihm.

Labradorit

Weil Rosenquarz, Bergkristall und Amethyst zur Familie der Quarze gehören und sich in ihrer Mineralstruktur sehr ähnlich sind, haben wir auch noch einen Stein aus einer ganz anderen Familie untersucht. Der Labradorit ist ein Feldspat und gehört in die Mineralklasse der Silikate. Er schimmert in den Farben Blau, Violett und Grün, gelegentlich aber auch in anderen Farben.

Die Photonenaufnahme (Abbildung 30) zeigt einen polierten Labradorit. Um den Stein breitet sich ein regelmäßiges Feld in den Farben Violett und Grün aus. Auch dieses Energiefeld wirkt ruhig und geordnet. Auffällig ist jedoch, dass auf der polierten Oberfläche des Labradorits keine besonders hohe Photonenaktivität festzustellen ist – ganz entgegen meiner Vermutung. Ich war der Ansicht gewesen, dass diese Mineralmischung, die über sehr hohe Lichtbrechungsfähigkeiten verfügt (daher auch ihr auffälliges Farbenspiel), auch eine besonders hohe Photonenaktivität entwickeln würde. Das aber war offenbar nicht der Fall.

Das werte ich als Beweis dafür, dass Quarzkristalle die mit Abstand höchste Photonenaktivität entwickeln. Vielleicht erklärt das auch, warum die meisten Kristallschädel aus Bergkristall gefertigt wurden. Rosenquarz und Amethyst halte ich allerdings für ebenso gut geeignet, um die Resonanzfelder des Menschen zu erhöhen oder generell Informationen in Form von elektromagnetischer Schwingung oder Photonenresonanzen zu übermitteln.

Corazon de Luz energetisiert Kristalle

Im Rahmen der Untersuchungen, die ich an Kristallen durchführte, fiel mir noch etwas auf: Jeder Kristall, den ich in die Nähe des Kristallschädels Corazon de Luz brachte, wurde von ihm energetisiert. Auf entsprechenden Photonenaufnahmen ist immer wieder deutlich zu erkennen, dass der Kristallschädel zu senden beginnt, sobald sich ein anderer Kristall in seinem näheren Umfeld, also in seinem Resonanzfeld befindet.

Im Auftrag einer Kundin sollte ich untersuchen, ob eine große Bergkristallspitze aus ihrem Besitz mit dem

Kristallschädel korrespondierte. Zunächst fotografierte ich nur die etwa dreißig Zentimeter lange Bergkristallspitze. Die Photonenaufnahme (Abbildung 31) zeigt ein paar rote Streifen auf der Oberfläche der Bergkristallspitze, die auf den Fluss der Lebensenergie hinweisen. Man kann auch sehen, dass der Kristall über die Spitze sendet, denn dort erkennt man Interferenzen in den Farben Rot, Rosa, Blau, Grün und Orange. Das Energiefeld wirkt aber nicht symmetrisch, sondern eher »unsortiert«.

Anschließend machten wir eine Photonenaufnahme von der Bergkristallspitze und Corazon de Luz. Das Bild (Abbildung 32) zeigt den Kristallschädel auf einem Tisch und direkt vor ihm die Bergkristallspitze. Die farbigen Interferenzen zeigen sich auf der gesamten Tischplatte und bilden ein kreisförmiges Feld, das beide Objekte einschließt. Das Zentrum des Kreises bildet die Fläche unter der Bergkristallspitze und um sie herum. Auf dem Kristallschädel sind fleckige Energiefelder in Dunkelrosa zu sehen. Man kann deutlich erkennen, dass der Kristallschädel in Intervallen elektromagnetische Impulse in Richtung der Bergkristallspitze sendet. Die dadurch ausgelösten Interferenzen zeigen sich in den Farben Rot, Rosa, Grün, Orange und Violett. Diese Farben stehen für Lebensenergie, Liebe, Verbindung mit dem Göttlichen, Heilung und Transformation.

Das nächste Bild (Abbildung 33) wurde ein paar Minuten später aufgenommen. Das kreisförmige Feld um beide Objekte hat die Farbe gewechselt. Unmittelbar um die in Bergkristallspitze leuchtet es jetzt in Grün, etwas weiter außen in Rosa und noch weiter außen in Orange. Auf der Oberfläche der Bergkristallspitze sind feine rote Linien zu erkennen, die für eine aktive Programmierung des Objekts sprechen. Der Kristallschädel zeigt eine hohe Photonenaktivität und scheint mit der Bergkristallspitze zu korrespondieren.

Wie würde sich der Kristallschädel wohl verhalten, wenn man ihn mit anderen Kristallschädeln zusammenbrächte? Ich wusste zwar, dass es nicht ganz leicht sein würde, an die anderen Kristallschädel heranzukommen oder sie gar zu untersuchen, doch irgendwie musste es gelingen. Ich war bereit für ein neues Abenteuer.

KRISTALLSCHÄDEL KOMMUNIZIEREN MITEINANDER

Corazon de Luz trifft den Pariser Kristallschädel im Musée du Quai Branly

Immer wieder hatte ich mich gefragt, ob es mir wohl gelingen würde zu beweisen, dass die älteren Kristallschädel miteinander kommunizieren. Angenommen, die Kristallschädel tragen tatsächlich eine besondere Programmierung oder Information, die sich nur entfalten kann, wenn sie sich gegenseitig aktivieren ... Zu den berühmten Kristallschädeln, die angeblich in Mittelamerika gefunden wurden und im 19. Jahrhundert nach Europa kamen, gehört auch das sogenannte Pariser Exemplar. Dieser Kristallschädel war früher im Musée de l'homme ausgestellt, ist aber im Jahr 2006 in das neu erbaute, wunderschöne Musée du Quai Branly gezogen. Während des Umzugs war der wertvolle Schädel eine Zeit lang in einem Container untergebracht und selbst dem Kurator des Museums nicht zugänglich. Ich musste mehr als ein Jahr warten und mehrmals nachfragen, bis ich endlich den positiven Bescheid bekam, der es mir ermöglichte, den Pariser Kristallschädel mit der Photonenkamera zu vermessen und ihn vor allem mit Corazon de Luz kommunizieren zu lassen. Ich war ganz überwältigt, als ich die lang ersehnte Genehmigung endlich in Händen hielt. Es kam mir fast wie ein Wunder vor, und ich war fest davon überzeugt, dass Corazon de Luz dies auf der energetischen Ebene mitbewirkt hatte.

Die Träume, die ich seit Beginn der Untersuchungen eigentlich jede Nacht hatte, wurden immer intensiver, und je mehr ich am Tag forschte und in der Nacht träumte, desto offener wurde ich für das Phänomen Kristallschädel. Es schien, als sei ich immer mehr mit ihm in Verbindung und immer empfänglicher für seine Botschaften. Immer wieder spürte ich, wie die sogenannten »Zufälle« in mein Leben eingriffen. Ich hatte das Gefühl, dass mir der Kristallschädel auf meinem Weg durchs Leben genauso behilflich war, wie ich ihm half, seine Aufgabe zu erfüllen – eine Aufgabe, von der ich nicht die geringste Ahnung hatte. Ich hatte mich tatsächlich völlig ahnungslos und sogar irgendwie ungläubig an die Erforschung dieses Mysteriums gemacht, doch nun wusste ich einfach, dass die Begegnung mit den anderen Kristallschädeln eine große Sache werden würde, und bereitete mich entsprechend darauf vor. Weil ich um keinen Preis riskieren wollte, zu spät zu meinem Termin im Museum zu erscheinen, beschloss ich, einen Tag früher nach Paris zu reisen. Auch diesmal stellte ich wieder ein Team zusammen, das mich auf dieser Reise begleiten sollte. Christa, Tobias, Kamer und ich fuhren mit dem Auto und nahmen den Kristallschädel mit. Peter wollte einen Tag später mit dem Zug nachkommen. Wir übernachteten in einem netten kleinen Hotel im Zentrum von Paris. Ich spürte, dass der Kristallschädel wieder einmal anfing, sein elektromagnetisches Feld zu aktivieren. Er hatte dies jedes Mal getan, wenn eine besondere Untersuchung bevorstand oder wir mit ihm einen besonderen Kraftplatz aufgesucht hatten. Nach der langen Autofahrt schlief ich sofort ein und träumte.

Die Traumbilder waren von einer ganz besonderen, fast realen Qualität – nicht so vage und nebulös, wie Traumbilder sonst oft sind. Ich sah mich selbst in einem unterirdischen Tunnelsystem aus massivem, kaltem Stein. Der Traum war so realistisch, dass ich sogar den feuchtkalten Geruch der massiven Steinblöcke in der Nase hatte. Im Halbdunkel tastete ich mich an der Wand entlang und ging auf den bläulichen Lichtschimmer zu, der sich am Ende des Tunnels abzeichnete. Das Licht wurde immer heller. Schließlich mündete der Gang in einen wundervollen Saal, der von diesem übernatürlichen Licht erhellt wurde. Der Saal selbst wirkte eher karg, aber der Steinboden schimmerte im unwirklichen Licht, und zwischen steinernen Säulen erblickte ich in der Mitte des Raumes einen prunkvollen Altar aus weißem Alabaster. In einer aus goldenen Stangen gebauten Pyramide ruhte ein Kristallschädel. Er leuchtete in einem intensiven blauen Licht – eben jenem Licht, das den gesamten Raum erhellte. Vorsichtig näherte ich mich dem Kristallschädel und bemerkte, dass er irgendwie lebendig wirkte. Er bestand aus fast völlig durchsichtigem Bergkristall und seine Oberfläche glänzte wie poliertes Glas. Als ich ganz nah vor ihm stand und ihn berühren wollte, leuchtete der Kristallschädel plötzlich gleißend hell auf und ich musste mich abwenden, um meine Augen vor dem blendenden Lichtstrahl zu schützen. Doch kaum hatte ich mich abgewendet, hörte ich ein Flüstern, das sich wie eine Art Gesang im Raum ausbreitete. Ich erschrak und warf mich auf den Boden. Ein warmes Gefühl durchfloss mich. Eine positive Kraft berührte mein eigenes inneres Wesen. Dennoch wagte ich nicht, den Blick zu erheben. Ein warmer Windhauch berührte mich und ich hörte eine Stimme. Sie flüsterte in einer Art Singsang und in einer Sprache, die ich nicht kannte. Ich fühlte, wie mir warm ums Herz wurde. Eingehüllt in ein Gefühl der Geborgenheit und Wärme fiel ich in einen traumlosen Schlaf.

Als ich am nächsten Morgen erwachte, wusste ich, dass der Kristallschädel mit mir gesprochen hatte – im Traum. Sofort untersuchte ich die Tasche, in die ich ihn gepackt hatte, und stellte beruhigt fest, dass er sich immer noch darin befand. Ungläubig betrachtete ich mein Gesicht im Spiegel des kleinen Badezimmers. Hatte ich das alles nur geträumt? Es hatte sich so real angefühlt.

Nach dem Frühstück machten wir uns auf den Weg zum Museum. Weil wir uns den Pariser Verkehr nicht zumuten wollten, bestellten wir zwei Taxis. Peter und Tobias übernahmen den Transport des Kristallschädels, Christa, Kamer und ich hatten die Filmausrüstung dabei. Eigentlich sollten wir gleichzeitig losfahren, aber das zweite Taxi hatte Verspätung. Also fuhren wir mit dem ersten Taxi schon voraus, um auf jeden Fall pünktlich im Museum zu sein. Peter und Tobias sollten nachkommen. Verabredet waren wir vor dem Haupteingang des Museums. Als wir dort ankamen, beschlich mich ein merkwürdiges Gefühl. Hatte ich einen Fehler gemacht, indem ich die Filmausrüstung von dem Kristallschädel getrennt hatte? Wir warteten, doch die beiden anderen kamen nicht. Wir warteten eine geschlagene Stunde. Keiner zu sehen. Ich war der Verzweiflung nahe. Warum in Gottes Namen hatte ich mich bloß von dem Kristallschädel getrennt? Erst nach einer weiteren halben Stunde beschloss ich, im Museum anzurufen und mich für die Verspätung zu entschuldigen. Wie peinlich. Da hatte ich den bisher wichtigsten Termin mit einem Kristallschädel, und jetzt das. Glücklicherweise erfuhr ich auf diese Weise, dass Tobias und Peter bereits im Museum waren und auf uns warteten. Endlich betraten auch wir das Museum. Herr Le Fur, der für den Kristallschädel zuständige Konservator, begrüßte uns und führte uns in die Sammlung. An mehreren Sicherheitsbeamten vorbei ging es in einen für die Untersuchung vorbereiteten Raum tief unter der Erde.

Der Tisch, auf dem der Kristallschädel stand, war mit weißem Pergamentpapier ausgelegt und der Kristallschädel selbst war mit dem gleichen dünnen Papier bedeckt. Nachdem wir uns kurz mit Herrn Le Fur unterhalten hatten, platzierten wir Corazon de Luz direkt neben den Kristallschädel des Museums und konnten die beiden nun miteinander vergleichen. Der

Pariser Kristallschädel ist deutlich kleiner als Corazon de Luz, besteht aus weniger klarem Bergkristall und hat einen völlig anderen Gesichtsausdruck (Abbildung 34). Er wirkt irgendwie erhaben und kraftvoll. Das Auffälligste an diesem Schädel ist eine Aushöhlung oder Bohrung, die von der Schädeldecke senkrecht durch den ganzen Kopf verläuft. Außerdem hat der Schädel einen winzigen Fehler seitlich am Hinterkopf. Es sieht aus, als sei er an dieser Stelle einem Feuer ausgesetzt gewesen. Dieses kleine Loch reicht bis ungefähr einen Millimeter unter die Oberfläche des Kristalls, und es sieht aus, als sei hier ein kleines Stück von dem harten Material abgeplatzt. Möglicherweise war dieser Kristallschädel, als man ihn vor über hundert Jahren gefunden hat, vielleicht durch einen Brand verschmutzt oder beschädigt gewesen. Vielleicht war er für den späteren Verkauf aufpoliert worden, aber diese kleine Stelle hatte man nicht wegpolieren können, weil sie zu tief unter der Oberfläche liegt. Nach offiziellen Angaben des Museums handelt es sich bei diesem Kristallschädel vermutlich um eine Fälschung. Diese Vermutung resultiert aus Oberflächenuntersuchungen und jenen Herkunftsrecherchen, die in Teil 1 bereits angesprochen wurden. Wie ich aber auch schon erwähnte, sind all dies keine wirklichen Beweise, sondern lediglich Vermutungen, mit denen ich mich auch nicht weiter beschäftigen wollte, denn mir ging es ja vor allen darum festzustellen, ob die beiden Kristallschädel miteinander kommunizierten. Oder anders ausgedrückt: Ich wollte untersuchen, ob eine Aktivierung der elektromagnetischen

Felder oder eine erhöhte Photonenaktivität messbar ist, wenn die Kristallschädel einander berühren.

Als Erstes stellte ich fest, dass die beiden Kristallschädel tatsächlich unterschiedliche Photonenfelder ausstrahlten. Zu Beginn der Untersuchung schien sich nichts wirklich Sensationelles zwischen den beiden abzuspielen. Doch plötzlich fiel mir ein pulsierendes Feld auf, das sich über den ganzen Tisch ausbreitete. Auf der gesamten Arbeitsfläche war ein regelrechtes Lichtspektakel zu sehen.

Für das Fotografieren mit der Photonenkamera waren die gegebenen Bedingungen leider alles andere als ideal. Das Museum hatte aus Sicherheitsgründen eine schwarze Gummimatte unter die beiden Kristallschädel legen lassen. Das schwarze Material sollte die Kristallschädel vor Kratzspuren schützen. Der Nachteil war, dass die schwarze Farbe die Interferenzen optisch verschluckte und es daher schwer war, gute Aufnahmen von der Photonenaktivität der beiden Geheimnisträger zu machen. Eine dieser Aufnahmen will ich Ihnen dennoch nicht vorenthalten. In Abbildung 35 sehen Sie die beiden hintereinander liegenden Kristallschädel frontal aufgenommen. Der etwas kleinere Pariser Kristallschädel liegt vor Corazon de Luz. Deutlich kann man die relativ gleichmäßige rosa Färbung der beiden Kristallschädel erkennen. Die elektromagnetischen Impulse breiten sich in gut sichtbaren, ringförmigen Wellen im ganzen Raum aus, und zwar in intervallartigen Schüben. Eine dieser Wellen konnten wir etwa zwanzig Minuten lang über den Kristallschädeln beobachten. Die Lichtringe pulsieren in den Farben Rosa, Grün, Hellblau und Orange.

Während wir diese Untersuchungen machten, wurde mir ziemlich heiß in dem engen Raum. Ich spürte das Energiefeld der Kristallschädel als Hitzewellen in meinem Körper. Eine zweite Welle aus Energie ergoss sich über die gesamte Tischfläche. In dem kurzen Video, das ich davon drehen konnte, sieht man farbige Wellen, die sich wie Meereswellen über die gesamte Arbeitsfläche des Tisches ausbreiten (Abbildung 36). Dieser Vorgang dauerte etwa eine Viertelstunde. Danach begannen beide Kristallschädel in der gleichen rosa Farbe zu leuchten. Der scheinbar leblose Kristall erwachte förmlich zum Leben. Die Übertragung schien ihren Höhepunkt erreicht zu haben. Das war mehr, als ich zu hoffen gewagt hatte. Hier war ein Energiefeld entstanden, das im ganzen Raum deutlich wahrgenommen und gemessen werden konnte.

Wir versuchten, so viele Aufnahmen wie möglich zu machen, doch leider war unsere Zeit im Museum auf eine Stunde limitiert. Als sie abgelaufen war, konnten wir uns nur schwer trennen. Es war einfach wundervoll gewesen, die beiden Kristallschädel in Aktion zu erleben. Offensichtlich hatten sie die ganze Zeit einen unaufhörlichen Strom elektromagnetischer Impulse produziert. Mittlerweile bin ich sicher, dass jeder Schädel eigene Informationen enthält. Jeder ist praktisch eine Datenbank für sich, die aber nur aktiviert werden kann, wenn die Kristallschädel einem bestimmten Frequenzfeld ausgesetzt sind. Es ist etwa so wie bei einem Radiosender, der auf einer bestimmten Frequenz sendet. Ist der Empfänger (das Radio) ebenfalls auf die richtige Frequenz eingestellt, können die Daten übertragen werden. Die Kristallschädel kommunizieren aber nicht nur, sondern aktivieren sich auch gegenseitig, wenn sie miteinander in Berührung kommen.

Ich war sehr bewegt von diesem Erlebnis und wollte nun auf jeden Fall auch noch weitere Kristallschädel in meine Untersuchungen einbeziehen. Der ebenfalls sehr berühmte Kristallschädel des Britischen Museums in London war mein nächstes Ziel.

Corazon de Luz und der Kristallschädel des Britischen Museums

Während ich mich derart intensiv mit den Kristallschädeln beschäftigte, geschah so manches Wunder. Irgendeine Veränderung kündigte sich an. Ich spürte ganz deutlich, dass Corazon de Luz auf eine besondere Weise aktiv geworden war, nachdem er seinen ersten »Bruder« in Paris getroffen hatte. Sein elektromagnetisches Feld und die damit einhergehende Photonenaktivität waren seit der Begegnung in Paris deutlich stärker geworden. Parallel dazu waren meine Träume immer intensiver geworden. Ich beschloss, den Kristallschädel für Friedensmeditationen öffentlich zugänglich zu machen. In kostenlosen Abendveranstaltungen exponierten wir den Kristallschädel in einer Pyramide, die genau nach dem Proportionsverhältnissen der Cheopspyramide hergestellt worden war. Ich hatte das deutliche Gefühl, dass der Kristallschädel während der Meditationen eine positive Wirkung auf alle Teilnehmer hatte. Und mein Gefühl bestätigte sich. Viele unserer Besucher und auch meine privaten Gäste, die in Kontakt mit dem Kristallschädel kamen, waren beeindruckt von den Veränderungen, die sich danach in ihrem Leben bemerkbar machten. Wir fingen an, sämtliche »Wunder«, die sich durch die Begegnung mit dem Kristallschädel ergeben hatten, sorgfältig zu dokumentieren. Ich konnte mir anfangs nicht erklären, warum all dies geschah, aber ich sah ganz deutlich, dass es geschah.

Wir hatten das Britische Museum um eine Genehmigung zur Untersuchung des dort befindlichen Kristallschädels gebeten und warteten auf Antwort. Wieder schien Corazon de Luz auf seine Weise dazu beizutragen, dass es zu dieser Begegnung kam. Und überhaupt schien er alles zu tun, um uns beim Entschlüsseln des Mysteriums Kristallschädel zu helfen. Wir wunderten uns also schon gar nicht mehr darüber, dass wir die Genehmigung des Britischen Museums vergleichsweise schnell erhielten. Bald hieß es wieder Koffer packen und mit dem Kristallschädel auf Reisen gehen.

Das Team, das schon in Paris mitgewesen war, wollte es sich auch diesmal nicht nehmen lassen, dabei zu sein. An einem regnerischen Tag machten wir uns auf den Weg zum Flughafen Frankfurt, passierten die Sicherheitskontrollen einschließlich Sprengstoffcheck schon fast automatisch und bestiegen die Maschine nach London.

Während ich auf die Genehmigung aus London wartete, hatte ich versucht, mit einigen anderen Kristallschädelbesitzern Kontakt aufzunehmen, doch dieses Unterfangen hatte sich als unerwartet schwierig erwiesen. Die Reaktionen einiger »Kristallschädelspezialisten« waren mehr als eigentümlich gewesen. Einer hatte doch tatsächlich geschrieben, er müsse, bevor er sich mit mir unterhalten könne, erst einmal prüfen, welche Energien ich mitbringe. Er wolle nämlich verhindern, dass er nach der Begegnung mit mir von bösen Geistern verfolgt werde. Eigentlich war ich davon ausgegangen, dass Menschen, die mit Kristallschädeln leben und arbeiten, längst frei von solchen Ängsten seien. Abgesehen davon ist es eine bekannte Tatsache, dass man gerade das anzieht, wovor man am meisten Angst hat. Kristallschädel sind in ihrer Energie völlig neutral. Die Informationen, die in ihnen gespeichert sind, können nur von denjenigen aktiviert werden, die in Harmonie mit sich selbst und dem Leben sind. Sämtliche Rituale und Aktivierungsversuche sind zum Scheitern verurteilt, wenn sie nicht mit einer positiven, liebevollen Einstellung durchgeführt werden. Das scheinen Kristallschädel in der Tat mit dem Heiligen Gral gemeinsam zu haben: Es genügt offenbar nicht, sie zu besitzen, um ihr Potenzial nutzen zu können. Vielmehr braucht es den richtigen Gralssucher beziehungsweise Kristallschädelnutzer. Es scheint unmöglich, einen Kristallschädel absichtlich negativ zu beeinflussen. Der Energiefluss käme vermutlich sofort zum Stillstand, wenn das elektromagnetische Feld durch Ängste oder negative Gedanken blockiert würde. Der Photonenfluss ist nämlich nur nachweisbar, wenn der Kristallschädel aktiviert ist. Ein Kristallschädel »schläft« so lange, bis er auf einen Hüter trifft, der ihn mit der liebevollen Kraft seines Herzen aktiviert und dann vielleicht noch für eine Vereinigung aller Schädel sorgt. Um einen Bewusstseinswandel auf der ganzen Welt auszulösen, sollten alle Kristallschädelhüter es als ihre edle Pflicht betrachten, die Kristallschädel zusammenzubringen. Es kann auch nicht im Sinne des Ganzen sein, die Kristallschädel wegzusperren und sie nur wenigen Auserwählten zugänglich zu machen. Aus diesem Grund habe ich mich entschlossen, eine große Kristallschädelausstellung zu organisieren, in der möglichst alle Kristallschädel gemeinsam präsentiert werden sollen. Spätestens dann werden wir die bösen Geister aus den Köpfen der selbst ernannten »Experten« vertrieben haben.

Auch in London waren wir einen Tag früher angekommen, und wieder hatte ich eine unruhige Nacht, in der ich die Aktivität des Kristallschädels spüren durfte. Diesmal versetzten mich meine Traumbilder in die Zeit Merlins. Offensichtlich brachte die energetische Aktivierung das morphogenetische Erinnerungsfeld des Landes in Bewegung, in dem sich der Kristallschädel gerade befand. Wieder wurde ich Teil eines Traumes, der mir so real erschien, wie ein Tag in meinem jetzigen Leben. Ich befand mich inmitten eines Ringes aus mächtigen Steinen. Menschen in weißen, blumengeschmückten Gewändern tanzten und sangen. Ein übergroßer Lichtkegel strahlte bis in den Himmel. Auf riesigen Säulen aus Stein leuchteten zwölf Kristallschädel. Einen weiteren hatte ich in der Hand.

Es war Corazon de Luz, der liebevolle Energien in einem wundervollen Atlantisblau ausstrahlte. Ein Glücksgefühl durchströmte mich, während die zwölf Kristallschädel um uns herum in den schönsten Farben strahlten, die ich je gesehen hatte. Ein regelrechtes Funkeln ging von ihnen aus, und es schien, als seien sie zum Leben erwacht. Dann war es, als öffneten sie alle den Mund um zu singen. Auch Corazon de Luz wirkte wie ein Mensch, der zu neuem Leben erwacht. Die Kristallschädel sangen. Sie gaben unglaubliche Töne von sich und Schwingungen feinster, liebevoller Energie. Die Menschen im Innern des Kreises bewegten sich im Takt und schienen wie überschwemmt vom Fluss des Glücks. Ich spürte einen tiefen Frieden, und plötzlich verstand ich die Botschaft der Kristallschädel. Corazon de Luz war der Vermittler und Aktivator aller Kristallschädel, die früher vereint gewesen waren. Und ich sollte all diese Schädel finden und zusammenführen. Tief in meinem Herzen wusste ich, dass dies meine Aufgabe war.

Am nächsten Morgen erinnerte ich mich noch sehr gut an diesen Traum. Diesmal machten wir uns zu Fuß auf den Weg zum Britischen Museum, im Handgepäck den Vermittler und Aktivator aller Kristallschädel: Corazon de Luz. Ich wollte nicht noch einmal riskieren, zu spät zum Termin zu erscheinen. Auch gab ich den Kristallschädel nicht mehr aus der Hand und sorgte dafür, dass wir alle zusammenblieben. Also kein Taxi diesmal. Dann schon lieber eine Stunde zu früh vor dem Museum. Doch auch die ging vorbei.

Die Untersuchung konnte nur außerhalb der Öffnungszeiten des Museums stattfinden, weil der Kristallschädel dafür aus der Vitrine genommen werden musste. Wieder hatten wir für die gesamte Untersuchung nur eine Stunde Zeit und mussten zudem Gebühren entrichten. Die waren sehr hoch, aber wir waren bereit, das Geld zu investieren, um die Kristallschädel zusammenzubringen. Anschließend mussten wir einen ausgiebigen Sicherheitscheck über uns ergehen lassen. Unsere Pässe wurden einbehalten und wir bekamen mit aktuellen Lichtbildern versehene Besucherausweise. Dann endlich standen wir in einem eigens dafür vorbereiteten Raum dem Kristallschädel gegenüber. James Hamill vom Britischen Museum war die ganze Zeit anwesend und stand uns mit Rat und Tat zur Seite. Er hatte alle nötigen Papiere mitgebracht, die Aufschluss über die Historie des Kristallschädels geben konnten. Und dann endlich lagen die beiden Kristallschädel nebeneinander wie zwei Brüder (Abbildung 37). Eine tiefe Freude durchströmte mich. Wie würden die beiden miteinander kommunizieren?

Das erste, mit der Photonenkamera gemachte Bild (Abbildung 38) zeigt die beiden Kristallschädel. Sie stehen hintereinander und berühren sich. Vorn beziehungsweise links sehen wir den Kristallschädel des Britischen Museums, rechts beziehungsweise hinten Corazon de Luz. Beide Kristallschädel zeigen ein aktives Photonenfeld. Der Kristallschädel des Museums weist ein besonders interessantes rotes Energiefeld im Oberkopfbereich auf. Corazon de Luz zeigt eine eher einheitliche Farbigkeit. Gekräuselte Flecken ziehen sich über den gesamten Kristallschädel. Im Umfeld der beiden Kristallschädel zeigen sich farbige Wellen, die in unglaublich häufig wechselnden Intervallen von den Kristallschädeln ausgehen und sich rhythmisch durch den ganzen Raum ausbreiten (Abbildung 39) Die Kristallschädel haben ganz offensichtlich keine separaten, eigenständig pulsierenden Kraftfelder mehr, sondern ein gemeinsames, das sich zunehmend verstärkt. Die Farben wechseln sehr häufig. Hauptsächlich zeigen sich verschiedene Grün-, Orange- und Goldtöne, doch am deutlichsten wird die Photonenaktivität in den roten Interferenzen auf den Kristallschädeln selbst.

Diese beiden Kristallschädel kommunizierten auf unglaubliche Weise. Sie glühten abwechselnd und schienen regelrecht energetisch miteinander zu verschmelzen. Das Lichtfeld über ihnen wirkte wie ein einziger Heiligenschein. Die Energien schienen sich zu verbrüdern. Und so wirkten sie auch: wie zwei Brüder, die sich freuen, einander wiederzusehen. Ich spürte, dass ich der Erfüllung meiner Aufgabe ein großes Stück näher gekommen war.

Als die Untersuchung nach einer Stunde beendet war, waren wir alle zufrieden. Vor dem Museum fielen wir einander in die Arme. Wir konnten es kaum glauben: Wir hatten es geschafft. Wir hatten die ersten Photonenaufnahmen vom Kristallschädel des Britischen Museums gemacht!

Jetzt fehlte uns noch ein wichtiger Kristallschädel, der bekannteste von allen: der Kristallschädel von Anna Mitchell-Hedges. Wie mochte das Energiefeld dieses speziellen, aus dem klarsten Kristallquarz hergestellten Schädels wohl aussehen? Und was würde seine Hüterin von unseren Untersuchungen halten?

Corazon de Luz und der Kristallschädel von Anna Mitchell-Hedges

Wie sollten wir an Anna Mitchell-Hedges herankommen? Auf diese Frage schien es zunächst keine Antwort zu geben. Ich kontaktierte mehrere angebliche Kristallschädelexperten, aber leider ohne Erfolg. Niemand konnte oder wollte mir weiterhelfen. Ich bekam lediglich den Hinweis, dass Anna Mitchell-Hedges wohl schon seit längerer Zeit bei Freunden in Amerika lebte. Also machte ich mich selbst auf die Suche und wählte zunächst den einfachsten Weg über Annas Homepage. Doch die E-Mails, die ich über das Kontaktformular an sie schickte, blieben unbeantwortet. Erst nach ungefähr zwei Wochen machte ich die Telefonnummer eines Freundes ausfindig, bei dem Anna die letzten Jahre ihres Lebens verbracht hatte. Ich rief dort an, erreichte aber nur eine Sekretärin, die mich darüber informierte, dass Anna Mitchell-Hedges am 11. April 2007 im Alter von einhundert Jahren verstorben war. Ich war sehr traurig und auch enttäuscht, als ich das erfuhr, denn erstens hatte ich die Tochter des berühmten F. A. Mitchell-Hedges unbedingt kennenlernen wollen und zweitens war es mir ein echtes Anliegen, die beiden Kristallschädel zusammenzubringen. Die Dame am Telefon teilte mir auch mit, der

Erbe und neue Besitzer des Kristallschädels, ein gewisser Bill Homann, sei zurzeit im Ausland – und dann gab sie mir seine E-Mail-Adresse und Handynummer. Ich wusste so gut wie nichts über den Erben des Kristallschädels, schon gar nicht, ob er sich jemals mit den energetischen Dingen rund um seinen neuen Besitz beschäftigt hatte. Auch war ich mir nicht sicher, ob er mein Anliegen vielleicht als Belästigung empfinden würde, denn immerhin war Anna zu diesem Zeitpunkt erst zwei Monate tot. Andererseits befürchtete ich, der Kristallschädel werde vielleicht bald verkauft, womöglich an den Vatikan, der schon so manches andere Stück aus dem Besitz von F. A. Mitchell-Hedges gekauft hatte. Ich wollte meine Untersuchungen an dem Kristallschädel aber unbedingt machen, bevor dieser vielleicht für immer in der unerreichbaren Sammlung des Vatikans oder eines privaten Sammlers verschwand. Also setzte ich alles auf eine Karte und versuchte mein Glück. Ich schrieb eine ausführliche E-Mail, in der ich alles erklärte – immer in der Hoffnung, Bill Homann würde schon verstehen, worum es ging. Natürlich rechnete ich auch damit, dass die Kristallschädel die Energien beschleunigten, denn es war schon ein kleines Wunder gewesen, dass ich Bill Homann überhaupt ohne Hilfe eines »Experten« ausfindig gemacht hatte. Bevor ich den Brief schrieb, hatte ich mehrmals versucht, Bill Homann auf seinem Handy zu erreichen, aber immer hatte ich nur auf die Mailbox sprechen können. Jetzt gab es nur noch die Möglichkeit zu warten. Wenn es sein sollte, würde ich irgendwann eine Nachricht erhalten.

Eines Nachts, so gegen drei Uhr, kam der ersehnte Anruf von Bill Homann. Mit einem kurzen, knappen »It sounds good!« bestätigte er mir, dass er einverstanden war: Wir würden uns in Chicago treffen, und das schon innerhalb der nächsten zwei Wochen. Als er wieder aufgelegt hatte, glaubte ich einen Moment lang, ich hätte das alles nur geträumt. Aber es war kein Traum gewesen, denn eine Woche später saß ich leibhaftig im Flugzeug nach Chicago. Ich wusste genau, dass der Kristallschädel mit seiner Kraft dazu beigetragen hatte, diesen Wunsch Wirklichkeit werden zu lassen. Es war wirklich unglaublich, wie sich ein Ereignis an das andere reihte und die Kristallschädel mithalfen, die Aufgabe zu erfüllen, die hinter allem stand. Die Kristallschädel wollten zusammentreffen. Dessen war ich mir mittlerweile sicher.

Diesmal hatte ich Gabi mitgenommen und natürlich Corazon de Luz und die Photonenkamera. Wir hatten uns ein Auto gemietet und fuhren sofort nach der Landung in Chicago über die Autobahn Richtung Osten nach Portage, wo wir ein Hotel gebucht hatten. Mit Bill Homann waren wir erst zwei Tage später verabredet. Allerdings hatten wir versprochen, uns gleich nach unserer Ankunft telefonisch bei ihm zu melden. Als ich anrief, machte er uns den Vorschlag, gleich am nächsten Tag einen gemeinsamen Ausflug in die nähere Umgebung zu machen. Er wollte uns offenbar erst einmal kennen lernen, bevor er uns mit dem Kristallschädel zusammenbrachte. Am nächsten Morgen warteten wir also wie verabredet auf Bill Homann. Er kam eine halbe Stunde zu spät, und ich war sehr überrascht, als ich ihn sah. Das sollte der Freund der hundertjährigen Anna gewesen sein? Den hatte ich mir definitiv ganz anders vorgestellt. Bill Homann ist der Typ, der einem auf den ersten Blick sympathisch ist. Er ist natürlich und sportlich und muss noch einige Jahrzehnte hinter sich bringen, bis er die Hundert erreicht hat. So viel ist sicher. Wir fuhren in seinem schwarzen Cabrio an den Michigan-See und machten einen Spaziergang am schneeweißen Sandstrand. Im Gespräch stellten wir fest, dass unsere Ansichten über Kristallschädel durchaus ähnlich waren. Von bösen Geistern war jedenfalls nicht die Rede. Ich war beruhigt, denn nach den Gesprächen, die ich mit so manchen anderen Kristallschädelexperten geführt hatte, war ich auf alles vorbereitet gewesen. Bill Homann ist Karate-Großmeister (8. Dan) und hat von daher durchaus einen spirituellen Hintergrund. Er nimmt seine Aufgabe als neuer Hüter des Kristallschädels ernst und versucht Annas Erbe ohne finanzielles Eigeninteresse zu würdigen.

Natürlich hat auch er nicht immer nur gute Erfahrungen mit Menschen gemacht, die den Mitchell-Hedges-Kristallschädel unbedingt sehen wollten. Darüber konnte er so manche Geschichte erzählen, zum Beispiel die von dem Mann, der sich als jemand anderer verkleidet hatte, um den Kristallschädel aus der Nähe zu sehen. Als das nicht klappte, versuchte er seine Ehefrau als Hausmädchen bei Anna einzuschmuggeln, um an den Kristallschädel heranzukommen. Unglaublich!

Bevor Bill Homann uns zum Hotel zurückbrachte,

aßen wir noch gemeinsam frischen Fisch. Am nächsten Morgen wollten wir die Kristallschädel zusammenbringen und die Photonenaufnahmen machen. Ich hatte Bedenken, ob ich den Weg zu seinem Haus finden würde, denn es war mir noch nicht einmal gelungen, die Straße auf dem Stadtplan von Portage zu finden. Zum Glück bot Bill von selbst an, mit seinem Auto zum Hotel zu kommen und uns abzuholen. In dieser Nacht konnte ich überhaupt nicht schlafen. Ich war viel zu aufgeregt, und der Jetlag ließ mich nicht zur Ruhe kommen. Kein Wunder, dass meine Nerven am nächsten Morgen völlig blank lagen. Und dann hatte Bill auch noch angerufen und gesagt, er würde sich verspäten.

Doch irgendwann klopfte es an der Tür meines Hotelzimmers und Bill holte uns ab. Mit einem Stadtplan bewaffnet folgten wir seinem schwarzen Cabrio. Wir wollten den Weg auf dem Stadtplan nachvollziehen, damit wir später wieder zum Hotel zurückfinden konnten. Aber wir fuhren gar nicht ins Zentrum von Portage, sondern in entgegengesetzter Richtung aus der Stadt hinaus. Mir wurde mulmig zumute. Was machten wir hier eigentlich? Wir folgten einem Mann, von dem ich noch nicht einmal wusste, ob er wirklich jener Bill Homann war, für den ich ihn hielt. Im Gepäck hatten wir den wertvollen Kristallschädel Corazon de Luz und die ganze Photonenkameraausrüstung. Je weiter wir aus der Stadt hinaus fuhren, desto merkwürdiger kam mir die ganze Sache vor. Tausend Zweifel gingen mir durch den Kopf. War es naiv, diesem Mann zu folgen, den ich eigentlich gar nicht kannte? Ich hatte zwar sein Foto aus jüngeren Jahren auf der Homepage von Anna Mitchell-Hedges gesehen, aber war er es wirklich? Während des Spaziergangs am Tag zuvor hatte ich einen kleinen goldenen Schädel an einer Kette um seinen Hals gesehen. Reichte das aus, um ihn zu identifizieren? Je mehr ich versuchte, den Weg auf dem Stadtplan zu verfolgen, desto mehr Zweifel kamen mir. Zu allem Überfluss war mir auch noch aufgefallen, dass Bill uns im Rückspiegel beobachtet und sein Fahrtempo daraufhin beschleunigt hatte, sodass wir den Verlauf der Strecke nicht mehr auf dem Stadtplan verfolgen konnten. Da traf ich eine Entscheidung: Ich war bereit, das Risiko einzugehen, weil ich dem Kristallschädel vertraute. Auch Gabi beruhigte mich. Dennoch verabredeten wir, dass sie in jedem Fall mit dem Wagen flüchten würde, falls etwas geschehen sollte, auch ohne mich. Die Fahrt dauerte fast eine Stunde. Wir fuhren auf endlosen Straßen durch dichte Wälder, die einen unheimlichen Eindruck auf mich machten. Irgendwann bogen wir von der Hauptstraße ab in ein Wohngebiet, in dem sich eine Villa an die andere reihte. Vor einer dieser Villen stand ein Kombi mit dem Werbeaufdruck einer Karateschule. Ich ließ den Motor laufen und bedeutete Gabi, sich ans Steuer zu setzen, die Türen zu verschließen und im Notfall sofort Gas zu geben und zu flüchten. Egal, was aus mir würde. Ich sah, wie Bill ins Haus ging. Grinsend winkte er mir zu und bedeutete mir, ihm zu folgen. Vorsichtig ging ich auf das Haus zu. Ein freundlich lächelnder Bill Homann hielt mir die Tür auf und hieß mich mit dem Kommentar

»I just wanted to know how much you want to see the skull« (etwa: »Ich wollte nur mal wissen, wie wichtig Ihnen das mit dem Kristallschädel ist.«) willkommen. Ich lachte und klopfte ihm auf die Schulter, war erleichtert und amüsiert zugleich. Der neue Kristallschädelhüter und Karate-Großmeister hatte uns geprüft. Und wir hatten bestanden.

Gabi durfte den Motor ausmachen, und wir brachten das Equipment mitsamt Corazon de Luz ins Haus. Nach einem Glas Orangensaft ging es uns deutlich besser. Wir saßen in Annas ehemaligem Wohnzimmer und plauderten über diese Frau, die Bill liebevoll Sammy nannte. In diesem Gespräch erfuhren wir viele interessante Details über ihren Vater und seine Forschungsreisen, aber auch über die Kontakte, die Mitchell-Hedges zu amerikanischen Präsidenten und anderen politischen Größen gehabt hatte. Ein paar Stunden später war es dann endlich so weit: Bill brachte den Mitchell-Hedges-Kristallschädel. Wir stellten ihn neben Corazon de Luz und machten zunächst ein paar Fotos mit einer normalen Kamera (Abbildung 40). Auf diesen Bildern sieht man rechts den Mitchell-Hedges-Kristallschädel und links Corazon de Luz auf einer schwarzen Samtunterlage.

Dann machten wir die Aufnahmen mit der Photonenkamera (Abbildungen 41 bis 44). Auf dem ersten Bild (Abbildung 41) erkennt man im Innern beziehungsweise auf der Oberfläche der Kristallschädel leichte Interferenzen in Rosa, während sich über und zwischen den Köpfen ein anfänglich schwach pulsierendes Feld bildet, das sich wie eine Brücke von Kopf zu Kopf spannt. Diese Lichtbrücke leuchtet in den Farben Orange, leichtes Violett, Grün und Rosa. Die gekräuselte Struktur wird sich später noch verändern. Die Kristallschädel sind von hinten aufgenommen, das heißt, man sieht die Hinterköpfe.

Das zweite Bild (Abbildung 42) zeigt, wie sich der Energiefluss nach ein paar Minuten verändert hat. Die Kristallschädel sind jetzt von vorn abgebildet. Links im Bild sehen wir Corazon de Luz, rechts den Mitchell-Hedges-Kristallschädel. Auf der gesamten Oberfläche beider Schädel kann man deutlich hellgelbe bis weiße Interferenzen erkennen. Corazon de Luz hat ein weißes Lichtfeld gebildet, das sehr hell leuchtet. Auf der Stirn und um die Augenhöhlen des Mitchell-Hedges-Schädels bilden sich kleine, verdichtete Flecken, die rot flimmern. Leider stehen die Kristallschädel auf einem schwarzen Untergrund. Dennoch sind die kraftvollen Interferenzen im Hintergrund als vielfarbige Verwirbelungen zu erkennen.

Auf dem dritten Bild (Abbildung 43) verbindet Bill Homann den Mitchell-Hedges-Kristallschädel mit dem Kristallschädel Corazon de Luz. Er legt seine Hände auf die Hinterköpfe der Kristallschädel, links Corazon de Luz, rechts der Mitchell-Hedges-Schädel. In beiden Kristallschädeln sieht man dunkelrosafarbene Interferenzen, die durch die Arme von Bill Homann nach oben fließen. In dunkelroten Linien fließt die Lebensenergie durch seine Meridiane, die sich als rote Linien abzeichnen. Ein kleiner roter Punkt an Bills Hals weist darauf hin, dass auch sein Kehlkopfchakra mit Photonenenergie aktiviert wird. Wie elektrische Ströme fließen die Photonen durch Bill Homann als Mittler von einem Kristallschädel zum anderen. Im Hintergrund sieht man die Reflexion von Photonenimpulsen, die sich in kräftigen Farben darstellen. Wirbelartig durchfließen sie den ganzen Raum.

Diese Aufnahmen sind eine Sensation, denn hier kann man ganz deutlich sehen, wie sich die Kristallschädel nach und nach über eine Brücke aus Photonenenergie verbunden haben. Und als Bill Homann jeweils eine Hand auf den Mitchell-Hedges-Kristallschädel und eine auf Corazon de Luz legte, um die beiden zu verbinden, durchfloss ihn ein unglaubliches Kraftfeld, während die beiden Schädel weiß glühten. Es gab keinen Zweifel: Die beiden Kristallschädel tauschten Informationen aus und standen in enger energetischer Verbindung.

Zum Abschied schenkte uns der Mitchell-Hedges-Kristallschädel noch ein ganz besonderes Andenken: eine Botschaft in Form eines Bildes. Bilder waren zwar auch schon früher in Kristallschädeln entdeckt worden, aber noch nie hatte jemand ein Foto davon machen können. Das Photonenbild (Abbildung 44) zeigt den Kristallschädel von Anna Mitchell-Hedges in den Händen von Bill Homann. Er hat den beweglichen Unterkiefer des Kristallschädels abgenommen und ihn mit den Augenhöhlen nach oben auf dem Tisch abgestellt. Der Betrachter blickt also sozusagen auf den Gaumen des Kristallschädels. Auf der klaren Fläche entsteht ein Bild, dessen Erscheinen man nicht erklären kann: die Umrisse einer Stufenpyramide. Der zum Schädel gehörende Unterkiefer liegt auf der

Tischplatte. Er leuchtet hellgelb und ist auf der Aufnahme kaum zu erkennen. Die ausgesendeten Impulse sind hell und ruhig. Das Foto hält ein prophetisches Bild fest, das auf der Unterseite des Kristallschädels erschienen ist.

Ich war unendlich dankbar für alles, was ich an diesem Tag hatte erleben dürfen. Nach Abschluss der Untersuchung hatte ich sogar noch Gelegenheit, mit beiden Kristallschädeln zu meditieren. Mir liefen die Tränen über die Wangen, während ich durch die Kristallschädel eine Vision nach der anderen hatte. Ich sah Bilder von Pyramiden, Kristallschädeln und unterirdischen Tempelanlagen, die von überirdischem Licht erfüllt waren. Es kam mir vor, als hätten sich alle vier Kristallschädel, die ich untersucht hatte, auf diese Weise verbunden. Und Corazon de Luz hatte sie energetisch vereint.

Wir blieben noch ein paar Tage in Chicago. Bill Homann wollte seinen Karatekollegen unsere Kameratechnik vorstellen. Auf einem Kongress, an dem auch Karate-Großmeister Dillmann teilnahm, trafen wir einige der für ihre Akupressurtechnik berühmten Kämpfer. Ich hatte bis dahin gar nicht gewusst, dass Karate auch Akupressur beinhaltet, die zu heilenden Zwecken eingesetzt wird. Wir konnten einige sensationelle Fotos machen, die ich später noch näher erläutern werde (siehe Seite 184).

Ich bin sicher, dass ich Bill Homann und den Mitchell-Hedges-Kristallschädel noch oft treffen werde. Auf jeden Fall vereinbarten wir eine weitere Zusammenarbeit, auch in Europa. Ich war ein großes Stück weiter gekommen auf meinem Weg, auf dem es auch darum geht, Beweise für die Kraft der Kristallschädel zu sammeln. Nachdem ich gesehen hatte, wie die Kristallschädel auf Bills Meridiane gewirkt hatten, beschloss ich, in dieser Richtung weiterzuforschen. Ich wollte wissen, ob sich das Energiefeld von Pflanzen oder das Meridiansystem von Menschen unter dem Einfluss eines Kristallschädels positiv verändert. Das könnte nämlich bestätigen, dass Kristallschädel heilende Fähigkeiten besitzen. Wenn sie Informationen speichern, Bilder senden und das elektromagnetische Feld von Kraftplätzen, Wasser und Kristallen verstärken konnten, waren sie vielleicht auch in der Lage, einen positiven Einfluss auf das Energiefeld von Menschen auszuüben. Meine Untersuchungen waren also noch lange nicht abgeschlossen, als ich Chicago verließ. Im Gegenteil, ich war noch neugieriger geworden.

KRISTALLSCHÄDEL VERÄNDERN DAS ENERGIEFELD VON PFLANZEN

Als Nächstes wollte ich nachweisen, dass Kristallschädel auch das Energiefeld von Pflanzen beeinflussen können. Pflanzen als Träger von – wie ich es nenne – schweigenden und scheinbar regungslosen Energien können klare Signale über Energiefelder abgeben. Besonders deutlich wurde dies in einem Versuch mit sehr einem großen, vielleicht hundertjährigen Baum am Rand des Steinkreises von Avebury, England (Abbildung 45).

Wir positionierten den Kristallschädel an einem geeigneten Platz direkt an der Wurzel und beobachteten das Energiefeld des Baumes mit der Photonenkamera. Deutlich konnte man die Aktivierung von Corazon de Luz beobachten. Erst begann der Kristallschädel weiß und golden zu glühen, dann strömten die Photonen in den ganzen Baum ein. In roten Bändern breitete sich die Lebenskraft gleichmäßig über den gesamten Baum aus (Abbildungen 46 und 47).

Das erste Bild (Abbildung 46) zeigt Corazon de Luz in den Wurzeln des Baumes. Der Kristallschädel leuchtet in Hellgelb und Weiß. Um ihn herum sind rotviolette Interferenzen zu erkennen, die über die Wurzeln nach oben fließen.

Auf dem zweiten Bild (Abbildung 47) kann man deutlich sehen, wie sich die roten Interferenzen auf der gesamten Oberfläche des Baumes ausgebreitet haben. Dieses störungsfreie Ausbreiten der roten Energiebänder in sehr kurzer Zeit ist ein weiterer Beweis dafür, dass Pflanzen, die bereits sehr viel Lebensenergie haben, problemlos noch bedeutend mehr davon aufnehmen können. Diese Beobachtung wollte ich in einem weiteren Versuch bestätigen.

Ich untersuchte eine Orchidee, die ihren festen Platz in meinem Schlafzimmer hat. Da die Pflanze dort fast immer allein ist, dachte ich, dass sie relativ unbeeinflusst von irgendwelchen Einflüssen ist, also ein neutrales Energiefeld hat. Die Photonenaufnahme, die von ihr machte, bestätigt dies (Abbildung 48). Man sieht lediglich leichte Interferenzen an der Oberfläche der Blüten.

Anschließend stellte ich Corazon de Luz direkt neben die Orchidee und machte eine weitere Aufnahme mit der Photonenkamera. Würde sich das Energiefeld der Pflanze deutlich verändern? Es veränderte sich in der Tat, aber ganz anders, als ich es erwartet hatte. Auf dem Foto (Abbildung 49) sieht man dunkelviolette bis rote Interferenzen um die Blüten herum: ein deutlich verstärktes Photonen- beziehungsweise Energiefeld. Es glüht regelrecht, liegt aber nicht wie erwartet auf der Pflanze, sondern bewegt sich von ihr weg. Was war hier geschehen? Unter dem Einfluss des Kristallschädels hatte sich etwas im Energiefeld der Pflanze geändert. Diese Veränderung ist auf der Aufnahme deutlich zu erkennen, doch anders als bei dem Baum im Steinkreis von Avebury zeigt sie sich nicht in der Pflanze, sondern um sie herum. Diese Pflanze strahlt eindeutig Energie ab, und zwar bedeutend mehr als vor der Begegnung mit dem Kristallschädel.

Auf den Abbildungen 46, 47 und 48 kann man gut erkennen, dass sich die Photonenaktivität der jeweiligen Pflanze deutlich erhöht, sobald sich ein Kristallschädel in ihrem unmittelbaren Umfeld befindet. Die Intensität der roten Farbe, die auf allen drei Aufnahmen in etwa gleich gut zu sehen ist, deutet darauf hin, dass Pflanzen eine besondere Fähigkeit zur Photonenbildung haben. Dies erklärt auch, warum Pflanzen ihre Heilkraft übertragen können, zum Beispiel auf menschliche Körper. Ihre Heilwirkung beschränkt sich demnach nicht auf ihre rein materielle Wirkung als Heilkraut oder Medikament. Die letzte Photonenaufnahme belegt ganz klar, dass auch von ihren Farben und/oder ihrem Duft, also ganz allgemein von ihrer Ausstrahlung eine heilende Wirkung ausgeht. Orchideen entwickeln zwar besonders schöne Blüten, duften aber nur in den seltensten Fällen. Die Intensität ihres Photonenfeldes dürfte also etwas mit der Farbe ihrer prachtvollen Blüten und der Leuchtkraft ihrer Ausstrahlung zu tun haben. In der japanischen Heilkunst wird davon ausgegangen, dass Blüten tatsächlich eine Heilwirkung haben, die sich durch bloßes Betrachten auf den Menschen überträgt.

Bäume scheinen offenbar in der Lage zu sein, ein Photonenfeld in Wurzeln, Stamm, Zweigen und Blättern gleichermaßen zu entfalten. Viele unserer heimischen Bäume sind bekannt für ihre Heilwirkung. Einerseits liefern sie alle möglichen Heilmittel. Von Lindenbäumen zum Beispiel kann man sowohl Blätter und Blüten als auch die Rinde zu Tees und anderen Heilmitteln verarbeiten. Manche Bäume, zum Beispiel die Birke, geben sogar ihren Saft als Heilwasser ab. Andererseits kann das einfache Verweilen in der Nähe eines Baumes oder das Umarmen seines Stammes auch schon eine enorm heilende Wirkung haben. Bäume sind Heiler, auf der materiell-körperlichen Ebene genauso wie auf der energetisch-seelischen. Und die Heilkräfte, die jeder Baum von Natur aus in sich trägt, können durch einen Kristallschädel noch potenziert werden, denn wenn dessen elektromagnetisches Schwingungsfeld aktiviert wird, wird das ohnehin vorhandene Photonenfeld verstärkt und die Energie fließt schneller.

Dies ist ein möglicher Ausgangspunkt für viele weiterführende Studien, die ich in Zukunft mit Pflanzen machen möchte. Ich bin zum Beispiel sicher, dass man die wirkende Kraft von Pflanzendüften ebenfalls mit der Photonenkamera beweisen kann. Doch das ist nicht Thema dieses Buches.

Wie wir bisher erfahren haben und mit Photonenaufnahmen sehr gut belegen konnten, erhöhen Kristallschädel vom Format eines Corazon de Luz die Photonenaktivität von Kraftplätzen, Kristallen, Wasser, anderen Kristallschädeln und sogar von Pflanzen. Dass Pflanzen empfänglich für energetische Schwingungen sind, konnte auch schon in verschiedenen anderen Versuchen nachgewiesen werden. In einem jener Versuche hatte man Erdbeerpflanzen mit verschiedenen Arten von Musik beschallt. Die Qualität der geernteten Früchte bei gleicher Sorte war sehr unterschiedlich, und zwar in Abhängigkeit von der Musikrichtung, mit der die Pflanzen beschallt worden waren. Pflanzen reagieren also durchaus sensibel auf das jeweilige Schwingungsfeld, das sie beim Wachsen beeinflusst. Wie wir gesehen haben, erhöhen Kristallschädel die Photonenaktivität von Pflanzen, aber können sie die Pflanzen auch kräftiger machen? Den Hochkulturen der Maya und Inka verdanken wir unter anderem verschiedene Kulturpflanzen. Sie züchteten besonders resistentes und beständiges Saatgut, das selbst nach Jahrhunderten noch fruchtbar war und zu Aussaat verwendet werden konnte.

Ich selbst habe in mehreren Versuchen getestet, wie sich Getreide verhält, wenn es in Kontakt mit dem Kristallschädel Corazon de Luz kommt. Ich stellte Brotteig aus frisch gemahlenem, biologischem Dinkel her, teilte ihn in zwei Teile und ließ einen Teil in der Nähe des Kristallschädels gehen, während der andere in der Küche stehen blieb. Es fiel auf, dass der Teig, der Kontakt zu dem Kristallschädel gehabt hatte, deutlich schneller aufging als der Brotteig, den ich normal in der Küche hatte gehen lassen. Die beiden Brote – aus demselben Teig hergestellt, aber in unterschiedlichen elektromagnetischen Resonanzfeldern zum Gehen gebracht – hätten unterschiedlicher nicht sein können. Das vom Kristallschädel »aufgeladene« Brot war lockerer, schmeckte besser und blieb außerdem viel länger frisch. Mit anderen Worten: Das aufgeladene Brot hatte eine längere Lebensdauer und verfügte über deutlich mehr Lichtenergie, sprich Photonenaktivität.

Irgendwie fühlte ich mich durch diese Beobachtung an die Legenden vom Heiligen Gral erinnert. Hatte man vom ihm nicht behauptet, er schenke ewiges Leben? Und wenn Kristallschädel wirklich in der Lage waren, die Photonenaktivität von Pflanzen zu verändern und somit ihr Leben zu verlängern, konnten sie das dann nicht auch für andere Lebewesen bewirken?

Photonen sind die kleinsten Bauteilchens des Lichts, das auch in jedem Lebewesen vorhanden ist. In jeder einzelnen Zelle eines Organismus, also auch in jeder menschlichen Körperzelle befinden sich Photonen – Lichtgeber, welche die Zelle aktiv am Leben halten. Wenn eine Zelle stirbt oder zerstört wird, entweichen die Photonen, und ohne Photonen kann die Zelle nicht regenerieren. Nun sind Kristallschädel aber offenbar in der Lage, den Photonenfluss in einem lebenden Organismus zu verstärken. Wäre es dann vielleicht auch möglich, dass sie ein zeitiges Sterben menschlicher Körperzellen verhindern? Anna Mitchell-Hedges ist immerhin einhundert Jahre alt geworden – und hat ihren Lebensabend nicht in irgendeinem Pflegeheim verbracht, sondern in der Gesellschaft eines attraktiven, um Jahrzehnte jüngeren Freundes. Vielleicht hatte der dauernde Kontakt mit dem berühmtesten aller Kristallschädel ihrem Körper einen extrem hohen Photonenfluss geschenkt und somit ihr Leben verlängert. Eine schöne Geschichte, und eine wahre dazu. Vielleicht war dies die moderne Ergänzung der Legenden vom Heiligen Gral – und die Erklärung des ganzen Mythos.

Die Sache wurde immer aufregender. Ich beschloss, genau zu untersuchen, wie Kristallschädel das Energiefeld von Menschen beeinflussen. Wenn es gelingen würde, die Photonenaktivität menschlicher Organismen zu steigern, so wäre dies ein eindeutiger Beweis dafür, dass Kristallschädel heilende Kräfte haben. Und etwas in der Art hatten wir ja schon beobachtet, als Bill Homann den Mitchell-Hedges-Kristallschädel und Corazon de Luz mit seinen Händen verbunden hatte. Die Meridiane in seinen Armen hatten feuerrot geleuchtet. Wenn dies ein Zeichen für eine besondere Aktivierung seiner Lebensenergie gewesen war, waren wir auf der richtigen Spur.

KRISTALLSCHÄDEL UND IHRE WIRKUNG AUF DAS ENERGIEFELD DES MENSCHEN

Bevor wir uns mit der Wirkung von Kristallschädeln auf das menschliche Energiefeld beschäftigen, müssen wir uns fragen, was wir bereits über das Energiesystem des Menschen wissen und welche Teile alten Wissens wir mit der Photonenkamera vielleicht schon beweisen können. In diesem Zusammenhang müssen wir uns vor allem mit den Meridianen beschäftigen.

Meridiane sind nach den Vorstellungen der traditionellen chinesischen Medizin Leitbahnen, in denen die Lebensenergie fließt, welche in China *Qi* genannt wird.

Qi und die Photonen

Der chinesische Begriff *Qi* (oder anders geschrieben *Chi*) ist gleichbedeutend mit dem, was in Japan *Ki* und in Korea *Gi* ausgesprochen wird – die universale Lebensenergie, die in jedem lebendigen Organismus fließt. Wir kennen etwas Ähnliches unter der Bezeichnung *Odem* aus dem biblischem Schöpfungsbericht: Gott haucht dem von ihm geschaffenen Menschen seinen Odem ein. Manchmal spricht man auch vom »Odem des Lebens«. Die Chinesen glauben, dass das ganze Universum aus Lebensenergie (*Qi*) besteht, die sich irgendwann sammelt und Materie wird. Wenn sie sich sammelt, entsteht zum Beispiel unser physischer Körper. Wenn sie sich zerstreut, stirbt er. Doch solange der Mensch lebt, fließt diese Energie in Leitbahnen (*Meridianen*) durch seinen Körper und belebt diesen, genau wie das Wasser in Flüssen und Bächen durch eine Landschaft fließt und diese belebt. Meiner Meinung nach ist diese Lebensenergie gleichzusetzen mit der Photonenenergie, die wir auf den mit der Photonenkamera gemachten Aufnahmen als rote Lichtflecken oder -bänder sehen können. *Qi* bedeutet übrigens auch Luft, Dampf, Hauch, Äther, Temperament, Kraft und Atmosphäre. Passt das nicht alles ziemlich genau zu der Art, wie sich Photonen verhalten, beziehungsweise zu dem, was ein erhöhter Photonenfluss bewirkt? Zum Beispiel spielt die Intensität des Photonenflusses im menschlichen Körper eine entscheidende Rolle dafür, ob ein Mensch Kraft und Energie besitzt oder eher nicht. Außerdem sind Photonen höchst flexibel, was das Überwechseln in unterschiedliche Aggregatzustände betrifft.

Denken wir an die Experimente mit der Orchidee und dem Baum. Wir konnten sehen, dass die Photonenenergie des Baumes in gleichmäßigen Strömen von der Wurzel bis in die Blätter floss, während die Photonenenergie der Orchidee wie ein Hauch oder Dampf von der Blüte nach außen zu wehen schien. Die

Lebensenergie Qi verhält sich offenbar ganz ähnlich. Einerseits verläuft sie in bekannten Energieleitbahnen durch den Körper. Andererseits ist sie wie ein flüchtiger Hauch, der den physischen Körper als Energiefeld oder Aura umgibt. Der Unterschied zwischen beiden Formen der Energiestrahlung ist, dass der eine Fluss durch den Körper den Energiestrom anzeigt, der sich als Lebenskraft des menschlichen Körpers erweist.

Ein gesunder Baum hat von Natur aus einen starken Photonenfluss, der noch verstärkt werden kann. Ein Beispiel dafür ist der Baum aus dem Steinkreis von Avebury, dessen Photonenfluss wir mit Corazon de Luz angeregt haben (Abbildung 46). Eine solche Aktivierung der Lebenskräfte ist prinzipiell auch in einem menschlichen Organismus möglich, wie wir noch sehen werden. Bei der Orchidee hingegen hatte die Begegnung mit Corazon de Luz eine deutliche Stärkung ihrer Strahlkraft bewirkt. Auch der Mensch verfügt über eine solche Strahlkraft – manche Menschen mehr, andere weniger. Wir sprechen hier von Ausstrahlung im Sinne von Charisma oder Leuchtkraft der Aura.

Nach Auffassung des Taoismus, jener chinesischen Philosophie, auf der die Traditionelle Chinesische Medizin aufbaut, ist der Mensch ein Teil des Kosmos wie alle anderen Naturerscheinungen auch. Und alle diese Erscheinungen sind von *Qi* durchdrungen, das sich vor allem dadurch auszeichnet, dass es immer im Fluss ist. Es durchfließt alles, was existiert, steuert alle Lebensabläufe und sorgt für die ewige Veränderlichkeit allen Seins. Die Meister der traditionellen chinesischen Heilkünste stellten sich diese Substanz als universale Lebensenergie beziehungsweise eine Art alles durchdringenden kosmischen Geist vor. In einer sich ständig verändernden Wirklichkeit ist *Qi* die einzige konstante Größe. *Qi* ist ewig. Es ist immer da, verändert aber sozusagen seinen Aggregatzustand: Wenn es sich sammelt, also praktisch fest wird, entsteht Materie wie beispielsweise unser physischer Körper. Wenn sie sich zerstreut, löst sich die Materie wieder auf und das *Qi* entweicht.

Alles, was wir bisher über das Qi gesagt haben, hätte man genauso gut über Photonen sagen können. Auch sie durchdringen alles, was existiert. Auch sie sammeln und vermehren sich unter günstigen Umständen. Auch sie bleiben, wenn die Materie ihren Aggregatzustand ändert oder sich gar auflöst.

Naturgemäß galt und gilt das besondere Interesse der traditionellen chinesischen Heilkundigen der Pflege des im Menschen zirkulierenden *Qi*. Viele Lehren entstanden und unzählige Techniken und Methoden wurden entwickelt – alles mit dem Ziel, den Fluss des *Qi* gezielt zu beeinflussen und möglichst viel *Qi* im Körper anzusammeln. Im *Qigong* (wörtlich: »Pflege des *Qi*«) geht man davon aus, dass ein Körper, in dem das *Qi* gleichmäßig und im richtigen Tempo zirkuliert, ein sich selbst regulierendes System ist, das aber dennoch ständig Aufmerksamkeit und Zuwendung braucht. Diese Aufmerksamkeit bekommt das Körper-Seele-Geist-System beispielsweise durch Meditations- und Konzentrationsübungen sowie durch bestimmte Bewegungen. All das trägt zur Stabilisierung und Harmonisierung des *Qi*-Flusses bei. Das *Qi* im Körper immer wieder in seinen natürlichen, ausgeglichenen Zustand zu bringen, ist das wichtigste Ziel jeder traditionellen chinesischen Therapie. Die Betrachtung des Menschen in seinem Lebensumfeld ist in diesem Zusammenhang ebenfalls von Bedeutung. Damit beschäftigt sich die alte chinesische Wissenschaft des Feng-Shui. Und schließlich spielt die bewusste Wahrnehmung und Kontrolle des *Qi* auch in vielen fernöstlichen Kampfkünsten eine wichtige Rolle.

Das Meridiansystem

Die Traditionelle Chinesische Medizin ist eine Erfahrungsmedizin, und nach den Erfahrungen, die viele Generationen von Ärzten über die Jahrhunderte gemacht haben, fließt das *Qi* in bestimmten Bahnen durch den Körper – ähnlich wie Flüsse und Bäche eine Landschaft durchströmen. Diese Leitbahnen heißen Meridiane und bilden ein sehr komplexes System, das die Energie im ganzen Körper verteilt und sämtliche Körperfunktionen reguliert. Das Meridiansystem besteht – sehr kurz gesagt – aus zwölf Hauptmeridianen und acht »außerordentlichen« Meridianen, die den ganzen Körper paarweise in Längsrichtung durchziehen. An Armen und Beinen konzentrieren sie sich naturgemäß. Entlang des Meridianverlaufs befinden sich sogenannte Akupunkturpunkte, über die man den Fluss des *Qi* beeinflussen kann. Eine anatomische Entsprechung für die Meridiane ist bis heute nicht nachweisbar. Daher streiten die meisten Schulmediziner die Existenz der Meridiane rundweg ab. Sollten die Meridiane allerdings mit jenen farbigen Streifen identisch sein, die wir als »Photonenflüsse« im Bild festgehalten haben, dann hätten wir sie in der Tat genau dort gefunden, wo sie nach den Beschreibungen der Traditionellen Chinesischen Medizin liegen sollen. Demnach könnte man ihre Existenz eigentlich nicht mehr verneinen. Mit den Möglichkeiten unseres Instituts sind wir sogar in der Lage zu zeigen, dass bestimmte Einflüsse, die auf das Meridiansystem ausgeübt werden, den Fluss der Energie in den Leitbahnen entscheidend verändern können. Wir haben zum Beispiel untersucht, welche Wirkung Heilmethoden wie Akupunktur, Akupressur und Reiki auf den Photonenfluss im Körper haben. Leider kann ich in diesem Buch nicht alle sensationellen Bilder veröffentlichen, die wir gemacht haben. Daher beschränke ich mich vor allem auf die Beispiele, die deutlich machen, dass Kristallschädel den Photonenfluss beziehungsweise den Fluss des *Qi* deutlich verbessern können. So viel kann ich aber an dieser Stelle schon verraten: Die Messungen mit der Photonenkamera haben den Begriff Lebensenergie oder *Qi* vom Nimbus des Metaphysischen befreit und deutlich gemacht, dass *Qi* eine durchaus real existierende Kraft ist, die unseren Körper in bestimmten Bahnen durchströmt. Sie ist sogar messbar, und zwar in Form von elektromagnetischen Impulsen, Kraftfeldern und farbigen Interferenzen. Es sieht ganz so aus, als müssten wir in der westlichen Welt noch einmal gründlich über das nachdenken, was wir zu wissen meinen, nämlich dass es sich bei allem, was mit *Qi* zu tun hat, um eine Frage des Glaubens handelt. Bei dem, was wir aufgezeichnet haben, handelt es sich jedenfalls zweifelsfrei um physikalische Prozesse, die eindeutig nachweisbar sind. Im Zuge unserer Untersuchungen ist es uns auch gelungen, die Existenz von Hand- und Fußreflexzonen mit der Photonenkamera zu dokumentieren. Die Aufnahmen stimmten ziemlich genau mit dem überein, was auf entsprechenden Reflexzonenkarten zu sehen ist.

Doch nun zu unseren Photonenaufnahmen. Auf der ersten (Abbildung 50) sehen wir den Ellbogenbereich eines menschlichen Arms und einen Finger, der auf einem der drei wichtigen Akupunkturpunkte in der Ellenbeuge aufliegt. Es handelt sich um den Finger eines Karate-Großmeisters, der hier gleich eine Akupunkturbehandlung durchführen wird. Die dunkelroten und violetten Lichtbänder, die den Arm in Längsrichtung durchziehen, entsprechen den Meridianen, die auf der Außen- und Innenseite des Armes verlaufen.

Auf der nächsten Photonenaufnahme (Abbildung 51) sehen wir den gleichen Bildausschnitt: den Bereich um den Ellbogen eines Armes und den Finger des Karate-Großmeisters, der den Akupressurpunkt drückt. Durch den Druck verstärkt sich der Fluss der Photonen im Vergleich zum vorherigen Foto derart, dass sich am Akupressurpunkt, also um den Finger herum, ein dunkelrosafarbener Fleck bildet. Dies spricht für eine Aktivierung des Akupressurpunktes. Auf der Außen- oder Unterseite des Armes sieht man den dazugehörigen Meridian dunkelrot leuchten. Hier ist der Photonenfluss offensichtlich deutlich stärker als auf der vorherigen Aufnahme. Die rote Farbe steht wie immer für Lebensenergie.

Können Kristallschädel die Lebensenergie von Menschen positiv beeinflussen?

Wie wir gesehen haben, geht es bei den vorgenannten traditionellen Therapien immer darum, den Fluss des Qi im menschlichen Körper zu harmonisieren und auf diese Weise die Abwehrkräfte des betreffenden Menschen zu stärken. Dies deckt sich prinzipiell mit der Auffassung, dass ein vermehrter Zufluss von Photonenenergie den Stoffwechsel und die Regenerationsfähigkeit jeder einzelnen Zelle unterstützt. Die intensive Versorgung der Körperzellen mit Lichtpartikeln ist ein Therapieansatz, der mittlerweile auch in der Schulmedizin Anerkennung findet. Photonentherapiegeräte werden sogar schon in Krankenhäusern mit Erfolg eingesetzt. Die Geräte arbeiten mit Infrarotstrahlung, welche die zusätzliche Bildung von Photonen in der Blutbahn anregt. Auf diese Weise wird das Immunabwehrsystem gestärkt, und der Körper wird zur Regeneration defekter Körperzellen angeregt. Mich interessierte nun, wie sich der Kristallschädel auf den Photonenfluss in einem menschlichen Organismus auswirken würde. Deshalb untersuchten wir die Wirkung des aktivierenden elektromagnetischen Feldes von Kristallschädel Corazon de Luz an verschiedenen

Testpersonen. Wie Kristalle allgemein auf das Energiefeld eines menschlichen Körpers wirken, haben wir ja bereits beschrieben. Sicher erinnern Sie sich an den Versuch mit dem Rosenquarz, den ich mit meiner kleinen Tochter gemacht hatte (siehe Seite 136 f.). Dort hatte der Kristall eine deutliche Veränderung im Bereich des Herzchakras hervorgerufen, der sich in einer Rosafärbung des gesamten oberen Brustbereichs und der Schultern zeigte. Die Aufnahmen, die wir davon machen konnten, sind durchaus beeindruckend (Abbildungen 25 und 26). Doch wirklich sensationell und absolut verblüffend sind die Aufnahmen, die wir vom Energiefeld jener Menschen machen konnten, die an unserem Testversuch mit Corazon de Luz teilnahmen.

Das erste Photonenfoto aus dieser Serie (Abbildung 52) zeigt das gesamte Meridiansystem einer Frau, die den Kristallschädel Corazon de Luz auf dem Schoß liegen hat und ihn mit beiden Händen festhält. Die Meridiane leuchten in intensivem Rot. Außerdem sieht man deutlich, wie die Photonenenergie aus dem Hinterkopf von Corazon de Luz in die Handflächen der Frau fließen. Sogar der aus Holz bestehende Klappstuhl wird von der starken Photonenreaktion regelrecht überblendet. Hier zeigt sich ganz deutlich, dass der Kristallschädel extrem aktiv wird, sobald er in Kontakt mit einem Menschen kommt, der für eine Aktivierung seines Energiefeldes bereit ist.

In allen Versuchen, die wir mit Personen machten, zeigte sich der Kristallschädel immer erst dann aktiv, wenn die Versuchsperson bereit war, sich für die Energien zu öffnen, die von ihm ausgingen. Erstaunt stellte ich außerdem fest, dass die durch Corazon de Luz ausgelösten Aktivierungen im Energiefeld verschiedener Menschen keineswegs immer gleich ausfielen. Immer wieder hatte der Kristallschädel neue Überraschungen für mich parat. Mit verschiedenen Farben, unterschiedlicher Farbintensität und allen Arten von Mustern im Energiefeld wollte er mir wohl zeigen, dass jeder Mensch seine ganz persönlichen Informationen bekommt, sobald er den Kristallschädel berührt. Die Photonenaufnahmen, die ich von Menschen machte, waren jedes Mal völlig verschieden von denen, die ich zuvor von einem anderen Menschen gemacht hatte. Offenbar war wirklich jeder ein Individuum, selbst auf der Photonenebene. Allerdings ließ sich feststellen, dass der Photonenfluss deutlich stärker wurde, je öfter der betreffende Mensch mit dem Kristallschädel in Kontakt gekommen war. Manchmal entwickelten sich regelrecht pulsierende Felder, die wie kleine Explosionen oder geöffnete Portale aussahen.

Das nächste Photonenfoto (Abbildung 53) zeigt eine Frau mit dem Kristallschädel Corazon de Luz auf dem Schoß, von oben fotografiert. Sie hält den Kristallschädel mit beiden Händen fest. In der Aufsicht auf den Kristallschädel sieht man kreisrunde Impulse, die vom Zentrum des Kristallschädels selbst ausgehen. In diesem Zentrum erkennt man einen rosafarbenen Fleck, der sich auf dem vorderen Bereich des Oberkopfes von Corazon de Luz auszubreiten beginnt. Die kreisrunden Impulse breiten sich ringförmig über den Schoß der Frau und darüber hinaus aus. Vom Zentrum aus gesehen zeigen sich die Farben Rosa, Gelb, Weiß,

Gelb und im äußeren Bereich Hellblau. Nach der Farbenlehre sind dies Farben der Freude, der Kommunikation und der Kraft des göttlichen Lichtes.

Im dritten Photonenbild aus dieser Reihe (Abbildung 54) sehen wir einen sitzenden Mann, frontal aufgenommen. Auch er hält den Kristallschädel Corazon de Luz mit beiden Händen auf seinem Schoß fest. Man kann einen starken, kreisrunden Impuls erkennen, dessen Zentrum auf dem Kristallschädel liegt. Die Farbe, in welcher der Kristallschädel selbst leuchtet und die er wie einen Heiligenschein in seine ganze Umgebung strahlt, ist ein helles Goldgelb. Die Farbstrahlung breiten sich als pulsierendes Feld weit über den physischen Körper des Mannes hinaus aus, und zwar in den Farben Goldgelb, Weiß, Gelb und Hellgelb. Am äußern Rand geht die Farbstrahlung ins Hellblau-Türkis über. Man sieht, dass der Mann lächelt. Die Farben stehen nach der Farbenlehre für Freude, Licht und Kommunikation.

Auf den letzten drei Bildern konnte man deutlich sehen, dass der Kristallschädel Corazon de Luz in gelbgoldenem Licht pulsiert, während er Informationen überträgt und aktive Veränderungen im Energiefeld eines Menschen hervorruft. Ich war mit Corazon de Luz schon an vielen verschiedenen Kraftplätzen gewesen, aber nirgendwo und in Kontakt mit keinem anderen Objekt oder Lebewesen hatte ich ihn so stark reagieren sehen wie im Kontakt mit Menschen. Es scheint offensichtlich, dass er in ganz besonderer Weise auf Menschen programmiert ist. Konnte dies eventuell daran liegen, dass er die anatomisch ziemlich korrekte Nachbildung eines menschlichen Schädels ist?

Was assoziiert der moderne Durchschnittsbürger mit der Nachbildung eines menschlichen Schädels? Tod, Vergänglichkeit, Voodoo, Hells Angels, Piraten, Gift ... Sicher fällt Ihnen noch viel mehr augenscheinlich Negatives ein. Es geht aber auch anders. Dem *Lexikon der Symbole* kann man entnehmen, dass Schädel »häufig symbolisch mit dem Himmelsgewölbe verglichen« werden, und weiter: »Als materielles ›Gefäß‹ des Geistes wurde der Schädel von Alchimisten gern als Behälter bei Verwandlungsprozessen verwendet« (*Lexikon der Symbole*, Seite 139). Verwandlungsprozesse! Hatte die verwandelnde Wirkung des Kristallschädels auf das menschliche Energiefeld also doch etwas mit seiner Form zu tun – oder besser gesagt mit der Bedeutung dieser Form? Das wollte ich herausfinden. Mithilfe der Photonenkamera untersuchte ich unterschiedliche Formen und Kristallarten bezüglich ihrer Wirkung auf das Energiefeld des Menschen. Den Aufnahmen konnte man entnehmen, dass die Form eines Objekts sehr wohl wichtige energetische Impulse im Unterbewusstsein produziert – über die visuelle Wahrnehmung, wie ich vermutete. Die stärksten Reaktionen konnten wir messen, wenn wir die Form eines Herzens verwendeten und erstaunlicherweise auch, wenn wir einen Schädel einsetzten. Anschließend wiederholten wir den Versuch mit Testpersonen, denen wir die Augen verbunden hatten, bevor wir sie in Kontakt mit verschiedenen Formen brachten. Das Ergebnis war verblüffend: Nun, nachdem jede visuelle Beeinflussung des Unterbewusstseins ausgeschlossen war, löste der Schädel die stärksten Reaktionen aus.

Dies ist einfach nachzuvollziehen, wenn man bedenkt, dass der Schädel das Gehirn beherbergt und dieses die Schaltzentrale des menschlichen Körpers ist. Gehirn und Rückenmark bilden das zentrale Nervensystem, von dem aus alle lebensnotwendigen Informationen an sämtliche Zellen im gesamten Organismus gesendet werden. Doch damit nicht genug. Das Gehirn ist auch der Sitz des Gedächtnisses, wobei verschiedenartige Informationen in unterschiedlichen Teilen des Gehirns gespeichert werden. Das Langzeitgedächtnis ist beispielsweise in einem anderen Teil des Gehirns untergebracht als das Kurzzeitgedächtnis. Instinktives Verhalten wird von noch einem anderen Bereich des Gehirns gesteuert. Träume und Visionen entstehen ebenfalls im Gehirn, Gedanken sowieso. Aber auch Gefühle, Körperreaktionen auf Emotionen und Wahrnehmungen sowie die Wahrnehmungen selbst werden im Gehirn produziert. Wenn wir in der Lage sind, Krankheit oder Störungen der individuellen Befindlichkeit entsprechend unvoreingenommen zu betrachten und verantwortungsvoll damit umzugehen, müssen wir sogar feststellen, dass so gut wie alles, was uns krank macht, im Gehirn beginnt. Oft werden wir krank, weil unsere Gedanken uns nicht zur Ruhe kommen lassen und unsere Ängste sogar noch fördern, statt sie aufzulösen. Und wie wir gerade erfahren haben, werden auch alle emotionalen Muster und sämtliche unbewussten Reaktionen vom Gehirn aus gesteuert. Ein weites Feld mit unzähligen Möglichkeiten, sich darin zu verirren oder gar davon krank zu werden. Aber wo Krankheit und Unwohlsein entstehen, kann auf der anderen Seite auch Gesundheit produziert werden. So unglaublich es vielleicht klingen mag, es ist alles eine Frage der entsprechenden Programmierung.

Wer immer die Kristallschädel geschaffen hat, hatte vielleicht lediglich die Absicht, direkten Zugang zur menschlichen Gehirnstruktur und den Gehirnzellen zu bekommen und Heilung ohne Umwege zu ermöglichen. Diese Erkenntnis können wir natürlich nur zulassen, wenn wir uns, wie bereits beschrieben, von unbewussten Ängsten frei machen. Kristallschädel sind völlig neutrale Informationsspeicher, die optimal geeignet sind, positiven Einfluss auf unser Gehirn und damit sowohl auf unser Energiefeld als auch auf unseren physischen Körper auszuüben. Das funktioniert allerdings nur bei Menschen, die reif genug sind, die positiven, das Leben bejahenden Kräfte in ihr Herz und ihr Leben einzulassen. Für Menschen, die über ein solches Maß an innerer Reife verfügen, kann der Kontakt mit einem Kristallschädel wie Corazon de Luz eine Einweihung sein, welche die Selbstheilungskräfte und den Photonenfluss in Körper, Geist und Seele aktiviert, alte Verhaltensmuster erlöst und vielleicht sogar zu einem längeren und glücklicheren Leben verhilft. Das wirft ein völlig neues Licht auf die Mythen vom Heiligen Gral und lässt die Annahme, es könne sich dabei um einen Kristallschädel gehandelt haben, plötzlich gar nicht mehr so weit hergeholt erscheinen: der Schädel als Gefäß für unser Großhirn, als Becher oder Kelch, der unser ganzes Sein und Werden trägt, unsere Vergangenheit, unserer Gegenwart und unsere Zukunft.

Um es noch einmal in aller Deutlichkeit zu sagen: Kristallschädel üben eine direkte Wirkung auf das Großhirn aus. Sie sind in der Lage, unsere Wahrnehmung ebenso neu zu strukturieren und zu verändern wie unsere Gefühle und unser Bewusstsein, während sie gleichzeitig die Produktion von Photonenenergie im Körper erhöhen. Ich kenne kein anderes Objekt, das eine derartige Wirkung auf den menschlichen Organismus hat.

Im Rahmen bestimmter Rituale und unter Verwendung der richtigen Methoden könnten Kristallschädel also durchaus als sehr machtvolle Heilmittel eingesetzt werden. Und genau das ist das nächste wichtige Thema, das noch behandelt werden muss. Es muss unbedingt untersucht werden, welche Rituale mit Kristallschädeln tatsächlich eine positive Wirkung haben. Nicht jeder Kristallschädelhüter kennt die richtige Umgehensweise mit Kristallschädeln oder kann den Erfolg der Energieübertragung überprüfen. Mit der Photonenkamera ist das kein Problem. Deshalb wollte ich unbedingt noch eine Untersuchung durchführen, die sich mit der Frage beschäftigen sollte, welche Rituale oder Techniken den optimalen Energieaustausch beziehungsweise Informationsfluss zwischen Kristallschädel und Mensch bewirken. Klar war von Anfang an, dass man solche Rituale im richtigen Bewusstsein durchführen muss, denn nur wer die nötige Reife besitzt, wird einen Kristallschädel aktivieren können.

RITUALE MIT KRISTALLSCHÄDELN

Wie verhalten sich Kristallschädel im Ritual? Das ist eine Frage, auf die ich eine durch Versuche gestützte Antwort finden wollte, bevor ich mich mit der möglichen Bedeutung dieser Artefakte für das nächste Jahrtausend beschäftigen konnte. Wie genau wirken Kristallschädel? Das wollte ich einfach untersuchen und erklären können, um dann vielleicht endlich voll und ganz zu verstehen, welches Potenzial in Kristallschädeln wie Corazon de Luz steckt. Anhand der letzten Photonenaufnahmen (Abbildungen 52 bis 54) hatte ich ja schon ziemlich genau belegen können, dass Kristallschädel tatsächlich in der Lage sind, enorme positive Kräfte freizusetzen. Und wie es den Anschein hatte, konnte man diese Kräfte unter ganz bestimmten Bedingungen besonders gut aktivieren.

Wenn man sich einem Kristallschädel nähert oder ihm sozusagen begegnet, öffnet sich ein Energiefeld von sehr großer Stärke. In all meinen Tests habe ich festgestellt, dass der Kristallschädel Corazon de Luz eine Art Empfangsmechanismus besitzt. Er kann also nicht nur senden und Informationen übertragen, sondern scheint darüber hinaus in der Lage, das Energiefeld eines jeden Menschen, der ihm begegnet, mit unsichtbaren Augen zu scannen. In den ersten Sekunden des Zusammentreffens aktiviert sich eine Art Vor-Energiefeld, welches noch keine pulsierenden Eigenschaften besitzt. Man sieht lediglich ein Photonenfeld aus rosafarbenen Lichtbändern, das von dem Kristallschädel ausgeht. Es wirkt, als warte der Kristallschädel erst einmal ab oder untersuche gar, in welcher Verfassung derjenige ist, der sich ihm nähert. Ab dem ersten Moment der Begegnung vergeht unterschiedlich viel Zeit, bis der Kristallschädel mit einem pulsierenden Magnetfeld reagiert. Die wellenförmigen Photonenströmungen zeigen sich bei jedem Menschen in unterschiedlichen Farben, und in keinem Übertragungsfeld ist der Verlauf der Lichtimpulse oder die Länge der Energieübertragung wie in einem anderen. Oft konnte ich auch feststellen, dass die Farbintensität des Energiefeldes und somit die Stärke des Photonenflusses in diesem Feld davon abhängig war, wie offen oder neutral der betreffende Mensch dem Kristallschädel begegnete. Betrachtete er den Kristallschädel als neutralen Vermittler von Informationen und Wissen, öffnete sich sein Photonenfeld deutlich schneller und intensiver, als das eines eher zurückhaltenden oder gar ängstlichen Menschen, der deutlich weniger bis gar nicht in Resonanz zu gehen schien. In einem Test mit einer Versuchsperson, die gar nicht meditiert und solche Rituale rundweg ablehnt, habe ich sogar festgestellt, dass sich überhaupt keine Photonenfelder entwickelten. Es ist im Rahmen der Untersuchungen sehr deutlich geworden, dass Kristallschädel keine Energie auf Menschen übertragen, wenn diese es nicht möchten. Auch in Anwesenheit von Menschen mit negativem Gedanken verschloss sich Corazon de Luz völlig. Das bedeutet, Kristallschädel können nicht für schwarzmagische Rituale missbraucht werden, weil sie in einem solchen Fall überhaupt kein Photonenenergiefeld produzieren. Ich konnte ganz eindeutig feststellen, was auch auf den Photonenaufnahmen klar zu sehen ist: Wann immer ein Mensch mit dem Kristallschädel in Kontakt trat und sein Energiefeld aktiviert wurde, hat sich der Photonenfluss erhöht. Reduziert wurde die Photonenmenge in keinem Fall. Das bedeutet, der Kristallschädel Corazon de Luz hat immer nur zur positiven Erhöhung des Photonenflusses beigetragen. Niemals wurde ein Mensch durch seine Anwesenheit geschwächt oder es wurden ihm Energien genommen.

Wir überwachen jede persönliche Sitzung, die ein Mensch mit dem Kristallschädel Corazon de Luz macht, mit der Photonenkamera und konnten schon viele wunderbare Energieaufnahmen als Erinnerungsfotos an die betreffenden Personen verschenken. Die Aktivität des Kristallschädels steigerte sich grundsätzlich, wenn wir während der Versuche bestimmte Musikstücke einspielten. Außerdem »liebt« Corazon de Luz es offenbar, von Licht durchstrahlt zu werden. Als Resultat einer langen Versuchsreihe haben wir eine Art Transformator für den Kristallschädel gebaut – ein Gehäuse, dessen Proportionsverhältnisse maßstabsgetreu denen der Cheopspyramide nachempfunden sind. An den vier Ecken der Grundfläche haben wir blaue Lichtstrahler eingebaut. Nun hat der Kristallschädel Corazon de Luz eine eigens für ihn geschaffene Pyramide, über die er kommuniziert. Die Schenkel der Pyramide sind blau beleuchtet. Der Sockel, auf dem die Pyramide ruht, ist mit den wichtigsten Sternbildern versehen, die ebenfalls strahlen. An der Decke leuchtet eine Konstruktion, die das Zentrum der Galaxie darstellt und Kontakt zur Zentralsonne herstellt. Auf diese Weise ist am »Wohnort« des Kristallschädels ein regelrechtes Kraftfeld entstanden. Mit der Photonenkamera konnten wir eindeutig nachweisen, dass der Kristallschädel, seit er diese Pyramide bewohnt, in regelmäßigen Intervallen sendet. Das blaue Licht der Pyramide schützt ihn vor Fremdeinflüssen (Abbildung 55).

Auf vielen Photonenaufnahmen (zum Beispiel Abbildung 56) sieht man in der Pyramide von Corazon de Luz und um sie herum interessante Energieströmungen, die der Kristallschädel ständig aussendet. Als ich das beeindruckende Energiefeld sah, mit dem der Kristallschädel sendet, wurde mir bewusst, dass es meine Aufgabe ist, ihn mit möglichst vielen Menschen in Kontakt zu bringen. Parallel dazu war deutlich geworden, dass der Kristallschädel die entsprechenden Menschen offenbar selbst anzog. Immer öfter gestattete ich Menschen, die mich darum gebeten hatten, mit dem Kristallschädel zu meditieren. Mittlerweile hat sich eine feste Gruppe gebildet, die nun seit über einem Jahr in täglichen Meditationen mit dem Kristallschädel für den Weltfrieden betet. In diesem Kreis entwickelten sich so manche Rituale, die sehr intensiv wirken. Viele Menschen fanden aber auch in der individuellen, ganz persönlichen Begegnung mit dem Kristallschädel echte Hilfe und Unterstützung. Und ich bin sicher, dass dies erst ein Anfang ist.

In letzter Zeit haben viele Veränderungen stattgefunden – in mir selbst und in meinem privaten Leben. Mit einem Kristallschädel wie Corazon de Luz zu leben bringt viele Wunder und positive Überraschungen, aber auch viele Prüfungen und Herausforderungen mit sich. Es ist zum Beispiel sehr schwer, die Bedürfnisse all jener zu befriedigen, die mit dem Kristallschädel in Kontakt kommen möchten, doch die vielen wundervollen Situationen, die man immer wieder erleben darf, entschädigen für den langen, manchmal mühsamen Weg. In den unzähligen Ritualen und Meditationen, die wir mit dem Kristallschädel abgehalten haben, haben wir festgestellt, dass Gebete, die in Gegenwart von Corazon de Luz gesprochen werden, besonders intensive Kräfte auslösen. Der Kristallschädel wirkt wie eine Art Katalysator. Wir haben Gebete aus ganz verschiedenen Religionen zusammengetragen und sie in Gegenwart des Kristallschädels rezitiert. Dadurch wurden sehr starke Photonenenergien ausgelöst. Ich glaube, dass die Kristallschädel in allen Religionen Verwendung finden können. Sie sind einfach religionsneutral. Ich bin sogar fest davon überzeugt, dass sie eine Art Vermittler zwischen den Weltreligionen sein können. Und wenn man sie als neutrale Vermittler kosmischen Wissens betrachtet und ihnen die Position des Heilers auf der geistigen Ebene zugesteht, stehen sie in keinem Widerspruch zu irgendeiner Religion. Kristallschädel wurden nie als Götter verehrt.

Sie waren immer nur göttliche Werkzeuge, mit deren Hilfe es gelang, das Beste im menschlichen Wesen zu aktivieren und das kosmische Allbewusstsein zu schulen. So gesehen sind Kristallschädel auch Lehrer. Sie enthalten vielleicht das gesamte kosmische Wissen über Vergangenheit, Zukunft und Gegenwart. Und sollten sie wirklich etwas mit der Bundeslade oder dem Heiligen Gral zu tun haben, kann man davon ausgehen, dass sie die Selbstheilungskräfte in jedem Menschen aktivieren und uns alle von unseren Ängsten, Beschwerden und unserer Traurigkeit befreien können.

Wie gesagt: Die stärksten, von dem Kristallschädel ausgehenden Impulse konnten wir messen, wenn er mit Menschen in Kontakt kam. Meine Erfahrung hat aber auch gezeigt, dass es sehr wichtig ist, den betreffenden Menschen professionell zu begleiten, wenn er sich von der Begegnung mit dem Kristallschädel eine Energetisierung und Aktivierung seines Energiefeldes erhofft, denn in keinem Fall dürfen aufkommende Ängste den Aktivierungsprozess stören. Einmal durfte ich einem Kristallschädelritual beiwohnen, in dem ein anderer, moderner Kristallschädel aktiviert wurde. Sowohl das Ritual als auch die Art, wie der Kristallschädel präsentiert wurde, wirkten ziemlich unheimlich auf mich. Ich spürte, dass hier Ängste hervorgerufen wurden, die sicher dem einen oder anderen den Zugang zur Energie des Kristallschädels erschwerten. Ich glaube, Kristallschädel lieben es, einfach gemocht zu werden. Dann öffnen sie ein wunderbares Feld voller regenbogenfarbener Energien, die heilend und harmonisierend auf den Geist des Menschen wirken.

Meine Vision für die Zukunft ist, alle bekannten älteren Kristallschädel in regelmäßigen Ritualen zusammenzuführen. Das liegt mir schon seit Beginn meiner Forschungsarbeiten am Herzen. Ich wage es mir kaum vorzustellen, wie die Photonenaufnahmen von einem solchen Ritual wohl aussehen würden. Man kann auf jeden Fall davon ausgehen, dass dabei eine unvorstellbare Menge an Energie freigesetzt würde. Und vielleicht wäre die Suche nach dem Jungbrunnen des ewigen Lebens, dem Heiligen Gral beendet.

Würde es eine Rolle spielen, aus welcher Tradition das Ritual stammt, das mit den Kristallschädeln durchgeführt wird? Ich glaube nicht. Sicher ist weder die Tradition oder Religion noch der bestimmte, einer einzigen Religion zugeordnete Gott für das Gelingen eines solchen Rituals verantwortlich, sondern einzig und allein die Herzensgesinnung und die Absicht, die hinter dem Ritual steht. Auch wenn ich damit so manchen Kristallschädelhüter vor eine echte Herausforderung stelle, behaupte ich: Den *einen*, einzig wahren Kristallschädel gibt es genauso wenig wie das *eine*, einzig richtige Ritual. Neben all den privaten Ritualen, die einzelnen Menschen Kraft und Heilung schenken, gibt es auch die Möglichkeit, Kristallschädel gemeinschaftlich zum Wirken zu bringen. Oftmals verbauen sich die Menschen von heute selbst die Chance, die Welt im offenen Austausch und in der Zusammenarbeit mit anderen zu gestalten.

Ich bin jedoch fest davon überzeugt, dass sich die Zeiten ändern werden und dass sich mit ihnen genau dieses Verhalten ändern wird. Die Menschheit als

Ganzes ist auf dem Weg der bewussten spirituellen Wandlung. Warum also sollten die Menschen der ganzen Welt diesen Weg nicht gemeinsam gehen? Die Kristallschädel werden sich erst wieder vereinen, wenn die Menschen sich vereint haben. Erst wenn kein Kristallschädelhüter mehr glaubt, er oder sein Kristallschädel sei besser als andere; erst wenn die Menschen – egal welcher Rasse und Religion sie angehören – einander wieder Respekt zollen, kann sich die Welt verändern und die Zukunft neu gestaltet werden. Dann ist die Welt reif für das große Kristallschädel-Ritual, mit dem eine neue Zeit beginnen wird.

INDIVIDUELLE ERFAHRUNGEN MIT DEM KRISTALLSCHÄDEL CORAZON DE LUZ

Weil ich herausfinden wollte, welche Wirkung die Energien des Kristallschädels Corazon de Luz auf unterschiedliche Individuen haben, machten wir eine Reihe von Versuchen, die alle in drei Schritten abliefen:

1. Wir fotografierten Menschen mit der Photonenkamera.
2. Dann näherten sie sich dem Kristallschädel, jedoch ohne ihn zu berühren.
3. Anschließend machten wir eine zweite Aufnahme mit der Photonenkamera.

In allen Fällen konnten wir feststellen, dass sich der Photonenfluss durch die Begegnung des betreffenden Menschen mit dem Kristallschädel erhöht hatte. Interferenzen waren immer vor allem an den Stellen zu beobachten, an denen die jeweilige Person eine Energieerhöhung besonders nötig hatte.

Etwa zu der Zeit, als wir diese Versuche machten, stellte sich bei mir selbst ein gesundheitliches Problem ein. Nach zwei schweren Geburten hatte sich ein Störfeld in meinem Unterleib entwickelt, in dem nun in rasanter Geschwindigkeit mehrere Zysten heranwuchsen. Mit der Photonenkamera gemachte Aufnahmen hatten das Problem sehr schnell deutlich gemacht, und ich hatte sofort reagiert und mich in schulmedizinische Therapie begeben. Mir war aber auch klar, dass jede Erkrankung eine Ursache im energetischen Feld des physischen Körpers hat, die nur durch intensive Arbeit an sich selbst erkannt und aufgelöst werden kann.

Ich beschloss also, zusätzlich zu dem, was der Arzt mir geraten und verschrieben hatte, mit dem Kristallschädel Corazon de Luz direkt auf die Störfelder einzuwirken und die Wirkung dieser Behandlung mit der Photonenkamera zu dokumentieren. Zunächst bat ich eine Mitarbeiterin, eine Photonenaufnahme von meinem Nacken zu machen. Dort liegt die *Medulla oblongata,* die Verlängerung des Rückenmarks, die zum *Hypothalamus* führt und über die man dessen Photonenaktivität messen kann.

Auf der Aufnahme (Abbildung 57) sieht man meinen Nacken und das Energiefeld der *Medulla oblongata.* Im Zentrum dieses Energiefeldes müssten eigentlich das Lenkergefäß und das Energiefeld des Hypothalamus sichtbar sein. Man sieht aber lediglich ein blaues Feld, das nach oben hin zwar eine leichte Rosafärbung annimmt, aber die dazugehörigen Meridiane sind nicht zu sehen.

Die nächste Aufnahme (Abbildung 58) zeigt meinen Nacken nach einer Meditation mit Corazon de Luz. Man erkennt deutlich ein rotes Photonenfeld, das in Höhe des Haaransatzes kreisrund pulsiert. Die Aktivität der Photonen ist deutlich verstärkt, und man kann

Lichtbänder erkennen, die den Rücken entlanglaufen. Seitlich rechts sieht man den Dünndarmmeridian rot leuchten. Er verläuft als Streifen vom Hals in Richtung Schulter. Dort, wo sich das kreisrunde Feld befindet, werden der Blasenmeridian und das Lenkergefäß aktiviert. Deshalb entwickeln sich die Querstreifen auf dem Rücken, die sich ihren Weg nach oben zu bahnen versuchen. Das Energiefeld will sich wieder gleichmäßig ausrichten. Das farbige Feld über der rechten Schulter zeigt, dass ein geordneter Photonenfluss Schwingungen ausgelöst hat, die sich in Form von pulsierenden Wellen im Umfeld zeigen.

Von nun an hielt ich mich regelmäßig in unmittelbarer Nähe des Kristallschädels auf und bat einmal täglich um lichtvolle Unterstützung auf meinem Weg sowie um eine heilsame Veränderung meines Energiefeldes. Letztere stellte sich erstaunlich schnell ein. Zum Beispiel spürte ich eine deutliche Veränderung meines Schlafverhaltens. Ich schlief zwar immer noch zu wenig, weil ich in dieser Zeit auch noch unter erheblichem beruflichem Stress stand, aber dafür schlief ich tiefer und träumte sehr viel intensiver als zuvor. In den ersten Tagen handelten die Träume hauptsächlich von meiner Kindheit, und da meine Eltern beide schon verstorben sind, gab es in diesem Zusammenhang auch einiges an Schmerz zu verarbeiten. Die Träume waren sehr realistisch. Ich führte sogar Gespräche mit meiner Mutter und meinem Vater und konnte Dinge ansprechen, die wir zu Lebzeiten meiner Eltern nicht hatten klären können. Die Träume waren alle positiv und bewirkten, dass ich stets mit dem Gefühl, geliebt zu werden, aufwachte. Ich war fest davon überzeugt, dass der Kristallschädel mir auf irgendeine Weise half, die Verletzungen aufzulösen, die Menschen mir zugefügt hatten. Ich stellte mir vor, dass eine Art Wiederherstellungsprogramm in meinem Gehirn installiert wurde. Als ich dies mit der Photonenkamera kontrollierte, stellte ich fest, dass die Photonenaktivität meines Gehirns und vor allem meines Hypothalamus nach solchen Träumen außergewöhnlich hoch war. Das konnte eigentlich nur bedeuten, dass der Kristallschädel eine Art Umprogrammierung meines Gehirns bewirkte, dass er die Daten auf meiner »Festplatte« veränderte. Programme, die schlechte Empfindungen auslösten, wurden umgeschrieben. Negative Erfahrungen, die als Verletzungen in meinem Gehirn abgespeichert waren, wurden durch die als real erlebten Träume in positive Erfahrungen umgewandelt. Ich fühlte mich zunehmend mit mir selbst im Reinen und erkannte, dass meine Erkrankung sehr viel mit meinen Emotionen und meinen Erwartungen an das Leben zu tun hatte. Mein Wunsch nach einer »richtigen« Familie und einem liebevollen Familienleben war in meinem Leben irgendwie nie erfüllt worden. Und mit dieser Erkenntnis stellte sich plötzlich auch so etwas wie innerer Frieden ein. Ich war bereit, meine Vergangenheit anzunehmen und begann sie sogar als positiv zu empfinden. Parallel zu diesem Prozess fand eine völlige Veränderung in meinem persönlichen Umfeld statt. Menschen kamen und gingen. Ich führte dies auf den Einfluss des Kristallschädels zurück. Wahrscheinlich hatte er mein Schwingungsfeld so verändert, dass manche Menschen eben einfach nicht mehr zu mir passten und andere neu in mein Leben treten konnten.

Nachdem ich annähernd verstanden hatte, was der Kristallschädel Corazon de Luz eigentlich in meinem Gehirn bewirkte, nämlich eine Umstrukturierung fehlerhafter Programme, empfand ich ihn zunehmend als neutralen Spender harmonisierender Energien, die mich immer mehr in meine innere Mitte führten. Ich verbrachte noch mehr Zeit mit dem Kristallschädel und verband mich noch bewusster mit dem Schöpfer aller Dinge. Und irgendwann spürte ich, dass diese Meditationen noch mehr in mir bewirkten als die reine Aufarbeitung persönlicher Erinnerungen. Ich entwickelte beispielsweise ein sehr klares Bewusstsein für die Natur, eine Art Instinkt oder sechsten Sinn. Ich nahm Menschen und Dinge intensiver wahr, sah Farben leuchtender und empfand Gerüche intensiver als vorher. Es war, als sei ich innerlich gewachsen und auf eine Ebene gelangt, auf der ich mich plötzlich ganz auf Gott und die göttliche Allgegenwart in allen Dingen konzentrieren konnte. Erstaunt stellte ich fest, dass es mir offenbar ganz ohne Anstrengung gelungen war, meine Erwartungen an das Leben ein Stück weit loszulassen und mich aus dem materiellen Zwangsverhalten zu lösen, das mich die ganze Zeit emotional eingeschränkt hatte. Der innere Frieden und die göttliche Kraft, die ich jetzt in mir spürte, machten mich gelassen und offen für alles, was auf mich zukommen wollte. Die gleichzeitige Einnahme meiner schulmedizinischen Medikamente empfand ich als unterstützend und nicht im Widerspruch zu dem, was sich auf der energetischen Ebene abspielte. Ich war mir sicher, dass alles genau auf meinen Heilungsprozess abgestimmt war.

Nach ungefähr zwei Wochen hatte ich ein Erlebnis, das sicherlich hauptverantwortlich für die nachfolgende Veränderung war. In einer Meditation mit dem Kristallschädel spürte ich von Anfang an, dass die Impulse, die durch meinen Körper flossen, an diesem Tag besonders stark waren. Zunächst war ich ein wenig irritiert, doch dann vertraute ich einfach und ließ mich fallen. Ich geriet in eine Art Trancezustand, in dem ich das Gefühl hatte, außerhalb meines Körpers zu schweben. Ich sah mich selbst dasitzen und betrachtete mich von oben. Dann sah ich den Kristallschädel. Er leuchtete strahlend blau, und ein starkes Licht schien durch den ganzen Raum und durch meinen Körper hindurchzufließen. Plötzlich bildeten sich Lichtwellen im unmittelbaren Umfeld des Kristallschädels, die wie sich am Strand brechende Meereswogen durch den ganzen Raum vibrierten. Ein helles Feld begann sich im Kreis um den Kristallschädel zu drehen, und von der Stirn des Kristallschädels aus entwickelte sich ein goldweiß strahlender Lichtkegel, während helle goldweiße Lichtstrahlen aus den Augenhöhlen des Kristallschädels traten. Es machte den Eindruck, als hätte der Kristallschädel seine Augen geöffnet. Der Lichtstrahl richtete sich auf meinen Körper, den ich wie aus der Vogelperspektive unter mir sitzen sah. Ich sah, wie er meinen gesamten Körper abtastete und ihn in ein Lichtfeld einschloss. Das Licht wurde immer intensiver, und mein Körper wirkte wie in ein leuchtend weißes Laserfeld eingeschlossen.

Nach einer Weile schloss Corazon de Luz die Augen und ich fand mich in meinem Körper wieder. Ich spürte meinen Körper und öffnete die Augen. Der Kristallschädel stand ganz unschuldig vor mir und ich konnte keine Veränderung an ihm feststellen.

Ein paar Tage später fuhr ich mit Corazon de Luz zum Rheinfall von Schaffhausen (siehe Seite 130 ff.). Während wir dort Aufnahmen machten, hatte ich zeitweise heftige Schmerzen im Unterleib. Dennoch brach ich die Forschungen nicht ab, und genau in dem Moment, in dem wir damit fertig waren, spürte ich plötzlich, dass sich in meinem Unterleib etwas gelöst hatte. Ich wusste sofort, dass es ein Teil des krankhaften Gewebes sein musste. Und wirklich – als ich mein Energiefeld mit der Photonenkamera kontrollierte, stellte ich fest, dass sich das ehemalige Störfeld im Bereich meines Unterleibs deutlich zum Positiven verändert hatte. Als wir wieder zu Hause waren, stellte mein behandelnder Gynäkologe fest, dass das bösartige Gewächs fast völlig verschwunden war. Ich konnte es kaum fassen, denn schließlich hatte ich mich schon auf eine Unterleibsoperation eingestellt, die sicher nicht einfach gewesen wäre. Überglücklich bedankte ich mich bei jener Kraft, die meine Selbstheilungskräfte derart aktiviert hatte. Dennoch setzte ich meine Kristallschädelmeditationen in unveränderter Intensität fort – und erlebte eine regelrechte Reinigung meines Körpers. Eine starke grippeähnliche Reaktion brachte mein gesamtes Immunsystem in Aufruhr. Nach weiteren zwei Wochen konnte kein Gewächs mehr festgestellt werden. Auch die Aufnahmen, die mit der Photonenkamera gemacht wurden, zeigen deutlich, dass sich das Störfeld im Unterleib offenbar einfach aufgelöst hat.

Auch die oben kurz skizzierten Versuche mit anderen Personen zeigten, dass der Kristallschädel Corazon de Luz offenbar eine heilende und verändernde Wirkung auf Menschen hat. Traurige Menschen konnten nach der Begegnung wieder Freude empfinden. Kraft- und ziellose Menschen sahen ihr Leben plötzlich aus einem ganz anderen Blickwinkel. Dem Kristallschädel gelang es, jeden Menschen auf ganz individuelle Weise sich selbst näher zu bringen. Er hat nämlich kein eigenes Bewusstsein und bindet die Menschen auch nicht an sich. Er ist nur ein Werkzeug jener göttlichen Energien, die den Menschen eine Korrektur ihres Bewusstseinszustandes ermöglichen.

Eine Begegnung mit dem Kristallschädel wird mir sicher noch lange in Erinnerung bleiben. Eine Frau war gekommen, weil sie in furchtbaren finanziellen Schwierigkeiten steckte. Sie verbrachte lange Zeit meditierend mit Corazon de Luz und berichtete mir anschließend, der Schädel habe mit ihr gesprochen. Sie wisse jetzt, wo der Fehler liege und dass es sich um ein Muster handle, das sie sich aufgrund ihrer Erfahrungen mit ihren Eltern selbst konstruiert habe. Etwa zwei Monate später bekam ich ein großzügiges Geschenk und einen Brief von ihr: Sie hatte sich innerlich mit ihren Eltern ausgesöhnt und kurze Zeit später das Erbe eines im Ausland lebenden Verwandten angetreten. Damit war sie all ihre finanziellen Sorgen auf einmal losgeworden. Ich freute mich sehr für sie.

TEIL 3

KRISTALLSCHÄDEL UND IHRE BEDEUTUNG FÜR DIE ZUKUNFT

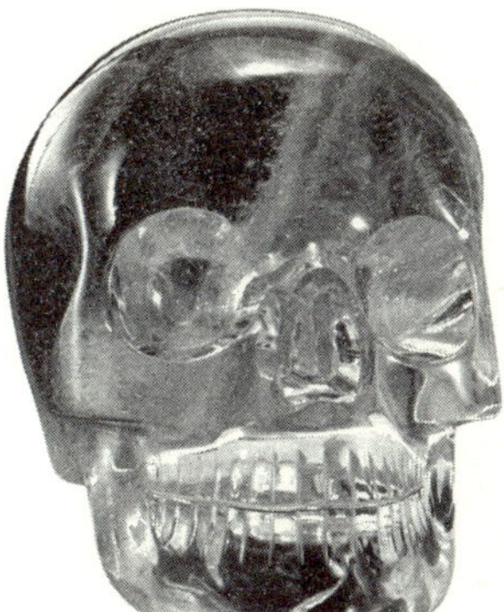

DIE KULTUR DER MAYA UND DIE KRISTALLSCHÄDEL

»Chactun, roter Edelstein!
Himmlische Essenz,
himmlischer Tropfen der Verwandlung,
dein Zauber schuf die Sonne,
schuf die Erde,
der Zauber der Tropfen des Himmels ...«

Zauberspruch aus dem Buch des Jaguarpriesters von Chumayel, zitiert nach Christian Rätsch

Die Weltordnung der Maya hat sich ihrem Schöpfungsmythos zufolge aus einem Edelstein entwickelt. Das Urchaos oder die Ursuppe zu Beginn der Schöpfung war demnach ein Gebräu aus himmlischen Essenzen und den Tropfen der Verwandlung, aus dem irgendwann ein roter Edelstein »gebunden« wurde. Der Zauber dieses Steins schuf anschließend Sonne, Erde, Mond, Himmel und Unterwelt: den ganzen Kosmos. Außerdem »spuckte« der Stein ein Spinnennetz aus, welches im ursprünglichen Muster immer weiter gewebt wurde: die Weltordnung. Der Himmel bestand aus dreizehn Schichten, in denen je ein Gott über jeweils eine Schicht wachte. Die Unterwelt war aus neun Schichten zusammengesetzt, auch mit jeweils einem Gott für jede Schicht. Der Himmel mit seinen dreizehn Schichten – das männliche Prinzip – war das Reich des Lichts. Und die »Tropfen der Verwandlung«, die von dort herabfielen, waren die Tränen des Himmels oder die Samen der Zeugung. Die neun Schichten der Unterwelt – das weibliche Prinzip – öffneten sich diesen Samen der Schöpfung und nahmen sie in sich auf, damit aus dem Humus des Todes neues Leben entstehen konnte. Gemeinsam zeugten die dreizehn Himmel und die neun Unterwelten die dreiundzwanzigste Emanation des roten Edelsteins: die Erde, auf der die Menschen leben.

Die Achse des Kosmos bildete *Yaxche*, ein riesiger Kapokbaum, dessen Wurzeln tief in die Unterwelt reichten und dessen Äste, Zweige, Blätter und Früchte die Himmelsschichten erfüllten. Die Tierwesen, die in den Ästen des Weltenbaumes wohnten, bildeten die Sternbilder des Nachthimmels. Und die Muster auf *Tzab*, der Klapperschlange, waren die Plejaden.

Um diese Achse entstanden die vier Weltgegenden: der rote Osten, der weiße Norden, der schwarze Westen und der gelbe Süden. Und in jeder dieser Weltgegenden gab es noch einen heiligen Baum. Außerdem wuchsen dort Bohnen und Mais von der jeweiligen Farbe – rot, weiß, schwarz und gelb. Diese »Ecken der Welt« wurden von je einem Gott bewacht und erhalten. Außerdem bestimmten Regen- und Windgötter aus den verschiedenen Himmelsrichtungen über das Wetter auf der Erde, und jede Gottheit der Himmelsschichten entfaltete bestimmte Aspekte in den vier Weltgegenden.

Die Menschen, die sich selbst als Maya bezeichnen, bewohnen die Halbinsel Yucatán, die heute zu Mexiko, Guatemala und Belize gehört. (Wir erinnern uns, dass der Mitchell-Hedges-Kristallschädel in Belize gefunden wurde.) In dieser Kultur spielten Prophezeiungen schon immer eine sehr große Rolle, vor allem in unsicheren Zeiten. Prophet und Sprachrohr der Götter war der Jaguarpriester (*Chilam Balam*), der sich durch Fasten, Meditation und die Einnahme halluzinogener Substanzen aus bestimmten Pflanzen in einen veränderten Bewusstseinszustand brachte. Dann lag sein Körper bewegungslos und in absoluter Dunkelheit im Innern des Tempels, während sein erweitertes Bewusstsein auf dem Dach des Gebäudes dem jeweiligen Gott begegnete und mit ihm kommunizierte. Sobald das Bewusstsein in den Körper des Jaguarpriesters zurückgekehrt war, verkündete dieser, was er von dem Gott erfahren hatte, als Prophezeiung. Die berühmteste Prophezeiung eines Jaguarpriesters wurde zu Beginn des 16. Jahrhunderts ausgesprochen und besagte, dass bärtige Männer vom Osten nach Yucatán kommen und eine neue Religion einführen würden. Sie bewahrheitete sich, als die spanischen Eroberer im Jahr 1527 Yucatán erreichten.

Die Spanier haben ganze Arbeit geleistet. Sie brachten Krankheiten mit, gegen welche die Maya nicht immun waren, plünderten Tempel, zerschlugen Götterfiguren und töteten Priester. Die christlichen Missionare taten einerseits alles, um den Glauben der Indianer und das, was sie als »Götzendienst« bezeichneten, auszurotten, sammelten aber gleichzeitig Informationen über Kultur, Geschichte, Religion und Kosmologie der Maya. Einer der größten Inquisitoren war Diego de Landa (1524–1579), Bischof von Yucatán. Er ist vor allem dafür bekannt, dass er sämtliche Maya-Manuskripte, derer er habhaft werden konnte, verbrennen ließ. Aus diesem Grund sind heute nur noch Teile von vier Maya-Codices erhalten, und unser Wissen über die alte Religion der Maya ist entsprechend bruchstückhaft. Als eine Art Rechtfertigung seines Handelns schrieb de Landa 1566 seinen Bericht aus Yucatán (*Relacíon de las cosas de Yucatán*), der in Ermangelung weiterer Originaltexte nach wie vor die wichtigste völkerkundliche Beschreibung der Maya-Kultur ist. De Landa bezog seine Informationen keineswegs nur aus eigener Anschauung, sondern arbeitete mit zwei adligen, einheimischen Informanten zusammen: Juan (Nachi) Cocom und Antonio Gaspar Chi.

Diesem Bericht können wir auch entnehmen, dass die Maya so lange keine »Götzenanbeter« waren, bis ein Kriegsführer namens Kukulcan (= Quetzalcoatl, die gefiederte Schlange) aus Mexiko nach Yucatán kam und religiöse Vorstellungen und Praktiken mitbrachte, die den Maya fremd und grausam vorkamen. Die neuen Götter der eingewanderten Tolteken waren durstig nach Menschenblut, und die Sonne wollte fortan nur noch scheinen, wenn sie regelmäßig noch zuckende Menschenherzen zu essen bekam.

Im 9. Jahrhundert nach Christus beginnt der Niedergang der klassischen Maya-Kultur. Er vollzieht sich nicht plötzlich, sondern als Exodus, der sich über Jahrzehnte hinzieht. Stelen (hohe Steinplatten mit den

Bildern der Herrscher und Texten in Hieroglyphenschrift) werden nicht mehr errichtet; farbige Keramik wird nicht mehr hergestellt; Tempel und Kultstätten werden nicht mehr gebaut. Die Städte bleiben zwar bewohnt, aber offenbar wohnt hier bald niemand mehr, der mit der alten Kosmologie und Religion der Maya wirklich vertraut ist. Man weiß bis heute nicht sicher, was diesen Exodus ausgelöst hat, sicher ist nur, dass er stattgefunden hat und dass es die Elite war, die abgewandert ist. Es waren wohl genau die Fürsten, Priester und Vergötterten, deren Leben sonst im »Haus in den Wassern« geendet hätte, der Totenstadt auf einer kleinen Insel im Golf von Mexiko.

Die Legende, nach der die Maya einst dreizehn lebensgroße Kristallschädel besaßen, die immer noch existieren, wenn auch nicht mehr an einem Ort, könnte durchaus etwas mit diesem Exodus zu tun haben und vielleicht auch mit der Erinnerung an die Weisen, Mächtigen und Halbgötter, die im »Haus in den Wassern« geblieben waren. Kristallschädel wären aufgrund ihrer äußeren Form und ihres klaren, wasserartigen Aussehens durchaus geeignet gewesen, diese Erinnerung wach zu halten. Der Legende nach haben Götter die dreizehn Kristallschädel auf die Erde gebracht. Die Legende sagt auch, dass das ganze Wissen über den Ursprung der Menschheit in diesen Schädeln gespeichert ist, dass sie die größten Geheimnisse bewahren und dass sie über weissagende Fähigkeiten verfügen. Sie sollen sogar Informationen enthalten, die das Überleben der menschlichen Rasse auch in Zukunft sichern können. Eines Tages werden alle dreizehn Kristallschädel wieder auftauchen und zusammengebracht werden. Dann bilden sie eine gemeinsame Quelle des Wissens, aus der alle schöpfen können. Das wäre der Beginn eines neuen Bewusstseins für die Menschheit als Ganzes. Die Kristallschädel werden sich aber erst offenbaren und den Menschen ihr Wissen zugänglich machen, wenn die Menschheit reif dafür ist.

Manchmal wird auch gesagt, die zwölf Kristallschädel seien von außerirdischen Göttern geschaffen worden und von zwölf Planeten gekommen. Und mit dem Auftauchen eines dreizehnten Kristallschädels könne die Menschheit eine besondere Art von Erleuchtung erlangen.

Der Kalender der Maya

Den *einen* Maya-Kalender gibt es nicht. Vielmehr hatten die Maya in der Zeit vor der Eroberung durch die Spanier drei verschiedene Kalender, die nebeneinander abliefen und miteinander in Verbindung standen: einen Zyklus von 260 Tagen, einen von 365 Tagen und die sogenannte lange Zählung, das heißt die Zählung aller Tage, die seit der letzten Weltschöpfung vergangen sind. Letztere wird nach der sogenannten »Goodman-Martinez-Thompson-Korrelation« (einem Faktor, mit dem man Daten des Maya-Kalenders in unsere Zeitrechnung transponieren kann) auf den 10. August des Jahres 3114 vor Christus datiert. Demnach wäre dieser Kalender mehr als fünftausend Jahre alt.

Die einzelnen Zeiteinheiten werden wie folgt gezählt und benannt:

Zeiteinheit (deutsch)	**Zeiteinheit (mayathan)**	**bestehend aus**
Tag	*kin*	
Monat	*uinal*	20 *kin*
Jahr	*tun*	18 x 20 = 360 *kin*
Periode	*katun*	20 *tun* = 7 200 *kin*
(längere) Periode	*baktun*	20 *katun* = 144 000 *kin*

Die Gestirne waren für die Maya keine unbelebten Körper, sondern Götter. Verehrt wurden vor allem der alte Sonnengott *Ahau Kin*, die junge Mondgöttin *Ixchel* (auch »Regenbogenfrau« genannt) und die Venus (*Chac Ek* = großer/roter Stern).

Während es mehr oder weniger auf der Hand liegt, warum man einen Sonnengott (männliches Prinzip) und eine Mondgöttin (weibliches Prinzip) verehrte, bedarf die Verehrung des großen roten Sterns einer Erklärung. Im Codex Dresdensis, dem Fragment eines originalen Maya-Manuskripts, ist dem Lauf der Venus ein ganzes Kapitel mit zahlreichen Tabellen gewidmet, deren Deutung wir dem Dresdener Bibliothekar Ernst Förstermann zu verdanken haben. Es ging den Maya offenbar darum, die Phasen der Venus genau berechnen und vorhersagen zu können. Dabei fanden sie heraus, dass die Venus 236 Tage lang als Morgenstern zu sehen ist und dann 90 Tage lang unsichtbar wird. Danach erscheint sie 250 Tage lang als Abendstern und wird anschließend acht Tage lang unsichtbar, bevor sie erneut als Morgenstern erscheint. Alle Völker Mittelamerikas, vor allem aber die Maya fürchteten das erstmalige Erscheinen des Morgensterns nach diesen acht Tagen als Unglück bringend. Der große rote Morgenstern, so glaubte man, schieße mit Pfeilen oder Speeren auf seine Opfer. Es galt also, genau zu beobachten, wo die Venus gerade stand, und sich rechtzeitig in Sicherheit zu bringen.

Woher kam diese Angst vor der Unglück bringenden Macht der Venus?

In seinem Buch *Welten im Zusammenstoß* stellt Immanuel Velikovsky die These auf, der heutige Planet Venus sei durch eine kosmische Katastrophe vom Planeten Jupiter »abgesprengt« worden und dann zunächst als Komet durch unser Sonnensystem gekreist. Der Kometenschweif soll dabei eine so starke elektromagnetische Wirkung gehabt haben, dass die Erde dadurch mehrfach verwüstet wurde. Obwohl diese »ungeheuerliche« These von Wissenschaftlern abgelehnt wurde, spricht manches dafür, dass sie richtig sein könnte. Warum sonst wäre die Venus nicht nur von Völkern der alten Welt, sondern auch von den Maya und anderen Völkern Amerikas als mächtige Gottheit verehrt worden? Mittlerweile soll es neueste Aufnahmen der NASA geben, die zweifelsfrei belegen, dass es vor rund 13 000 Jahren eine Kollision zwischen Venus und Jupiter gegeben hat – mit schwerwiegenden Folgen für die Erde (vgl. Heinrich: *Die Venus-Katastrophe*).

Alles wiederholt sich …

Die *Katune* – die Zeiträume von zwanzig Jahren à 360 Tagen – hatten für die Maya eine besondere Bedeutung. In jedem *Katun* äußerte sich nämlich die Macht eines bestimmten Gottes, von denen es dreizehn gab. Nach dreizehn *Katunen* (13 x 7200 Tage, etwa 256 Jahre unserer Zeitrechnung) machten sich also wieder die gleichen Einflüsse bemerkbar, weil derselbe Gott erneut herrschte. Die Maya rechneten sogar damit, dass sich bestimmte Ereignisse wiederholten und befragten ihre Almanache nach dem Schicksal, das ihnen bevorstand. Eine solche Prophezeiung und die entsprechende Ergebenheit in das vorhergesagte Schicksal könnte ebenfalls der Grund für den Exodus gewesen sein, von dem bereits die Rede war.

… und wird irgendwann ganz neu

Den Prophezeiungen der Maya zufolge endet am 21. Dezember 2012 ein Zeitalter. Und mit diesem Datum endet auch der Maya-Kalender, weil danach angeblich eine neue Zeitrechnung beginnt. John Major Jenkins, ein führender Maya-Forscher schreibt über dieses Datum: »Zur Wintersonnenwende im Jahr 2012 wird die Sonne in Konjunktion mit dem Äquator der Milchstraße stehen … Der Ort, an dem die Sonne der Milchstraße begegnet, befindet sich in der ›dunklen Spalte‹ der Milchstraße, die durch interstellare Staubwolken gebildet wird … Dadurch ›sitzt‹ die Milchstraße auf der Erde, berührt sie an allen Punkten ringsum und öffnet ein kosmisches ›Himmelstor‹ ... Der Kalender der Maya hat akkurat aufgezeigt, wann dieses Ereignis stattfinden wird – und es bedeutet mehr als die Geburt eines neuen solaren Jahres. Es bedeutet den Anfang eines neuen großen Zyklus der Zeitrechnung – das Neu-Stellen der großen himmlischen Sternenuhr – und, vielleicht, eine neue Ebene in der Natur des menschlichen Bewusstseins und der Zivilisation.«

Das sind meiner Ansicht nach keine Anzeichen für einen Weltuntergang. Vielmehr glaube ich, dass sich diese Konstellation besonders gut für eine Zusammenführung der Kristallschädel an einem besonderen Kraftplatz eignet. Ich bin sogar davon überzeugt, dass sich in dieser Konstellation die Prophezeiung der Maya über die Kristallschädel erfüllt, wenn diese eine bestimmte Frequenz elektromagnetischer Impulse oder ein besonderes Energiefeld aktivieren. Dann wären die Menschen am Beginn eines friedlichen, harmonischen Zeitalters des Wissens angekommen.

Die Maya heute

Dass der Maya-Kalender über die Jahrhunderte so präzise blieb, ist umso erstaunlicher, wenn man bedenkt, dass die Völker der Frühzeit vermutlich *keine* beobachtungstechnischen Hilfsmittel gehabt haben, ja noch nicht einmal eine genaue Uhr. Da liegt die Vermutung nahe, dass sie ihre astronomischen und mathematischen Kenntnisse, die unter anderem auch in ihren Bauwerken zum Ausdruck kamen, aus einer besonderen Quelle bezogen, nämlich aus den dreizehn Kristallschädeln, die in ihren Legenden bis heute erhalten geblieben sind.

Die heute noch lebenden Maya-Stämme haben nach wie vor einen Rat der Priester, der sich regelmäßig zu Kristallschädelritualen trifft. Das derzeit amtierende Oberhaupt der Maya-Priester, Don Alejandro Cirilo Perez Oxlaj (Wandering Wolf), lebt in Guatemala und führt immer noch regelmäßig Rituale an den alten Kraftplätzen der Maya-Kultur durch. Die Kernaussage der alten Legende über die dreizehn Kristallschädel lautet, dass sich die Kristallschädel wiedervereinen sollen, um das Bewusstsein der Menschheit auf eine höhere Ebene zu bringen, denn erst wenn alle Menschen auf der ganzen Welt gemeinsam nach spiritueller Verwirklichung streben, können die Kristallschädel das ganze Wissen der dreizehn Schichten des Himmels offenbaren.

ALLES AUS ATLANTIS?

Dem griechischen Philosophen Platon (427 bis 347 vor Christus) verdanken wir eine sehr detaillierte Beschreibung des Inselreiches Atlantis. Größer als »Lybien« und »Asien« zusammen soll es gewesen sein (wobei man beachten muss, dass mit »Lybien« damals Nordafrika ohne Ägypten bezeichnet wurde und mit »Asien« die bekannten Teile Vorderasiens), und angeblich herrschte es bereits über ganz Europa und Nordafrika bis nach Ägypten, als es auch noch Griechenland unterwerfen wollte. Letzteres sei dann allerdings durch die tugendhaften Athener verhindert worden. All das soll sich laut Platon um 9600 vor Christus zugetragen haben, kurz bevor Atlantis durch eine Naturkatastrophe mit schwerem Erdbeben und anschließender Flut innerhalb »eines einzigen Tages und einer unglückseligen Nacht« zerstört wurde und für immer im Meer versank.

Atlantis, die »Insel des Atlas« soll reich an Bodenschätzen wie Gold, Silber und anderen Metallen sowie an Mineralien gewesen sein und dazu auch noch äußerst fruchtbar. Zwei Ernten im Jahr seien möglich gewesen. Im Winter habe es geregnet und im Sommer seien die Felder über Kanäle künstlich bewässert worden. Unter den Wildtieren, die dort lebten, wird der Elefant eigens benannt. Warme Quellen und Geysire soll es ebenfalls gegeben haben.

Die Bebauung der Hauptinsel sei streng nach geometrischen Regeln erfolgt. Platon beschreibt eine konzentrische Anlage aus einer zentralen Insel, die abwechselnd von einem künstlichen Wassergürtel und einer ringförmigen Insel umgeben ist. Insgesamt sind es drei ringförmige Inseln und vier Wassergürtel, die durch radiale Kanäle verbunden sind. Auf der zentralen Insel befinden sich ein Poseidontempel, der nach Platon »innen und außen mit Gold, Silber und Oreichalkos (Kupfer?) überzogen« ist, die Akropolis, ein Hippodrom und die Paläste der Herrscher. Die ringförmigen Randbezirke sind (von innen nach außen) mit den Wohnungen der Wächter, der Krieger und der Bürger bebaut. In den beiden äußeren Wassergürteln befinden sich die Häfen, ganz außen der Handelshafen, weiter innen der Kriegshafen. Platon spricht in seiner Beschreibung dieser Anlage davon, dass sich »in einer weiten Ebene« ein »gewaltiger Hügel« erhebt, »über den hin der größere Teil der Stadt erbaut ist«. Weiter schreibt er, dass sich sieben Ringe oder Kreise vom Fuß des Berges aus über die Ebene erstrecken und dass diese Ringe nach den sieben Planeten benannt sind. Das hört sich an, als sei die Stadt so etwas wie ein Modell unseres Sonnensystems gewesen.

Wer herrschte in Atlantis?

Atlantis, die »Insel des Atlas«, soll von einem gottähnlichen Wesen regiert worden sein. Nach Platon war Atlas ein Sohn des Meeresgottes Poseidon, nach der griechischen Mythologie war er der Sohn des Titanen Japetus und der Klymene sowie ein Bruder des Prometheus. Prometheus war ein Freund der Götter, die ihn wegen seiner Geistesgaben liebten. Doch als er übermütig wurde und einen Menschen, den er selbst erschaffen hatte, mit dem Feuer beleben wollte, das er zuvor den Göttern gestohlen hatte, bestraften ihn diese, indem sie ihn an einen Felsen schmiedeten. Und seinen Bruder Atlas, der die Empörung aller Titanen gegen die Götter teilte, bestraften sie ebenfalls, indem sie ihm »die ganze Last des Himmels« auferlegten (Vollmer, Seite 80). Was sich aus Sicht derer, die diesen Mythos geschaffen haben, als eine schwere Strafe darstellt, kann natürlich auch anders gesehen werden, und das wurde es offenbar auch. Manchen griechischen Quellen kann man entnehmen, dass Atlas ein hervorragender Astronom war, denn schließlich trug er das ganze Himmelsgewölbe mit sämtlichen Sternen und Planeten auf seinen Schultern – wie einen Kopf. Man könnte auch sagen: Er hatte das gesamte Wissen über das Himmelsgewölbe und all seine Gesetzmäßigkeiten im Kopf.

Atlas soll gemeinsam mit neun »Unterkönigen« über Atlantis regiert haben, und man kann davon ausgehen, dass jeder dieser Könige über Geistesgaben verfügte, die so besonders waren, dass sich die olympischen Götter davon durchaus bedroht fühlen konnten. Und so heißt es denn auch in Platons Atlantis-Beschreibung, Atlantis sei am Ende wegen der Selbstüberhebung (*Hybris*) und der Gier seiner Bewohner nach immer mehr Macht und Reichtum von Zeus vernichtet worden und auch, weil der »göttliche Anteil« der Atlanter durch die Vermischung mit gewöhnlichen Menschen immer geringer geworden sei.

Die Sintflut und was danach kam

Platons Beschreibung vom Ende der atlantischen Zivilisation deckt sich fast wörtlich mit dem, was in der Bibel steht, bevor die Sintflut angekündigt wird: »Als aber die Menschen sich zu mehren begannen auf Erden und ihnen Töchter geboren wurden, da sahen die Gottessöhne, wie schön die Töchter der Menschen waren, und nahmen sich zu Frauen, welche sie wollten. Da sprach der Herr: Mein Geist soll nicht immerdar im Menschen walten ... Ich will ihm als Lebenszeit geben hundertzwanzig Jahre ...« (1. Mose 6, Vers 1–3). Hier ist offenbar die Rede davon, dass Unsterbliche sterblich wurden, und Unsterblichkeit war ja – wir erinnern uns – genau das, was den *Adam Kadmon* vom gewöhnlichen Menschen unterschied.

Die große Flut war offenbar Realität, denn sonst wäre sie wohl kaum in so vielen Mythen und Berichten aus der ganzen Welt erwähnt worden. Platon schreibt allerdings, dass die Katastrophe, die für den Untergang von Atlantis verantwortlich war, auch das Heer der Athener und Athen selbst ausgelöscht habe. Nur Ägypten sei verschont geblieben.

Nach dem biblischen Bericht von der Sintflut gab es aber offenbar auch Überlebende aus Gebieten, die von der Sintflut ausgelöscht worden waren, nämlich Noah, seine Frau, ihre drei Söhne und deren Ehefrauen. Sie wurden die Stammeltern neuer Völker. Noah wird aus verständlichen Gründen gern mit dem versunkenen Atlantis in Zusammenhang gebracht, und wenn er wirklich ein Überlebender aus Atlantis war, hat er offenbar nicht nur Menschen und Tiere gerettet, indem er die Arche baute (übrigens eine nicht unerhebliche technische Leistung), sondern auch das Wissen und die Weisheit eines paradiesischen Zeitalters mit in die Zeit nach der Sintflut hinübergerettet. Den Apokryphen zufolge sollen Noahs Sohn Sem und sein Enkel Melchisedek die Gebeine Adams nach Golgotha gebracht haben, um sie dort im Mittelpunkt der Welt neu zu bestatten. Dass hier die sterblichen Überreste des ersten Menschen, den Gott »nach seinem Bilde« geschaffen hatte, im Mittelpunkt der Welt begraben werden, bedeutet sicher mehr, als man auf den ersten Blick vermuten mag. Einerseits steht diese Aktion wohl im Zusammenhang mit dem Wunsch, das verlorene Paradies zurückzugewinnen, aus dem Adam ursprünglich kam. Andererseits fühlt man sich auch an *Adam Kadmon* erinnert, jenen kosmischen Menschen der Kabbala, dessen Körper die Achse der Welt bildet mit dem Kopf als Himmel.

Das verlorene Paradies oder der Garten Eden wird in der Bibel so beschrieben: »Und es ging aus von Eden ein Strom, den Garten zu bewässern, und teilte sich von da in vier Hauptarme. Der erste heißt Pischon, der fließt um das ganze Land Hewila, und dort findet man Gold, und das Gold des Landes ist kostbar. Auch findet man da Bedolach und den Edelstein Schoham. Der zweite Strom heißt Gihon, der fließt um das ganze Land Kusch. Der dritte Strom heißt Tigris, der fließt östlich von Assyrien. Der vierte Strom ist der Euphrat« (1. Mose 2, Vers 10–14).

Das klingt wie die Beschreibung eines höchst irdischen Paradieses. Gold gibt es dort und wertvolle Mineralien. Der Edelstein Schoham ist der schwarze Onyx, der in vielen Kulthandlungen eine große Rolle spielt. Doch was ist Bedolach? Auf diese Frage gibt es mehrere Antworten. Einmal wird Bedolach (Bdellium) für ein Harz gehalten, das wie Weihrauch zum Opfern verwendet werden kann. Würde es sich um dieses Harz handeln, wären sicher auch Bäume beschrieben worden, aus denen man Harz gewinnen kann. In jüdischen Deutungen dieser Bibelstelle wird Bdellium häufig als Erz bezeichnet. Manchmal liest man auch die Bezeichnung Perle oder Kristall. Bedolach hat aber auch eine esoterische Bedeutung. Kabbalisten verstehen darunter die Mitte des freien Seins, die als in Gold und Silber gefasster Kristall dargestellt wird. Wenn wir annehmen, dass der Verfasser der fünf Bücher Mose – womöglich Moses selbst – seine Informationen unvollständig oder verschlüsselt weitergegeben hat, könnte es sich hier durchaus auch um eine Beschreibung von Atlantis handeln. Und der Schädel Adams könnte durchaus ein Kristallschädel gewesen sein.

Der Schädel Adams wird häufig in Kreuzigungsszenen abgebildet und liegt dann am Fuß des Kreuzes, sozusagen im Mittelpunkt der Welt, um im oben angesprochenen Bild zu bleiben.

Atlantis ist überall

Wo lag Atlantis? Diese Frage stellte man sich schon in der Antike, aber nach der Entdeckung Amerikas im Jahr 1492 wurde sie verstärkt diskutiert. Es gab viele Lokalisierungshypothesen. Unter anderem wurde Atlantis irgendwo in der Nordsee bei Helgoland, auf dem Meeresgrund vor Spitzbergen, vor den Kanarischen Inseln, den Azoren und Madeira, auf Kreta, in Troja, im Schwarzen Meer, in Mittelamerika und in der Südsee vermutet. Der bekannteste und populärste Befürworter der These, dass Atlantis in den Tiefen des Atlantiks liegt, und zwar irgendwo zwischen Afrika und Mittelamerika, war der amerikanische Schriftsteller Ignatius Donnelly. In seinem 1882 erschienenen Bestseller *Atlantis, the Antedeluvian World* vertritt er wie Platon die Ansicht, Atlantis sei innerhalb eines Tages und einer Nacht im Meer versunken. Außerdem sieht er in den Atlantern die Kulturbringer der Alten und der Neuen Welt. Donnellys Theorie war, wie gesagt, sehr populär und wurde daher nicht nur aufgegriffen, sondern auch weitergesponnen, unter anderem von Lewis Spencer, der in den 1920er-Jahren behauptete, Atlantis habe eine Sonnenreligion gehabt, ähnlich wie die Ägypter und auch die Maya.

Auf der Basis all dieser Theorien entstand die Ansicht, zwischen dem zwanzigsten und dem dreißigsten Breitengrad liege so etwas wie ein magisches Band, das jene Kulturen miteinander verbindet, die in der Antike einen Sonnenkult hatten. Auch die großen Pyramiden diesseits und jenseits des Atlantiks wären über dieses Band miteinander verbunden.

Dagegen lassen sich natürlich wieder alle möglichen Argumente ins Feld führen, unter anderem die Tatsache, dass die Pyramiden in Amerika zweitausend Jahre jünger sind als die ägyptischen, aber woher wissen wir, dass die amerikanischen Pyramiden, die wir heute kennen, die ersten waren, die hier standen?

Interessant ist jedenfalls, dass immer wieder Informationen über Forschungsergebnisse ans Licht kommen, die entweder einfach ignoriert oder gar absichtlich totgeschwiegen wurden. In seinem Buch *Verbotene Ägyptologie* berichtet Erdogan Ercivan von vielen solchen, wie er es nennt, »absichtlichen Geschichtsfälschungen«. So sollen beispielsweise schon 1969 Wissenschaftler in der ehemaligen Sowjetunion Arbeitsthesen über die Entstehung des alten Ägypten veröffentlicht haben, wonach die ägyptische Hochkultur »von einem bislang unbekannten, hoch entwickelten Volk, das vor 12 000 Jahren durch eine kosmische Katastrophe in Mitleidenschaft gezogen worden war«, begründet wurde (Ercivan, Seite 202). Im Zusammenhang mit solchen, von Wissenschaftlern aufgestellten Thesen werden natürlich immer auch Beweise vorgelegt. Das sind in diesen Fall sehr exakte astronomische Karten auf Papyrus sowie Fundstücke, die nach Ansicht der Wissenschaftler »nicht ins Bild des alten Ägypten passen«. Bei Ausgrabungen in Heluan wurden angeblich sehr präzise geschliffene sphärische Kristalllinsen gefunden. Sie gehörten vermutlich zu Geräten, mit denen man den Lauf der Sterne beobachten konnte. Nach Aussagen einer heute in der Ukraine lebenden Wissenschaftlerin, die damals an diesem Projekt beteiligt gewesen war, sei 1965 eine Hypothese zur Herstellung dieser Linsen veröffentlicht worden. Der Verfasser, ein gewisser Dr. Korinkov, sei der Ansicht gewesen, hier könne als Schleifmittel nur Ceriumoxid verwendet worden sein, das jedoch nur unter Zuhilfenahme von Elektrizität herzustellen ist. Ähnliche Linsen sind, wie amerikanische und britische Archäologen bestätigen, übrigens nicht nur in Ägypten, sondern auch im Irak, in der Türkei und in Europa gefunden worden (vgl. Ercivan, Seite 203).

Wer solche Präzisionslinsen schleifen konnte, konnte vermutlich auch Kristallschädel herstellen. Und zu welchem Zweck ist auch klar. Es ging darum, das Wissen und die Weisheit einiger weniger übermenschlicher Wesen zu bewahren. Es dürfte in der Tat nicht allzu viele Atlanter gegeben haben, die ihr Wissen nach der Sintflut in andere Länder tragen konnten. Die Ansicht, dass wir die wirklich erstaunlichen Leistungen früherer Kulturen, wie zum Beispiel den Bau der Pyramiden oder die Errichtung von Megalithen wie in Stonehenge oder auf den Osterinseln, wenigen genialen Köpfen verdanken, vertrat übrigens auch der berühmte britische Archäologe Sir William Matthew Flinders Petrie. Er meinte im Hinblick auf die außerordentliche Konstruktion der Großen Pyramide von Gizeh: »Sie war das Werk einer einzigen hoch begabten Person.« Dass dies nicht unbedingt ein Ägypter gewesen sein muss, war offenbar nicht nur Petries Ansicht. Auch Basil Steward vertritt in seinem Buch *Witness of the Great Pyramid* die Ansicht, die Grundlagen für die Größe Ägyptens seien von »einigen Einwanderern gelegt worden, die in friedlicher Absicht in das Land kamen und die Durchführung großer Bauvorhaben organisierten«.

»Adamitisch« seien diese Einwanderer gewesen, meint Steward, und sie seien in den Wissenschaften sehr weit fortgeschritten gewesen, vor allem in Mathematik. Später »sollen sie das Land wieder verlassen haben, ohne die Ägypter in ihr überlegenes Wissen einzuweihen« (zitiert nach Ercivan, Seite 205 f.).

Diesen technologisch und wissenschaftlich so weit fortgeschrittenen Übermenschen dürfte es wohl kaum schwer gefallen sein, ihr Wissen in alle Teile der Welt zu tragen. In den Mythen, Sagen und Legenden vieler Völker lebt die Erinnerung an friedliche Einwanderer oder auch an feindliche Invasoren, die vom Meer oder sogar »aus dem Meer« kamen. Interessanterweise handelt es sich hier ganz oft um Völker, welche die Sonne als höchsten Gott verehrten.

DIE PUZZLETEILE ERGEBEN EIN BILD

Wenn man davon ausgeht, dass alle Mythen, Sagen, Legenden, Theorien und Hypothesen ein Körnchen Wahrheit enthalten, ist es durchaus möglich und sogar wahrscheinlich, dass es Kristallschädel schon seit Urzeiten gegeben hat. Und mehr noch: Es ist sogar mehr als möglich, dass viele dieser uralten Kristallschädel noch heute existieren. Bergkristall ist, wie wir erfahren haben, ein sehr hartes Material und praktisch unzerstörbar.

Wenn Kristallschädel also wirklich mehrere tausend Jahre alt sind, wie manchmal behauptet wird, dann muss man sich doch fragen, warum man in dieser langen Zeit so selten etwas über sie gehört hat oder warum nur sehr selten in der Geschichte der Menschheit etwas aufgetaucht ist, das man mit einem Kristallschädel oder gar mit einem Kristallschädelkult in Verbindung bringen könnte.

Dafür gibt es eine Erklärung, die so einfach und gleichzeitig so kompliziert ist wie alles, was mit sogenanntem esoterischem Wissen zu tun hat: Es ist gar nicht so geheim und verborgen, wie man immer glaubt, denn zu allen Zeiten wurde dafür gesorgt, dass es gar nicht verloren gehen konnte. Derjenige, der sich auf die Suche macht und bereit ist, eine Schicht nach der anderen aufzudecken und dem roten Faden zu folgen, wenn er erst einmal einen Zipfel davon zu fassen bekommen hat, wird immer finden, wonach er sucht. Und oft findet er sogar noch viel, viel mehr.

Wir haben uns am Anfang dieses Buches gemeinsam auf den Weg gemacht, um uns dem Mysterium Kristallschädel anzunähern. Und jetzt, wo wir fast am Ende dieses Buches angekommen sind, haben wir hoffentlich den einen oder anderen roten Faden in der Hand.

Es gibt aber noch viele andere rote Fäden, denen man folgen könnte. Wir haben uns hier vor allem mit der Legende vom Heiligen Gral, der Bundeslade, der von Pharao Echnaton verkündeten Religion des Lichts, der Kosmologie der Maya und den Theorien über Atlantis beschäftigt. Man könnte sich dem Mysterium Kristallschädel aber auch über die Mythologie der Kelten und Germanen annähern. Dann müsste man sich eingehender mit der Weisheit der Druiden und mit den schamanischen Wurzeln der Germanen auseinandersetzen.

Sehr interessant könnte auch die Auseinandersetzung mit all den geistigen Strömungen sein, die im 13. Jahrhundert in Europa existierten, aber im Verborgenen bleiben mussten, weil sie teilweise mit allen Mitteln unterdrückt und bekämpft wurden. In dieser Zeit – wir haben sie auf den Seiten 66–68 kurz angesprochen – bemühten sich einige Menschen verstärkt um Wissen und Erkenntnis, während andere alles taten, um zu verhindern, dass neue Ideen aufkeimen konnten. Wenn man einschätzen will, was Wissenserwerb zu jener Zeit bedeutete, braucht man sich nur einmal vor Augen zu führen, wie das Studium eines berühmten Gelehrten damals aussah. Roger Bacon (1214–1292 oder 1294), genannt *Doctor Mirablis*, studierte Mathematik (die damals auch Astronomie und Astrologie umfasste), Alchemie und Optik, musste dazu aber die Bücher arabischer Autoren sowie griechische Originalschriften lesen, denn die Werke des Aristoteles waren im Mittelalter nur in sehr schlechten Übersetzungen verfügbar. Man sagte Roger Bacon später nach, er habe seine hervorragenden wissenschaftlichen Erkenntnisse mithilfe eines Kristallschädels entwickelt. Das Gleiche wurde übrigens auch von Papst Silvester II. (950–1003) behauptet, der ebenfalls ein großer Mathematiker gewesen war und nachweislich an den islamischen Universitäten von Sevilla und Cordoba studiert hatte. Im Fall von Papst Silvester II. ist interessant, dass sich die Gerüchte erst ab ca. 1100 entwickelten, also etwa um die Zeit des ersten Kreuzzuges, und dass sie in einem Atemzug mit Magie und Teufelswerk genannt werden. Sicher ist, dass Silvester II. und Roger Bacon große Wissenschaftler waren, die jenen Zugang zu den Quellen höheren Wissens hatten, der den meisten ihrer Zeitgenossen versperrt war und auch vielen von uns nicht möglich ist.

Vielleicht bestand die größte Herausforderung zu jener Zeit darin, das besondere Wissen anzunehmen und es entweder für sich zu behalten oder bereit zu sein, dafür zu sterben. Im Hochmittelalter scheint genau das

Realität gewesen zu sein, denn damals wurden unglaublich viele Menschen als Ketzer verfolgt, verurteilt und getötet, weil sie es wagten, sich für das einzusetzen, was sie als richtig erkannt hatten. Kein Wunder also, dass wir gerade aus dieser Zeit so viele verschlüsselte und scheinbar schwer zugängliche Texte haben. Warum also sollten nicht auch noch viele alte Kristallschädel ein Dasein im Verborgenen fristen?

DER SCHÄDEL BESCHREIBT ATLANTIS

Während ich alle möglichen Daten und Fakten über Kristallschädel sammelte, hatte ich ständig Kontakt mit Bill Homann in Amerika. Er berichtete mir unter anderem von seinem Vorhaben, sich mit Indianern vom Stamm der Navacho zu treffen. Diese Indianer waren zu Annas Lebzeiten öfter mit ihr zusammengetroffen und hatten den Mitchell-Hedges-Kristallschädel für Rituale verwendet. Nun lud der Häuptling dieses Navacho-Stammes auch mich und den Kristallschädel Corazon de Luz zu einem solchen Treffen ein, das unbedingt spätestens im März 2008 stattfinden sollte. Offenbar standen zu diesem Zeitpunkt die Sterne besonders günstig für eine Zusammenkunft der alten Schädel. Außerdem hatte Bill mir versprochen, dass ich noch weitere Messungen mit dem Kristallschädel machen könne, und auch NBC interessierte sich für die Photonenaufnahmen der Kristallschädel. Ich wollte gern dabei sein und war schon mitten in der Planung für diese Reise, als ich ein besonderes Erlebnis mit dem Kristallschädel Corazon de Luz hatte.

Wieder einmal befand ich mich in einer Lebensphase, in der ich wichtige Entscheidungen für meine persönliche Zukunft treffen musste. In solchen Situationen halte ich mich immer gern ganz allein in Gegenwart des Kristallschädels auf. Dieses Mal hatte ich mir eine 24-stündige Meditation vorgenommen und hoffte, der Kristallschädel würde mir auf irgendeine Weise helfen, eine Entscheidung zu treffen. Ich setzte mich also auf ein Schaffell und begann zu meditieren. Ich versuchte, die Gedanken ziehen zu lassen und meine Fragen nicht im Kopf festzuhalten, sondern mich fallen zu lassen und in die Stille zu gelangen, in meine innere Mitte. Zunächst geschah überhaupt nichts, außer dass mir ständig irgendwelche störenden Alltagsgedanken durch den Kopf gingen. Doch nach ein paar Stunden vergaß ich die Zeit und atmete bewusst Stille und Ruhe in meinen Kopf. Allmählich gelang es mir, mich zu entspannen. Ich spürte, wie sich mein Herzschlag verlangsamte. Dann betrachtete ich den Kristallschädel und erinnerte mich plötzlich, dass Don Jesus mir bei unserem Treffen in Peru etwas gegeben hatte: ein Bündel Kräuter, das er »Moonia« genannt hatte. Er meinte damals, früher oder später würde ich dieses Kraut brauchen können. Wenn die Zeit dafür gekommen sei, solle ich einen Tee daraus kochen und damit fasten. Sofort suchte ich das in Leinen gewickelte Bündel aus getrockneten Zweigen, die ich für dünnes Brennholz gehalten hatte, warf es in einen Topf mit Wasser und kochte es eine Stunde lang, genau nach Don Jesus' Anweisung. Anschließend füllte ich den Sud in eine Kanne und trank den süß und gleichzeitig scharf schmeckenden Tee nach und nach in kleinen Schlucken.

Während ich mit dem Kristallschädel weiter meditierte, bemerkte ich plötzlich ein leichtes Vibrieren in meinem Kopf. Meine Glieder wurden warm, und ich hatte das Gefühl, immer leichter und leichter zu werden. Wärme erfüllte meinen ganzen Körper und ich musste einfach lächeln. Plötzlich fühlte ich mich frei von allem, was mich belastet hatte. Ich bekam es ein wenig mit der Angst zu tun, weil ich einen solchen Zustand noch nie zuvor erlebt hatte, doch dann vergaß ich die Angst und vertraute mich dem Geschehen ganz an. Es war mittlerweile tiefe Nacht. Im Raum, im Haus, um das Haus und im ganzen Dorf herrschte absolute Stille. Ich spürte, wie sich mein Bewusstsein ausdehnte. Mit geschlossenen Augen konnte ich über die Grenzen des Raumes hinaussehen. Nur der Kristallschädel blieb dicht vor mir und leuchtete in intensiven Farben, die mich an die Farben eines Regenbogens erinnerten. Plötzlich wurde ich von einer Welle des Glücks erfasst, die mich ganz leicht werden ließ. Als ich die Arme ausbreitete, schien ich zu schweben – erst über den Boden, dann über das Haus, bis in den Himmel. Ich hatte mich irgendwie von meinem Körper gelöst und konnte fliegen. Von dem Kristallschädel, den ich in der Hand hielt, ging eine starke, pulsierende Kraft aus. Dann begann ich, mich immer schneller im Kreis zu drehen. Ich konnte nichts mehr erkennen und wurde in unglaublicher Geschwindigkeit in die Höhe gewirbelt, vorbei an den Sternen. Plötzlich kam der Wirbel zum Stillstand und ich schwebte im Raum, mitten im Universum, irgendwo in einem Nebel aus Sternenlicht. Vor mir lag ein glitzernder Weg aus silbernem Staub, der durch die Sterne führte. Ich konnte darauf gehen. Doch ich spürte den Kristallschädel nicht mehr in meinen Händen. Hatte ich ihn verloren?

Ich schaute mich nach allen Seiten um, konnte ihn aber nirgendwo entdecken. Da hörte ich eine sanfte Stimme, die mir in meiner Sprache zuflüsterte: »Ich bin hier, Menschentochter. Du bist in mir.« Wieder schaute ich mich um, denn ich verstand nicht, was das bedeuten sollte.

»Du bist in mir und betrachtest die Wahrheit der Welt. Ich bin es, das Herz des Lichtes oder Corazon de Luz. Du hast heute die Portale der Zeit durchschritten, und jetzt siehst du das ICH BIN LICHT. Ich bin der Geist der Liebe, der deinen Schädelstein mit göttlicher Wahrheit beseelt. Ich bin es, der die Menschheit mit allen Schädelsteinen verbindet, die aus allen Galaxien des Universums stammen. Ich bin nur aus dem reinen Licht und der Liebe geschaffen, die direkt aus dem göttlichen Kern der All-Liebe stammen. Höhere Wesenheiten haben mich erschaffen. Sie haben meine Liebe und mein Wissen in einen Stein eingeschlossen, damit sich das ewige Wissen in den Tagen der Wandlung offenbaren kann. Es gibt dreizehn dieser geheiligten Steine, die euer Antlitz tragen, damit ihr euch nicht fürchten sollt, denn wir sind eins mit euch. Man könnte uns als Engel bezeichnen oder als göttliche Wesen, welche die Kräfte eurer Erde und eures Himmels halten, um euch zu beschützen.

Der höchste Schöpfer selbst hat uns vor Millionen von Jahren geschaffen, weil er seinen Kindern eine

Botschaft übermitteln wollte, wenn sie reif genug dafür sein würden. Der göttliche Funke ist in uns verborgen, und still wie ein Stein durchwachten wir die Zeit. Wir waren immer mit euch verbunden und haben euch von Anbeginn der Zeit begleitet, durch alle Zivilisationen. Wir wurden erschaffen aus den Tränen der Liebe, die Gott der Allmächtige für euch geweint hat, weil ihr glaubt, von allem getrennt zu sein. Er hat Seine Liebe in alle Schädelsteine gegeben, auf dass ihr eines Tages Sein Wort durch uns aufnehmen und Seine Liebe durch uns erfahren könnt. Er gab uns eine Form, die euch nicht göttlich erscheint, denn ihr solltet nicht uns anbeten. Vielmehr solltet ihr in der Begegnung mit uns die Göttlichkeit in euch selbst finden. Ihr solltet Sein Wort hören, gesprochen aus kristallenem Mund und in Form von Bildern und Licht in eurer Bewusstsein getragen.

In früheren Zeiten habt ihr alle dreizehn von uns zusammengehalten und die Worte des Trostes, des Glücks und der universellen Wahrheit in göttlicher Weise verwendet. Das war die Zeit, zu der euer Planet ein Paradies war. Das Paradies, nach dem ihr immer noch sucht und das ihr in den verschiedensten Sprachen benennt, war eure Erde selbst. Ihr lebtet unschuldig wie verspielte Kinder und hattet die Liebe als höchstes Gut in eurem Bewusstsein verankert. Die Welt, die ihr Planet Erde nennt, war ein in sich geschlossenes Land. Es gab nur einen einzigen Kontinent und ein großes Meer darum. Es gab Paläste und Städte aus den schönsten Materialien, und die Menschen erfreuten sich daran, den Kontinent mit all seinen Blumen und all seiner Pracht zur Ehre Gottes in Liebe zu bewohnen. Menschenkinder und geistige Wesenheiten lebten in Harmonie miteinander. Sie konnten sich sehen, miteinander reden, und sie lebten in niemals endendem Lächeln. Die Kräfte der Natur wurden genutzt und die Bausteine des Lebens geehrt. Es gab keine Eifersucht, keinen Neid, keine Kriege. Die Erde atmete Harmonie und es gab nichts als Frieden auf dem Planeten. Alle Dinge wurden aus einem Geist geschaffen, liebes Menschenkind. Diese Vergangenheit ist ein Teil von allen Dingen, die heute auf der Erde geschehen. In jedem Wesen steckt das Wissen um die universale Einheit allen Seins, und das ist auch gut so. Du musst wissen, dass alle Dinge, die sind, aus euren Gedanken geboren werden. Blumen, Pflanzen, Tiere – alles, was lebendig ist, gehorcht dem Schöpfungsprinzip des göttlichen Erschaffens durch Gedankenkraft. Damit habt ihr begonnen, die Erde selbst zu erschaffen. Bevor ihr materielle Körper hattet, seid ihr eine kollektive Seeleneinheit gewesen, die in geistiger Form zur Verdichtung der Materie geführt hat. Aus Liebe füreinander habt ihr euch einen Planeten und auch ein Sonnensystem selbst geschaffen. Lange habt ihr in geistiger Form in der Schönheit des Lichtes um und über diesem Planeten gelebt und euch dann selbst entschieden, einen stofflichen Körper anzunehmen, um euch noch vollendeter lieben und miteinander leben zu können. Ihr habt euch diese stoffliche Existenz so sehr gewünscht, dass Gott euch diesen Wunsch erfüllt hat. Ihr selbst wolltet die Erde zu einem Tempel des göttlichen Bewusstseins machen. Als ihr endlich eure Stofflichkeit hattet und Hände, mit denen ihr die Erde vermeintlich noch vortrefflicher gestalten konntet, wusste der große Vater schon längst, wohin dies alles führen würde. In seiner Güte und Gnade hat er euch losgelassen, damit ihr die Erfahrung des sterblichen Lebens machen könnt – immer wieder für Bruchteile des ewigen Lebens, damit ihr diesen Wunsch irgendwann einmal loslassen könnt. Niemand anderes als jedes Menschenkind selbst hat sich dafür entschieden.

Nach und nach sind dann die sichtbaren geistigen Helfer von der Erde verschwunden, nicht weil sie nicht mehr bei euch sein wollten, sondern weil ihr sie nicht mehr sehen konntet. Allerdings gab es immer wieder Menschen, die dieses alte Wissen noch in sich trugen; und die ganze Wahrheit blieb immer ein Geheimnis der spirituellen Lehrer aller Epochen. Gegen weltliche Begierde ist in Zeiten des Vergessens wenig auszurichten, wie ihr schon selbst bemerkt habt. Doch wir sind immer mit euch gewesen. In stillem Stein haben wir euch liebevoll betrachtet und darauf gewartet, dass ihr uns ruft. In jedem Zeitalter waren wir mit euch. Wir waren der brennende Dornbusch. Wir waren die heilige Bundeslade. Wir waren der Gral des Lebens. Wir waren der Stein der Weisen. Ihr habt immer nach uns gesucht und uns nicht entdeckt, weil euch unsere Form unheimlich war. Die Schädelsteine haben euch an den Tod erinnert, den ihr mehr fürchten gelernt habt als die Einsamkeit eines irdischen, materiellen Lebens. In dem Moment, in dem die Schädelsteine voneinander getrennt wurden, legte sich dunkles Vergessen über die Welt.

Wir sind keine Boten des Todes. Wir sind Träger des Lichtes und der Liebe. Wir umarmen euch in göttlichem Bewusstsein, und das seit Millionen von Jahren. Sinnbildlich für euch selbst tragen wir das sichtbare Erscheinungsbild des Todes, aber wir sind das ewige Leben. Wir sind die Engelfürsten Gottes, die bei der Erschaffung der Welt seinen Atem um die Erde getragen haben, um eure Gedanken zu manifestieren. Wir repräsentieren die Hand Gottes, die den Funken der göttlichen Schöpferkraft in allem entzündet hat. Ich bin Corazon de Luz, das Herz des Lichtes, und ich bringe die Fackel der göttlichen Liebe für alle Menschen auf die Erde zurück. Meine Worte sollen Seine Liebe in eure Herzen zurücktragen. Euch zu erinnern und mit dem Funken der Wahrheit ein neues Bewusstsein zu erwecken – das sind meine Aufgaben, und ich habe lange auf diesen Moment gewartet. Früher, als ich noch gemeinsam mit meinen Brüdern zu euch sprach, hattet ihr das höchste kosmische Wissen und meisterhafte natürliche Techniken zur Verfügung, zum Beispiel zu der Zeit, die ihr die atlantische Epoche nennt. Da waren wir alle dreizehn noch vereint und haben gemeinsam mit euch göttliches Leben auf der Erde geschaffen. Doch als wir euch eines Tages sagten, dass ein Sternenunglück bevorstehe und die Erde sich verändern werde, wurdet ihr zornig auf uns. Warum wir dieses Unglück nicht verhindern, habt ihr uns gefragt. Das war der Beginn des Vergessens.

Nur ein tiefer Glaube daran, dass alle Geschicke des Universums in Gottes Hand liegen, hätte das Unglück damals verhindern können. Aber ihr ward zu diesem

Zeitpunkt so verliebt in euer Projekt des menschlichen Lebens auf der Erde, dass ihr darüber eure eigene Gotteskraft vergessen hattet, und ihr habt sie immer noch vergessen. Mit vereinter Gedankenkraft hättet ihr das Unglück verhindern können. Mit Liebe und Glauben an den Schöpfer in eurem eigenen Wesen hättet ihr den Lauf des Schicksals ändern können. Diese Macht hatte Gott selbst euch gegeben. Aber nach einiger Zeit auf der Erde hattet ihr eure geistige Struktur und euer kosmisches Wesen völlig vergessen. Wie Verlorene seid ihr umhergewandelt und im Herzen immer trauriger geworden.

Und nach dem großen Unglück, das den einen Kontinent sprengte und eine Auseinanderbewegung seiner so entstandenen Teile bewirkte, wolltet ihr auch nicht mehr auf uns hören. Ihr ward traurig, zornig und trotzig wegen des vermeintlich verlorenen Paradieses. Ein paar meiner Schädelbrüder wurden in tiefen Gängen vergraben. Andere gerieten in Vergessenheit, obwohl sie sichtbar waren. Kaum jemand verstand es mehr, mit uns zu kommunizieren. Nur wenige meiner Brüder wurden noch verwendet. Sie gaben ihr Bestes, die Menschen davon zu überzeugen, dass es Zeit wäre, sich lieber wieder Gott und der universalen Einheit zuzuwenden. Könige und Pharaonen nutzten das in uns gespeicherte Wissen, um Bauwerke zu erschaffen, die zwar der Sonne des Systems Erde geweiht waren, aber nicht mehr dem allumfassenden, einen Gott dienen sollten. Immer tiefer versank der Mensch in seiner Gier nach Macht und Kontrolle der irdischen, materiellen Verhaftungen.

Nach dem Auszug aus Ägypten unter dem, den ihr Moses nennt, gelangten fünf von uns in alle Erdteile. Immer wieder hat Gott uns auch Machthabern in die Hände gespielt, um sie irgendwie davon zu überzeugen, dass eine Veränderung ansteht, doch der Geist der Menschen war vergiftet. Macht und Gewalt regierten auf Erden und wir mussten tatenlos zusehen. Doch das alles ist nur ein kleiner Bruchteil des gesamten ewigen Lebens, und deshalb machen wir uns keine Sorgen. Wir wissen, dass Gottes Gnade, seine Allmacht und seine Liebe zu den Menschen unendlich groß sind. Und nun ist endlich der Zeitpunkt gekommen, da die Menschen wieder im Bewusstsein wachsen. Sie beginnen sich zu fragen, warum sie eigentlich auf der Erde sind und welchen Sinn ihr Leben hat. Sie denken über Tod und Leben nach und spüren, dass man mit menschlich irdischer Kraft allein nicht glücklich sein kann. Allmählich hebt sich der Schleier des Vergessens und das wahrhaft Göttliche im Menschen erwacht zu neuem Leben. Noch spürt ihr nicht wirklich etwas davon, aber in euch hat es längst begonnen. Ihr geht in eine neue Zeit, und wir werden euch wie immer begleiten. Es ist nämlich fast so, als würdet ihr in dieses göttliche Bewusstsein geboren und müsstet alles von vorn erlernen. Und genau für diese Zeit sind wir eure Lehrer. Wir werden euch alles erklären: euch selbst, das Universum und die Kräfte, auf denen das Universum basiert.

Mit der besonderen Sternenkonstellation, die sich im Erdenjahr 2012 zeigt, wird die Welt nicht untergehen, aber sie wird sich wandeln. Und auch ihr werdet euch zum Positiven wandeln und bestimmte Energieformen wieder nutzen können. Es gibt zum Beispiel ein natürliches Feld aus freier Energie, welches es möglich macht, dass ihr ganz ohne Strom leben könnt. Die Erde enthält besondere Stoffe, die euch von vielen Zivilisationskrankheiten heilen können. Es gibt genügend landwirtschaftliche Methoden, die sicherstellen können, dass irgendwann alle Menschen genug zu essen haben. Und wir Schädelsteine werden den Menschen den Zusammenhalt, die Liebe und die Wärme zurückgeben, die sie brauchen, um zueinanderzufinden.

Betrachte einmal, was du selbst auf dem Weg gelernt hast, den du nun ein Stück mit uns gegangen bist. Du hast gesehen, dass die Welt aus kleinsten Teilchen von Licht besteht – Licht, das alles Leben, jeden Organismus und jeden einzelnen Baustein der Materie durchfließt. Dieses Licht, das ihr Photonen nennt, ist nichts anderes als der göttliche Atem des Bewusstseins, der in allem lebendig ist. Jede Pflanze, jeder Stein und jedes Lebewesen hat dieses Licht in sich. Es ist das Licht der Schöpfung selbst. Dieses Licht ist das ewige Leben, denn selbst wenn euer Körper stirbt, bleibt dieses Licht in der Materie erhalten, und aus eurem stofflichen Körper entsteht wieder neues Leben. Das ist der Zyklus der Wiedergeburt in der Materie.

Der Zyklus des geistigen Lebens ist ebenfalls an Licht gebunden. So wie das Licht der Sterne ein Bestandteil oder ein Spiegel dieses Lichts in eurem Körper ist, so ist das Licht der Sterne ein Symbol für das Licht eurer Seele oder eures Geistes, das niemals stirbt, denn Licht kennt kein Ende. Licht durchzieht den unendlichen Raum und die unendliche Zeit, aber es wird niemals ausgehen. Es wird nie verlöschen. Licht sucht immer nach Licht. Das heißt, die Wellen des Lichtes werden vom Licht selbst angezogen. So entsteht ein pulsierendes Wellenfeld, das sich durch das ganze Universum bewegt. Eure Seelen sind Lichtwellen, die zum Teil Gedanken in eurem Gehirn entstehen lassen. Aber manchmal entsteht aus einem Gedanken ein neuer Lichtimpuls, der sich in der Materie bewegt und die Dinge in der Materie verändern kann. Das ist das göttliche Gesetz der Manifestation des Lichtes in der materiellen Welt oder die Schöpferkraft selbst. In jedem friedlichen oder liebevollen Gedanken steckt die Kraft, das Universum göttlich zu gestalten. Das beste Beispiel für die Kraft des Lichts ist die Sonne eures Sonnensystems. Alles Leben auf der Erde entsteht durch das Licht und die Wärme der Sonne. Die Sonne steht symbolisch für die schöpferische, monumentale Kraft jedes einzelnen Lichtstrahls, der im Universum vorkommt. Euer Gehirn ist auch so etwas wie eine Sonne in eurem Körper. Lauter Lichtwellen senden über den Kopf, der sich auf der Wirbelsäule befindet wie der sendende Kopf einer Antenne. Hier im menschlichen Schädel ist nicht nur die Hauptschaltzentrale eures Nervensystems, hier sitzt auch der Quell allen Lebens: das göttliche Licht. Von hier wird es in jeden Teil eures Körpers geschickt. Jede einzelne Körperzelle ist von Licht erfüllt. Dieses Licht ist nicht rein materiell zu sehen. Es ist göttlichen Ursprungs. Es ist jenes Licht, mit dem Gott euch einst das Leben schenkte, als er die Finsternis beendete. Dieses Licht ist das göttliche Licht des Lebens. Wenn ihr euch liebt, nimmt dieses Licht an Intensität zu, denn es ist in seiner Existenz an Liebe gebunden. Wann immer ihr ohne Liebe seid, wird ein Teil dieses Lichtes vergehen, der euren Körper mit Jugend und Frische erfüllt. Das ist die Ursache für Erkrankungen und frühen körperlichen Zerfall. Der Geist oder die Seele selbst aber kann nicht sterben, denn das geistige Licht der Seele ist ewig. Es ist gleichzusetzen mit dem Licht der Sterne, das in Lichtgeschwindigkeit durch die Galaxie strahlt, ohne jemals zu enden. Alle Seelen oder geistigen Wesen sind aus diesem Licht geschaffen, das ich als das Licht Gottes bezeichnen möchte.

Irgendwo im Inneren des Universums gibt es eine Quelle, aus der jegliches Licht entspringt – eine zentrale Sonne des geistigen Lichts. Der Ursprung dieser Quelle ist in Gottes Liebe zu sehen. Hier sammelt sich all seine göttliche Wahrheit, seine ganze Liebe, und aus seinem reinen Geist entstehen diese Seelen, die in Wahrheit nur ein Teil seines eigenen Wesens sind. Das bedeutet, dass alle Seelen, die aus seinem Licht geschaffen wurden, göttliche Anteile seines Wesens sind. Und somit ist alles Licht sein Wesen, und alle Wesen sind die Kinder oder die Seelenanteile von Gott selbst. Die Seele eines jeden Menschen ist also immer mit Gott in Verbindung, weil sie selbst ein Teil von Gott ist. Dem Menschen stehen demnach viele göttliche Kräfte zur Verfügung, aber das hat er vergessen, weil er sich vom Schöpfer getrennt glaubt. Dass alles eine Einheit ist, wird ihm erst deutlich, wenn er durch den körperlichen Tod einen vorübergehenden Austritt aus der Materie erfährt. Dann wird er kurzzeitig erlöst von der Vorstellung, vom Schöpfer isoliert und getrennt zu sein. Bei den vielen Leben des Menschen, in denen er sich mit den unterschiedlichsten Lebensplänen auf der Erde inkarniert, handelt es sich um materiell gebundene Leben, die einzig und allein der Überwindung der Vorstellung dienen, der Mensch sei von Gott getrennt. Die Erfahrung der Liebe ist die Heilung aller materiellen Verhaftungen, die der Mensch sich selbst konstruiert hat. Die Erlösung aus diesen Mustern ist die einfache Form der bedingungslosen Liebe – einer Liebe, wie sie etwa zwischen Mutter und Kind entsteht, wenn der natürliche Prozess nicht gestört wird. So einfach diese Erklärung auch klingt, sie ist der einzige Schlüssel zu den Problemen eurer Zeit. Ihr werdet der Finsternis nur entrinnen können, wenn ihr bedingungslos liebt. Vielleicht könnt ihr euch nicht vorstellen, dass man allein mit Liebe jeden Krieg beenden kann. Wenn ihr jedoch verstehen könntet, dass ohnehin alles eine Einheit ist, dann wüsstet ihr, dass man den größten Felsen mit Liebe veranlassen kann, sich zu bewegen; dass man den größten Geist mit Liebe dazu bringen kann, Millionen Jahre ganz klein in einem Stein zu warten, bis die Zeit reif ist zu erscheinen. Liebe ist das Licht, das diesen Planeten zu einem Ort der Gemeinschaft und der Harmonie mit der Natur gemacht hat. Liebe ist das Licht, das alles belebt. Sie schafft Gesundheit, Erneuerung, Frieden und geistiges Erwachen.

Alles, was auf eurer Erde geschieht, hat einen tiefen, göttlichen Sinn. Viele Dinge erscheinen euch sinnlos und werfen tiefe Fragen auf, aber auf all diese Fragen gibt es Antworten. Eure Seelen enthalten den Spiegel des Universums, und ihr tragt die Schönheit Gottes durch eure Fähigkeiten auf die Erde. Mit euren Händen könnt ihr wunderbare Dinge schaffen: Kunstwerke, Gebäude, Plantagen. Ihr habt den Geist und die Fähigkeit, Gottes Liebe in Form von Musik auf die Erde zu bringen. Mit euren Stimmen könnt ihr engelgleiche Musik zelebrieren. Und ihr habt die Fähigkeit, einander zu umarmen und euch gegenseitig tiefe Liebe zu schenken.

In euren Büchern von griechischen Gelehrten findet ihr Schilderungen von Atlantis, die nicht annähernd das beschreiben, was wirklich gewesen ist. Ich war dort, ich kann es dir beschreiben: Menschen lebten in Palästen aus Edelsteinen. Jeder liebte jeden ohne fleischliche Lust, aber mit offenem Herzen. In Tempeln mit Kuppeln aus glänzendem Gold tanzten die Kinder in Blumenkleidern. Philosophen zitierten die schönsten Gedichte und Sänger sangen Lieder und Oden an das göttliche Allwesen. Dreizehn Schädelsteine waren an jeweils einem festen Platz auf der Erde in eigenen Tempeln aktiv und sangen im Geist des göttlichen Bewusstseins. Das bedeutet, sie sendeten eine Frequenz, welche die ganze Erde mit Liebe erfüllte, weil die Menschheit erkannte, dass sie Wesenheiten des Lichtes und der Liebe waren, die Gott engelgleich auf die Erde gebracht hatte. Die Speisen wurden aus den schönsten Gärten geerntet und alles befand sich im Gleichgewicht. Die Menschen gebrauchten die ganze Kapazität ihres Gehirnes und konnten auch ihre telepathischen Fähigkeiten voll nutzen. Sternendeuter, Kräuterkundler, Heiler, Musiker, Mathematiker und Physiker unterrichteten die Menschen in den Weisheiten des Universums. Jeder aß und trank, was er für sich brauchte, und teilte alles mit jedem. Niemand musste Not leiden und die Menschen lebten in Glück und Freude. Die heilerischen Fähigkeiten der Menschen waren so weit fortgeschritten, dass fast alle Krankheiten kuriert werden konnten oder gar nicht erst entstanden. Das durchschnittliche Lebensalter lag bei 150 bis 200 Jahren. Wenn ein Mensch starb, wussten alle, dass der Tod nur ein vorübergehender Übergang war, die reinigende Vorbereitung auf ein neues Erdenleben.

Die Maya-Manuskripte und ihr Kalender sind Überreste dieser hoch entwickelten Kultur. Die Gebäude der Könige und Pharaonen, die Pyramiden und die Steinblöcke der Inka sind Überreste dieser Zivilisation, die in einer früheren Epoche auf der Erde existiert hat. Unterirdische Anlagen und Tempel sind immer noch erhalten. Ihr habt sie nur noch nicht gefunden. Die Beweise für diese Kultur bleiben euch so lange verwehrt, bis ihr reif genug seid, alles zu verstehen. Es gibt sogar unterirdische Tunnelsysteme, die bis zum Erdkern reichen. Hier gab es Anlagen, welche die Gase der Erde nutzten, um technische Apparaturen zu betreiben, die ausschließlich friedlicher Natur waren. Dieses System würde noch heute ausreichen, um alle Bewohner der Erde kostenfrei mit Energie und Wärme zu versorgen – und dies sogar umweltfreundlich, also ohne die Natur auszubeuten oder die Erde zu zerstören. Licht wurde durch elektromagnetische Felder und Kristalle erzeugt, und jedem war es immer und überall möglich, durch Teleportationstunnel überall hinzugelangen oder um den ganzen Erdball zu reisen. Auch Zeitreisen waren möglich und man bewegte sich frei zwischen den verschiedenen Dimensionen hin und her.

Adam, der letzte Weise aus Atlantis, ging mitsamt seinem Wissen unter, und die Zeit, in der die Schädelsteine an ihren Plätzen standen und sangen, ist für immer vorüber – es sei denn, die Menschheit erwacht aus ihrer Täuschung des Bewusstseins. In der Hoffnung, dass die Menschen doch noch erwachen, versammeln sich zurzeit viele geistige Helfer um den Planeten Erde. Ihr bezeichnet sie als Engel oder Lichtwesen. Wir nennen sie unsere Geschwister von der gleichen Ebene des göttlichen Bewusstseins. Ihr könnt euch nicht vorstellen, wie viele sich bereits eingefunden haben, um den Zeitenwandel zu unterstützen. Über Lichtbrücken senden sie euch Schwingungen der Liebe und des Bewusstseinswandels in jeder erdenklichen Intensität. Schon mit der Geburt des Jesus von Nazareth hat eine Veränderung auf eurem Planeten begonnen, aber sie ist noch lange nicht vollzogen. Indem er Liebe und Nächstenliebe predigte, führte er neue Werte ein und setzte ein Zeichen. Zwar habt ihr die Botschaft vom ewigen Leben und der Auferstehung von den Toten immer noch nicht ganz verstanden, aber zumindest seid ihr der Wahrheit ein gutes Stück näher gekommen. Die Botschaft des Erleuchteten namens Jesus sollte euch zeigen, dass es keine Schuld gibt und dass ihr ein Teil Gottes seid. Ihr seid Kinder Gottes und werdet nach dem Tod wieder auferstehen und zu ewigem Leben geboren werden, denn so ist euer göttliches Wesen beschaffen. Eure Seelen leben ein unendliches Leben, und diesen Trost gab Jesus allen Menschen, die an ewige Verdammnis glaubten. Er brachte Vergebung auf die Erde und die Botschaft, dass die Liebe das höchste Gut des Menschen sei. Ihr habt es nur vergessen, dieses Wunder, das euch von Gott gegeben wurde, als er euch durch seinen Menschensohn Jesus mit einem Zeitalter der Nächstenliebe segnete. Auch damals wirkten die Schädelsteine im Verborgenen, um den Menschen Kraft zu geben. Doch wieder blieben die erlösenden und wegweisenden Worte eines Boten Gottes weitgehend ungehört. Heute kämpfen die Weltreligionen, die eigentlich alle aus einer einzigen Wurzel stammen, um die gleiche Wahrheit. Niemand kann diesen Kampf gewinnen, denn alle haben das Recht auf ihrer Seite, aber die Kraft des Glaubens geht in einem solchen Kampf verloren. Bis an die Zähne bewaffnet versucht ihr euch das Paradies zu erkämpfen oder hofft, es euch mit Geld erkaufen zu können. Hoffnungslos seid ihr geworden, der Technik verfallen, dem Geist entflohen, aus dem ihr einst gekommen seid. Eure Herzen sind traurig und leer. Das alles konnte nur geschehen, weil ihr euer göttliches Selbst vergessen habt. Ihr könntet alle alles besitzen. Ihr könntet es euch einfach erträumen oder mit den Gedanken manifestieren: eine friedliche Welt, Reichtum,

Liebe, Glück – einfach alles, was euch gefällt. Ihr begrenzt euch selbst, weil ihr nicht an eure Fähigkeiten glaubt. Ich bin Corazon de Luz, das Herz des Lichts, und ich sage euch: Ihr könnt alles erreichen. In einem einzigen Tag könntet ihr nur mit der Kraft eurer Gedanken diese Welt verändern. Es ist nur eine Frage des Glaubens an eure eigene göttliche und wahrhaftige Kraft.

Ich bin Millionen Jahre alt und eingehüllt in Gottes Allmacht und Gnade. Ich ruhe in diesem Stein, als sei er das Zentrum des Universums, und ich sage euch, dass ich euch kenne seit Anbeginn der Zeit. Eure Seelen sind aus Licht und Liebe geboren, und ihr habt etwas, das nur euch eigen ist: die Fähigkeit, bedingungslos zu lieben und Gott auf der Erde lebendig werden zu lassen. Ihr habt die Fähigkeit, Gottes Paradies auf Erden zu gestalten, Seinen Geist in Materie zu verwandeln und Sein Licht auf eurem Planeten sichtbar werden zu lassen. Das ist eine unglaubliche Fähigkeit, die in heilender Weise alles verwandelt, was noch an kriegerischem Geist in euch ist. Allein deswegen seid ihr die einzigartigsten Wesen in diesem Universum. Gott lebt in eurem Menschsein. Genau so, wie ihr seid, in all eurer Unvollkommenheit, seid ihr die vollkommene Schöpfung Gottes, die sich mit nichts vergleichen lässt – ein Wunderwerk, das Gottes Allmacht jeden Tag aufs Neue demonstriert, ausgestattet mit einem vollkommenen Bewusstsein und der Fähigkeit zu lieben. Menschenkind, freue dich, denn nun beginnt eine neue Zeit. So, wie ich dich hierher geführt habe, werden andere Menschen zu den übrigen zwölf Schädelsteinen geführt werden. Und alle werden sie erwachen. Das ist so vorbestimmt. Ein Kristallschädel nach dem anderen wird gefunden werden, und jeder wird die für ihn vorgesehene Aufgabe erfüllen. So haben es die Indianerfürsten prophezeit, und so wird es geschehen. Der Tag der Wintersonnwende im Jahr 2012 wird ein Tag der Freude sein, denn an diesem Tag werden die Sterne und alle Wesenheiten, welche die Erde schützen, voller Liebe auf euch schauen. Ein winziges Licht wird in das Herz eines jeden Menschen fallen. Ich werde es den Menschen senden. Ich, Corazon de Luz, das Herz des Lichtes, werde den Menschen an diesem Tag Hoffnung geben und sie daran erinnern, wer sie wirklich sind. Ich werde dich an den Ort führen, wo ich diese Hoffnung aktivieren kann. Eine Hoffnung für alle lebenden Menschen und für all jene, die in der Zukunft geboren werden. An diesem Tag wird Gott selbst auf die Erde schauen und Seinen Kindern eine Quelle ewigen Friedens schenken.

Auf dem Weg, den wir begonnen haben, Menschenkind, werden wir den Menschen alles Wissen geben, das sie brauchen, um sich in eine sichere und friedliche Zukunft zu begeben. Es ist die Liebe zu meinem Schöpfer und zum Schöpfer aller Dinge, die dafür sorgen wird. Ich rufe all meine Brüder aus kristallenem Licht, die der Liebe des Schöpfers dienen, sich mit uns zu vereinen und diese Zukunft mitzugestalten. Mögen sie ihr Licht hinzufügen und mögen sich alle, die dem Schöpfer dienen, in Liebe vereinen.

Jetzt, Menschenkind, musst du gehen, denn an diesem Ort kannst du für heute nicht länger verweilen. Doch bald sollst du noch mehr erfahren. Die Schädelsteine werden ihr Licht wieder zur Verfügung stellen – für die Zukunft der Menschen und die Kraft der Liebe. Das ist meine Botschaft an alle Menschen. Wir sind erwacht und sind bereit, die Erde und euch mit neuem Licht zu erfüllen. Wir lieben euch und werden euch beschützen.«

Als die Stimme zu sprechen aufgehört hatte, erfasste mich erneut ein wilder Strudel. Ich raste vorbei an Galaxien und Sternen, bis ich die Milchstraße vor mir liegen sah. Das Tempo verlangsamte sich, und ich steuerte langsam auf unser Sonnensystem zu. Unter mir lag die Erde wie eine wunderschön marmorierte Perle. Das schwarze Weltall schien den Atem anzuhalten beim Anblick von so viel Schönheit. Die Ozeane strahlten tiefblau und die weißen Wolken sahen aus wie das Muster auf einer überdimensionalen Murmel. Ich war tief berührt von diesem Anblick und empfand eine tiefe Liebe für die Erde und alle Wesen, die auf ihr lebten. Wenn sie doch nur sehen könnten, wie wundervoll ihr Heimatplanet ist. Wie viel Hoffnung würde ihnen das geben.

Mit einem kurzen Ruck erwachte ich aus meiner Vision, die mehrere Stunden gedauert hatte. Ich saß immer noch auf meinem Schaffell und alles war unverändert. Kaum vorstellbar, dass ich gerade mit meinem Bewusstsein in dem Kristallschädel gewesen sein sollte. Doch in meinem Herzen spürte ich, dass das, was ich erfahren hatte, die Wahrheit war. Nun wusste ich: Ich war auf dem richtigen Weg. Ich würde mit den Navacho-Indianern zusammentreffen. Das war sicherlich ein wichtiger Schritt für die Zukunft unseres Planeten.

»BILDER AUS ALLEN TEILEN DES WELTALLS IN EINEM PUNKT ZUSAMMENGEFÜHRT …«

Kristallschädel gab es also schon zur Zeit der atlantischen Zivilisation. Sie wurden für Rituale und Zeitreisen, zur Gewinnung von Energie und als Kommunikationsmittel genutzt. An Kraftplätzen auf der ganzen Welt könnten sie auf sehr unterschiedliche Weise eingesetzt worden sein, auch zur Zukunftsschau. Möglicherweise haben die Atlanter oder sogar noch andere Völker vor dieser Zeit die Kristallschädel genutzt, um über Pyramiden mit anderen Sternen zu korrespondieren. Vielleicht sind die Pyramiden ein Zeugnis aus jener Zeit, und vielleicht ist das gesamte Wissen über ihre ursprüngliche Nutzung einfach nur in Vergessenheit geraten oder war ohnehin immer nur einer ganz kleinen Elite von Priestern und Gelehrten bekannt.

Die Verwendung der Kristallschädel scheint eingestellt worden zu sein, als Atlantis mitsamt seiner genialen Technik unterging. Ein kosmisches Ereignis – die in der Bibel überlieferte Sintflut vielleicht – scheint dazu geführt zu haben, dass die atlantische Zivilisation ein jähes Ende fand. Ich behaupte nun, dass die

Weisen von Atlantis die vorübergehende Auslöschung ihres gesamten Wissens vorhergesehen hatten und dass sie deshalb die Kristallschädel – in denen ja alles, was sie wussten, gespeichert war – an verschiedenen Orten auf der ganzen Welt, vielleicht sogar auf anderen Planeten versteckt haben. Nach und nach hat man einige dieser Kristallschädel gefunden, konnte sich ihr Potenzial aber vermutlich nur eingeschränkt zunutze machen, denn, wie wir gesehen haben, »funktionieren« Kristallschädel nicht unbedingt so, wie es Menschen, die sich in erster Linie einen persönlichen Vorteil verschaffen wollen, vielleicht gern hätten.

Dennoch glaube ich, dass zu allen Zeiten, auch noch lange nach dem Untergang von Atlantis, Kristallschädelrituale an besonderen Kraftplätzen durchgeführt wurden – vielleicht mit einzelnen, vielleicht aber auch mit mehreren Kristallschädeln. Durch das Positionieren der Kristallschädel an bestimmten Orten rund um die Erde wurden besondere Kraftfelder erzeugt. Denkbar ist, dass mithilfe dieser Kraftfelder eine besondere Form von freier Energie erzeugt wurde, die man auf unterschiedliche Weise nutzen konnte, vielleicht sogar, um sich auf Zeitreise zu begeben. Das ist vermutlich auch der Grund, warum man in Kristallschädeln Bilder sehen kann.

An Kraftplätzen rund um den Erdball, zum Beispiel in Stonehenge, bei den Pyramiden von Gizeh und in Avebury, haben wir eine besondere Korrespondenz zwischen dem Kristallschädel Corazon de Luz und dem Energiefeld des jeweiligen Kraftplatzes festgestellt. Ich bin fest davon überzeugt, dass man an diesen Orten besondere Rituale durchführen und ganz außergewöhnliche Energien aktivieren kann.

Noch heute ist das Wissen alter Kulturen in den älteren Kristallschädeln gespeichert. Das bedeutet: Wenn alle Kristallschädel gefunden und ihre Hüter bereit sind, sie der Menschheit zur Verfügung zu stellen, dann kann ein Kristallschädelritual mit allen Kristallschädeln und in Verbindung mit der besonderen Sternkonstellation am 21. Dezember 2012 dazu führen, dass sämtliche Kriege auf der ganzen Welt und alle Kämpfe um Macht und Einfluss mit einem Schlag beendet sind. Dann stünde freie Energie in unglaublicher Menge zur Verfügung, weil der Photonenfluss als Energiequelle genutzt werden könnte.

Das Bewusstsein der ganzen Menschheit entscheidet darüber, ob die Kristallschädel bis zu diesem Zeitpunkt gefunden werden und ob die Menschen, die sie besitzen, bereit sind, sie zu diesem Zweck zur Verfügung zu stellen. Wenn ja, könnte dieses Datum wirklich der Beginn eines neuen Zeitalters werden, genau wie es die Propheten der Maya vorhergesagt haben.

Nach Angaben einiger nordamerikanischer Indianerstämme sollen manche Kristallschädel bis zu 36 000 Jahre alt sein. Wenn das stimmen sollte, hätten sie das Bewusstsein der Menschheit über einen riesigen Zeitraum begleitet und mit ihren Energien ganz im Geheimen dafür gesorgt, dass die Menschheit die Chance auf eine positive Zukunft hat. Das glaube ich daran zu erkennen, dass Kristallschädel auch immer wieder in die Hände von Politikern und Machthabern geraten sind. Wenn das geschah, wurden sie zwar nicht unbedingt in friedlicher Absicht eingesetzt, aber wer weiß, wovor sie die Menschheit und diesen Planeten geschützt haben.

Nichts geschieht zufällig, alles hat einen Sinn und erfüllt eine ganz bestimmte Aufgabe. Und was ist die Aufgabe der Kristallschädel? Ich denke, nach allem, was wir gelernt und erfahren haben, können wir mit Fug und Recht behaupten, dass sie die Hüter des Planeten Erde sind und dass sie uns vor allem Schutz, Geborgenheit, Wissen und Liebe geben. Kristallschädel sind zu einer Zeit entstanden, die ganz anders war als unsere heutige. Es war eine paradiesische Zeit, in der die Menschen in Frieden lebten. Das macht jeden Kristallschädel zum perfekten Symbol für Schutz. Diesen Schutz hat unser Planet und haben wir alle dringend nötig, denn der Mensch ist nun mal am wenigsten vor sich selbst sicher.

Und weil das so ist und wir im Laufe unserer Geschichte eine Menge falsch gemacht haben, haben wir jetzt allen Grund, eine Menge zum Guten zu verändern. Der einzelne Mensch vermag dies vielleicht nicht zu leisten, aber wenn alle den Weg gemeinsam gehen, wird er vom Glück beleuchtet sein.

In letzter Zeit tauchen immer häufiger neu angefertigte Kristallschädel auf. Ihre Besitzer meditieren mit ihnen und benutzen sie im Einklang mit ihren jeweiligen religiösen Ansichten und entsprechend ihres eigenen spirituellen Verstehens. Und das ist gut so. Kristallschädel sind, wie ich schon sagte, Wächter und Hüter der Erde und der Menschheit, die ihre Aufgabe im Namen aller Religionen erfüllen.

Ich habe ja noch ein bisschen Zeit, mir zu überlegen, an welchem Punkt der Erde ich mit dem Kristallschädel Corazon de Luz ein Ritual abhalten werde, wenn am 21. Dezember 2012 die Sonne aufgeht. Ich werde es aber bald wissen und rechtzeitig bekannt geben und hoffe, dass dann noch weitere Kristallschädelhüter meinem Ruf folgen. Gemeinsam werden wir es sicher schaffen, die uns gegebene Aufgabe zu erfüllen.

Seit der Kristallschädel Corazon de Luz in mein Leben kam, hat sich für mich viel verändert. In meinem privaten Leben ist manches zerbrochen und vieles ist neu geboren worden. Jetzt lebe ich ein spannendes und erfülltes Leben. Meine Sicht der Welt hat sich geändert, und auch ich selbst habe mich verändert. Irgendwie ist alles Negative aus meinem Leben verschwunden, und ich habe auf vielen Ebenen Heilung erfahren, auch auf der körperlichen. Nach allem, was ich jetzt weiß, glaube ich, dass ich beschützt wurde. Ich wurde beschützt von Corazon de Luz, dem Kristallschädel, von dem ich nun weiß, dass er ein Hüter der Erde ist.

Mit Bill Homann, dem neuen Hüter des Mitchell-Hedges-Kristallschädels, verbindet mich mittlerweile eine tiefe Freundschaft. Wir wollen gemeinsam für das Zusammenkommen und die Ehre der Kristallschädel kämpfen. Anna hatte Bill von einem Tunnel in Belize erzählt, in dem sie einen Jungen aus Kristall gefunden haben will. Er war so groß und schwer, dass sie ihn nicht transportieren konnten. Bill und ich haben beschlossen, gemeinsam danach zu suchen. Vielleicht finden wir einen Tunnel oder Überreste eines alten

Tempels, der zu Atlantis gehörte. Danach zu suchen und die Kristallschädel ihrer Aufgabe zuzuführen, wäre eine schöne gemeinsame Aufgabe.

Nun sind wir schon zu zweit, und ich hoffe sehr, dass sich uns noch viele andere Kristallschädelhüter anschließen werden, wer immer sie auch sein mögen, auf jeden Fall aber alle Menschen, die sich für Liebe und Frieden auf der Welt einsetzen möchten. Wenn wir das schaffen, kann die Vision wahr werden, die ich in Meditation mit dem Kristallschädel Corazon de Luz hatte:

Ich glaubte zu träumen, doch ich wachte in der Einkehr des inneren Auges mit dem Kristallschädel. Farben und Formen verschwammen, und ich war der Wirklichkeit entrückt. In sanftes Licht gehüllt schaute ich ein Bild der Zukunft, welches mich wärmend umschloss. Im Vogelflug glitt ich durch den Himmel, vorbei an den Gestirnen, und fühlte mich leicht und frei. Ich spürte Glück und Frieden in meinem Herzen und mein Geist war wacher als je zuvor. Klar und deutlich sah ich Mutter Erde in ein Sternenmeer gehüllt, das ihren Kopf wie eine Krone umgab. Wie von einer leichten Hand, die mich unsichtbar getragen hatte, wurde ich an einen Ort getragen. Inmitten von bunten Schädeln aus Kristall kam ich zum Stehen. Ich fühlte, wie mich eine Kraft durchfloss, und als ich mich umschaute, begannen die Schädel zu strahlen. Im Licht der Morgensonne sah ich den Morgenstern, die Venus am Himmel. Wohl wissend lächelte ich ihr entgegen. Und plötzlich spannte sich ein Regenbogen über den Himmel, der vom Licht aller Kristallschädel gespeist wurde. Das Licht schoss glitzernd und mit strahlender Kraft zum Himmel empor und verteilte sich einmal um die ganze Erde. Es war, als öffne sich der Himmel und Gott blicke herab. Ein strahlendes, goldenes Funkeln legte sich wie seidene Fäden über alles, was auf der Erde lebt: Menschen und Tiere, Pflanzen und Bäume. Alles war wie in Frieden gehüllt.

Alle Menschen aus allen Teilen der Erde blickten gleichzeitig zum Himmel. Das Sonnenlicht erhellte den ganzen Planeten. Überall war helllichter Tag und die Dunkelheit entschwand. Ein berauschendes Gefühl von Freiheit erfüllte die Erde und alle Menschen hatten ein Lächeln auf den Lippen. Auch ich lächelte. Es war, als würde alles im Innern wie im Außen erleuchtet. Der Gral der Erkenntnis ließ sein sanftes Licht in das Bewusstsein der ganzen Menschheit fallen. Die Täuschung war vorüber. Und inmitten dieses Lichtes strahlte ein weiteres Licht. Es war warm und umschmeichelte mein Herz. Wie eine Göttin schwebte sie herab – SIE, deren Namen ich nicht sagen darf. Tränen der Freude liefen mir übers Gesicht und ich war von vollkommenem Frieden erfüllt.

Dies war das Ende und der Anfang zugleich – der Beginn eines neuen Zeitalters, in dem alle Menschen wahrhaft glücklich sind. Ich verstand alles und fürchtete nichts. Ich liebte alles und jeden, und ich spürte die göttliche Einheit aller Wesen. Jenes Lichtwesen bestrahlte mich mit sanftem Licht, und dann hob SIE mich zurück in die Wirklichkeit der Gegenwart.

Ich wünsche der Menschheit viel Glück und Kraft und hoffe, dass sie bereit ist, die Zeichen der Zeit zu erkennen. Und den Hütern aller Kristallschädel wünsche ich die Einsicht, dass das in den Kristallschädeln gespeicherte Wissen allen Menschen gehört.

Beenden möchte ich dieses Buch mit einem Zitat von Leonardo da Vinci:

»Oh wunderbare Notwendigkeit! Mit höchster Vernunft zwingst du alle Wirkungen, an ihren Ursachen teilzuhaben, und nach dem höchsten unwiderruflichen Gesetz gehorcht dir jeder Akt der Natur mit der kürzesten Verrichtung. Wer würde glauben, dass ein so winziger Raum die Bilder des gesamten Weltalls enthält? O große Tat, welcher Geist wird diese Natur durchdringen können? Welche Zunge wird je ein solches Wunderding erklären können? Gewiss keine. Dies wendet das menschliche Denken auf die Anschauung Gottes. Hier sind die Formen, hier sind die Farben, hier sind die Bilder aus allen Teilen des Weltalls in einem Punkt zusammengeführt. O welcher Punkt ist so wunderbar? O wunderbare, o bestaunenswerte Notwendigkeit, du zwingst mit deinem Gesetz alle Wirkungen, auf dem kürzesten Wege an ihren Ursachen teilzuhaben.«

Leonardo da Vinci C. A. 949V

DANKSAGUNG

Meinem Schöpfer danke ich dafür, dass er mir immer wieder Mut und Kraft auf meinem Weg schenkt und dass ich Teil eines unglaublichen Abenteuers und einer immer wieder faszinierenden Aufgabe sein darf.

Der Göttin Mutter Erde danke ich dafür, dass sie mich in ihrem Wirken auf diese Aufgabe vorbereitet hat.

Bei Merlin und Linda, meinen Kindern, bedanke ich mich dafür, dass sie mir mit ihrer Liebe Mut zum Leben gegeben haben. Ich danke ihnen für ihre bedingungslose Liebe, die ich mit allem erwidere, was ich im Herzen habe. Linda und Merlin, ich werde immer bei euch sein, im Leben und darüber hinaus. Meine Liebe für euch ist unendlich.

Steffen, meinem geschiedenen Mann, danke ich dafür, dass er mich gelehrt hat, stark zu sein und immer wieder aufzustehen.

Ich danke meinen Eltern, besonders meinem Vater, der mir am Ende seines Lebens doch noch seine Liebe gezeigt hat.

Ich danke all meinen Freunden, die immer an meine Aufgabe geglaubt und mit mir dafür gekämpft haben, dass ich sie erfüllen kann. Danke für die Hilfe, die mir auf jeder Ebene zuteil wurde.

Jasemin danke ich dafür, dass sie tapfer unsere Pferde versorgte, während ich mit Schreiben beschäftigt war.

Isabell, Charis und Jutta danke ich dafür, dass sie meine Kinder betreut haben, wenn ich auf Reisen oder am Schreiben war.

Isabell und Chris danke ich für die extrem zeitaufwendige Unterstützung am Computer.

Isabell, Tobias, Christa, Chris, Gabi, Jutta, Olivier, Charis, Kamer, Peter, Willi, Bill, Linda, Merlin und Jasemin danke ich für alles, was sie zu diesem Projekt beigetragen haben. Ich bin gerührt, wenn ich bedenke, wie sehr ihr mich unterstützt habt.

Ich danke auch den Eheleuten Kirchner, die mir wie ein Elternersatz ans Herz gewachsen sind.

Dem Britischen Museum und dem Museum Quai Branly danke ich für die Genehmigung zur Veröffentlichung der Fotos.

Yves Le Fur (Kurator des Museums Quai Branly) und James Hamill (Britisches Museum) danke ich für die Zusammenarbeit.

Bill, ich danke dir für dein Vertrauen.

Ich liebe euch alle und danke euch!

LITERATUR UND INTERNETSEITEN

Norman Bancroft Hunt: *Götter und Mythen der Azteken*, Gondrom, Bindlach 1996

Oliver Deberling: *Das größte Geheimnis der Templer. Rennes-le-Chateau, der Heilige Gral und die Bundeslade*, Kopp, Rottenburg 2005

André Douzet: *Tombeau Du Christ – Das Grab des Christus. Saunieres Landschaftsmodell und das wahre Geheimnis von Rennes-le-Chateau*, Blue Screen Entertainment, Ludwigsburg 2006

Erdogan Ercivan: *Verbotene Ägyptologie*, Kopp, Rottenburg, 2007 (17. Auflage)

Dion Fortune: *Die mystische Kabbala*, Hermann Bauer, Freiburg, 1990

Malcolm Godwin: *Der heilige Gral. Ursprung, Geheimnis und Deutung einer Legende*, Komet, Köln 1994

Rose-Marie und Rainer Hagen: *Ägypten. Menschen, Götter, Pharaonen*, Taschen, Köln 1999

Martin Heinrich: *Die Venus-Katastrophe*, Ullstein, Berlin 2007

Herder Lexikon. Germanische und keltische Mythologie, Herder, Freiburg 1982

Herder Lexikon. Symbole, Herder, Freiburg 1978
Herodot: *Historien*, Alfred Körner, Stuttgart 1971
Erik Hornung: *Echnaton. Die Religion des Lichts*, Patmos, Düsseldorf 1995
Axel Klitzke: *Pyramiden: Wissensträger aus Stein. Das Geheimnis der Pyramiden Ägyptens und Mittelamerikas*, Govinda-Verlag, Jestetten/Zürich, 2006
Baldur Köster: *Pyramiden und Paläste in Mittelamerika*, Philipp von Zabern, Mainz 2003
Leonardo Da Vinci: *Jede Erkenntnis beginnt mit den Sinnen. Aphorismen, Rätsel, Prophezeiungen*, SchirmerGraf, München 2006
Hans-Dietrich Leuenberger: *Sieben Säulen der Esoterik. Grundwissen für Suchende*, Hermann Bauer, Freiburg 1989
Henry Lincoln, Michael Baigent, Richard Leigh: *Der heilige Gral und seine Erben*, Orbis, München 2002
John Michell: *Heiliges England. Reiseführer zu den mythischen Stätten Englands*, Zweitausendeins, Frankurt 2000
F. A. Mitchell-Hedges: *Danger, My Ally. The Amazing Life Story of the Discoverer of the Crystal Skull*, Adventures Unlimited Press, U. S., 1995
Wolfram zu Mondfeld: *Mose. Sohn der Verheißung*, Lübbe, Bergisch Gladbach 1999
Chris Morton und Ceri Louise Thomas: *Tränen der Götter. Die Prophezeiung der 13 Kristallschädel*, Kopp, Rottenburg 2006
I. M. Oderberg: »From Simple ›Fool‹ to Grail Servant«, *Sunrise Magazine*, Theosophical University Press, November 1978

Werner Pieper: *Starke Plätze*, Verlag der Grüne Zweig 110, Frankfurt, 1989

Christian Rätsch: *Chactun. Die Götter der Maya*, Eugen Diederichs, München 1986

Thomas Ritter: *Abbé Sauniere und der Schatz der Templer*, Kopp, Rottenburg 2002

Der Sohar. Das heilige Buch der Kabbala. Nach dem Urtext ausgewählt, übertragen und herausgegeben von Ernst Müller, Diederichs, München 2001 (10. Auflage)

Franjo Terhart: *Die Wächter des Heiligen Gral. Das verborgene Wissen der Tempelritter*, Hugendubel, München 1999

Unsolved Mysteries. Die Welt des Unerklärlichen, Vienna Art Center Schottenstift, Wien, 22.6.–23.9.2001

Wilhelm Vollmer: *Wörterbuch der Mythologie aller Völker*, Hoffmann'sche Verlagsbuchhandlung, Stuttgart 1874

Heinrich Zimmer: *Indische Mythen und Symbole*, Eugen Diederichs, Köln 1981

Als Informationsquelle verwendete Internetseiten

Alles über F. A. und Anna Mitchell-Hedges:
www.mitchell-hedges.com

Kristallschädel, allgemein:
www.opentheory.org/kristallzeitalter/text.phtml
www.wiesenfelder.de/04geheimnisse/6kristall.htm
www.stefan-discher.de/orden/tempelritter/templer_13schaedel.htm
www.epochtimes.de/articles/2007/04/19/100374.html
www.skepdic.com/crystalskull.html
www.science-explorer.de/maya.htm
www.horusmedia.de/2000-kristall/kristall.php
www.alpenfestung.com/untersberg_kristallschaedel.htm

SS-Schule Wewelsburg:
www.ns-gedenkstaetten.de/nrw/de/wewelsburg

Winston Churchills Verbindung zum Ancient Order of Druids:
www.redicecreations.com/specialreports/2005/09sep/winstondruid.html
Grabungen am Tempelberg in Jerusalem:
www.templemount.org

Atlantis:
www.atlantia.de
Informationen zu diversen Themen:
www.wikipedia.org

ÜBER DIE AUTORIN

Karin Tag beschäftigt sich seit 1986 mit archäologischen und geologischen Forschungen und Präparationen. Angeregt durch mehrere Hospitanzen an namhaften Museen (u. a. Senckenberg Museum/Frankfurt, Jura Museum/Eichstätt) begab sie sich selbst auf die Suche nach außergewöhnlichen Fundstücken. Eines der bemerkenswertesten Objekte ihrer persönlichen Sammlung ist der Kristallschädel *Corazon de Luz*.

Ihr jahrelanges intensives Studium alternativer Heilweisen führte 1996 zur Gründung des Seraphim-Instituts. Hier begann Karin Tags Forschung über elektromagnetische Felder und Photonenenergie. Als Leiterin des Seraphim-Instituts unternimmt sie weltweite Reisen, um Kraftplätze und grenzwissenschaftliche Phänomene zu erforschen.

Seit 2007 leitet sie als Direktorin auch das ISR-Institut, das in Zusammenarbeit mit internationalen Universitätskliniken Untersuchungen am Energiefeld des Menschen durchführt.

Karin Tag hält regelmäßig Seminare und Workshops am eigenen Institut sowie auf internationalen Kongressen ab und bietet weltweit persönliche Beratungen durch den Kristallschädel *Corazon de Luz* mittels Channeling an.

Info und Anmeldung:

Seraphim-Institut
Panoramaweg 27
D-61194 Niddatal
Tel./Fax: 00 49 (0) 61 87-29 05 53
E-Mail: seraphim-institut@web.de
Homepage: www.seraphim-institut.de